Irmgard Rode
(1911-1989)

Dokumentation über
eine Linkskatholikin und
Pazifistin des Sauerlandes

Peter Bürger (Hg.)

Irmgard Rode (1911-1989)

Dokumentation über
eine Linkskatholikin und
Pazifistin des Sauerlandes

edition *leutekirche sauerland* 2

© 2016 Peter Bürger (Hg.)

Irmgard Rode (1911-1989).
Dokumentation über
eine Linkskatholikin und
Pazifistin des Sauerlandes

edition *leutekirche sauerland* 2

Satz & Gestaltung: www.sauerlandmundart.de
Herstellung und Verlag: BoD – Books on Demand, Norderstedt

ISBN: 978-3-7386-5576-6

Inhalt

IV. Texte über das Ehepaar Irmgard und Alfons Rode, die Freunde der Völkerbegegnung und das internationale Kinderhaus Meschede

Irmgard Rode, geb. Beckmann, als junge Frau
(Aufnahme in Münster-Kinderhaus)

Vorab

Die Mescheder Linkskatholikin Irmgard Rode (1911-1989) hat mit ihrer gelebten Menschlichkeit nach dem Ende des zweiten Weltkrieges Kreise gezogen und erstaunlich viel bewirkt. Zur Seite stand ihr als pazifistischer Weggefährte Dr. Alfons Rode (1901-1987). Seit meiner Zeit als Zivildienstleistender in Meschede und dann auch während des Theologiestudiums war Irmgard Rode für mich eine prägende Persönlichkeit, zugleich Vermittlerin bezogen auf die leider viel zu wenig bekannte Geschichte des Linkskatholizismus im Sauerland. Somit ist diese Veröffentlichung auch ein wenig „Geschichtsschreibung in eigener Sache". Um nicht selbst dem Trugbild einer „Heiligenlegende" zu unterliegen und um dem Leser mehrere Sichtweisen zu eröffnen, bin ich anhand der mir zugänglichen und in dieser Veröffentlichung großzügig dokumentierten Quellen dem verinnerlichten „Ideal" noch einmal auf ganz neue Weise nachgegangen – aus einem Zeitabstand von einem Vierteljahrhundert heraus.

Die Töchter Angelika Rode, Prof. Irmgard Antonia Rode und Roswitha Büttner haben meine bescheidene Archivsammlung aus den 1980er Jahren durch zahlreiche neue „Dokumente" ergänzt. Sie sind außerdem geduldig und mit menschlicher Offenheit auf meine penetranten, zum Teil sehr persönlichen Rückfragen eingegangen. Ohne diesen Beistand wäre das Unternehmen sehr früh steckengeblieben. Liebenswürdige Hilfe kam auch von Maria Hüser (Freunde der Völkerbegegnung), Andreas Evers und Wolfgang Regeniter (pax christi).

Am Ende weiß man immer, dass man eigentlich erst am Anfang steht, und muss doch – wegen menschlicher Begrenztheit – einen Schlusspunkt setzen. Das vorgelegte Ergebnis steht in einem Zusammenhang mit insgesamt vier „Werkstattforschungen", die einen Zugang zur Geschichte des katholischen

Pazifismus im Sauerland ermöglichen sollen.[1] Die gedruckte Buchfassung dieser Dokumentation ist weitgehend identisch mit der Internetausgabe. Alle Literaturangaben erfolgen über Kurztitel, die im Anhang schnell entschlüsselt werden können. Die Fotos stammen aus den Sammlungen der Geschwister Rode, von Andreas Evers und meinem eigenen Fundus.

Düsseldorf, im Advent 2014 und Mai 2016   Peter Bürger

---

[1] daunlots nr. 61*; daunlots nr. 75*; daunlots nr. 76*; daunlots nr. 77*; daunlots nr. 78*; Bürger 2016.

I.
„Politik heißt, das Leben zum Guten wenden"
Eine biographische Skizze über die Mescheder Linkskatholikin und Pazifistin Irmgard Rode (1911-1989)

Von Peter Bürger

„Natürlich müssen wir um den Frieden,
um mehr Gerechtigkeit in der Welt beten,
aber wir müssen auch etwas tun."
Irmgard Rode (1911-1989)[2]

Irmgard Rode war in der zweiten Hälfte des letzten Jahrhunderts vermutlich die bekannteste Frau von Meschede. Viele sahen in ihr die Verkörperung einer Legende der Menschlichkeit.[3] Schaut man sich im Rückblick die Zeugnisse genauer an, so kommt an einigen Stellen auch die Kehrseite des legendären Rufes zum Vorschein.[4] Die entschiedene Parteinahme dieser

---

[2] Zit. nach Plöger 1983. – Das nachfolgende Kapitel basiert zum Teil auf einer bereits im Landwirtschaftlichen Wochenblatt veröffentlichten „Trilogie": Bürger 2014b, 2014c, 2014d.

[3] Westfalenpost 1989: „Mehr als vier Jahrzehnte hat sie in der Stadt Meschede das soziale Feld beackert und unermüdlich im Geschirr gestanden: Wo sie Elend sah, wo sie Notwendiges entdeckte, Leid zu mildern, Unfrieden zu dämmen, Randgruppen einzugliedern, wo sie es für unerläßlich hielt, öffentliches Leben humaner zu gestalten: Da war Frau Rode nicht weit."

[4] Vgl. z.B. folgende Passage in einem Lokalzeitungsbericht anlässlich der Ehrenmitgliedschaft I. Rodes bei den Freunden der Völkerbegegnung: „Ihr großer Eifer wurde manchmal mißverstanden, ihr Grund-Anliegen aber

Frau zugunsten der Schwachen, Benachteiligten und Opfer von Gewalt ist in der sauerländischen Kleinstadt keineswegs immer nur auf Zustimmung gestoßen. Vor dreißig Jahren wollte eine Mescheder Schülerin im Interview von Irmgard Rode wissen, ob das vielfältige soziale Engagement in ihrem Lebensweg etwas Politisches gewesen sei. Die Antwort von damals enthält in knapper Form das Programm eines öffentlichen Wirkens, das in die üblichen Schablonen von Erfolg und Lagerdenken einfach nicht hineinpasst: „Ja, ja, ich fühlte mich immer getrieben, politisch aktiv zu sein, nicht parteipolitisch, sondern in dem Sinne, das heißt, Politik ist eine Verpflichtung, das Leben zum Guten zu wenden und in diesem Sinne etwas zu tun." (Rode/ Bartmann 1988)

1. HERKOMMEN AUS DEM MÜNSTERLAND

Geboren wurde *Irmgard* Anna Paula Rode am 29.6.1911 in Marl-Hüls als ältestes von fünf Kindern des katholischen Lehrers Joseph Beckmann (1886-1959) und seiner Frau Theresia geb. Knaden[5]. Ihr Vater wirkte nach dem 1. Weltkrieg als Dorfschulrektor in Kinderhaus bei Münster. Beide Eltern, seit dem 8.9.1910 verheiratet, waren erklärte Pazifisten und gehörten somit einer Minderheit an, der schon während der Weimarer Republik viel Standvermögen abverlangt wurde. Der Vater schrieb hochdeutsche und plattdeutsche[6] Gedichte gegen den

---

blieb stets dasselbe: In jedem Menschen Bruder und Schwester sehen – auch über die Grenzen hinaus. Ihr Beispiel hat viele zur Nachfolge bewegt." (Westfalenpost 1987)

[5] Die Mutter stammte aus (Brilon-)Scharfenberg. Zum Scharfenberger Dorflehrer Peter Knaden (1855-1918) aus Ostinghausen (Kreis Soest) gibt es eine Veröffentlichung, in der z.B. auch sein Umgang mit den Erstklässlern beschrieben wird: „Peter Knaden besaß ein seltenes Geschick, gerade mit den Kleinsten umzugehen. Die ersten Wochen sprach er mit ihnen nur das vertraute Platt, weil die Kinder im Elternhause auch nur Platt hörten und selbst sprachen. Ganz allmählich ging er dann zum Hochdeutschen über." (Rinsche 1955, S. 11)

[6] Joseph Beckmann hat auch „an seine Geschwister in Polsum (Bruder Bernhard und Schwester Johanna) plattdeutsche Briefe geschrieben" (E-Mail von Angelika Rode, 27.11.2014). Es ist allerdings nicht mehr bekannt, ob er sich jemals auch mit seiner aus dem sauerländischen Scharfenberg

Krieg und trug diese im kleinen Kreis auch vor. Allerdings wurde er von seiner Umgebung nicht unbedingt als sanfter oder antiautoritärer Mann wahrgenommen. Nach Auskunft einer Enkelin soll er in der Familie – besonders gegenüber seinen vier Söhnen – vielmehr ein strenges Regiment geführt haben und ebenfalls von vielen Schülern gefürchtet worden sein (Rode-Angelika 2014a). Joseph Beckmann, aus dessen Schreibwerkstatt u.a. auch eine Veröffentlichung plattdeutscher Liedübertragungen[7] hervorgegangen ist, war am Ort wegen seiner Verdienste um das schulische, kulturelle und kirchenmusikalische Leben sehr geachtet.[8] Heute trägt eine Straße in Kinderhaus seinen Namen. Zwei seiner Söhne, Ivo († Silvester 1943) und Egon († 25.6.1944), haben im zweiten Weltkrieg als Soldaten ihr

---

stammenden Ehefrau plattdeutsch verständigt hat. Über Irmgard Rode, seine Tochter, schreibt Angelika Rode: „Von unserer Mutter habe ich nie Platt gehört." (ebd.) – Roswitha Büttner, ebenfalls Tochter von Alfons und Irmgard Rode, hat am 11.12.2014 per E-Mail mitgeteilt: „Zur Frage: Sprachen unsere Großeltern platt miteinander? Nein, nur der Großvater pflegte das Münsterländer Platt. Meine Schwester Irmgard und ich, später auch Ivo, verbrachten die Schulferien fast immer bei den Großeltern in Kinderhaus. Der Großvater las uns seine plattdeutschen Gedichte vor z.B. bei Radtouren in der Heide. Wir Kinder mussten auch einige Verse auswendig lernen. Ab und zu kam eine ehemalige Lehrerkollegin, Maria Strothmeier, zu Besuch. Sie schätzte auch den Wert des Plattdeutschen und konnte es gut vortragen. Schwiegersohn Alfons Rode [unser Vater] und die Schwiegertochter Maria Beckmann, die auch Heimatgedichte verfasst hat, konnten Platt sprechen. Meine Großmutter aus Scharfenberg im Sauerland jedoch nicht, sie hörte nur zu. Sie sang sehr gern, meistens die 2. Stimme, manchmal traurigromantische ‚Zigeunerlieder'."

7 *Jetzt im Internet zugänglich:* Joseph Beckmann: „Laot us singen!" – Liederbuch eines ‚plattdeutschen Pazifisten' im Münsterland. = daunlots. internet-beiträge des christine-koch-mundartarchivs am museum eslohe. nr. 74. Eslohe 2014. www.sauerlandmundart.de

8 Wiki Münster 2014: „Das frühere Teilstück von Brüningheide [Münster-Kinderhaus] wurde 1990 nach dem Schulleiter Josef Beckmann (* 14. Juni 1886 in [Marl-]Polsum; † 17. September 1959 in Münster) benannt. Er war von 1919 bis 1941 Schulleiter, zuletzt Rektor in Kinderhaus, und erwarb 1935 Verdienste beim Bau der neuen Schule. Er leitete den Kinder-Kirchenchor, richtete die Borromäus-Bücherei ein und pflegte plattdeutsches Volks- und Liedgut." Vgl. zu Joseph Beckmann auch: Beckmann 1964 (sein plattdeutsches Liederbuch); Fenner 2013; Hartz 2013. Zur langen „Wirkungsgeschichte" von Beckmanns plattdeutschem Liederbuch gibt es ein Zeugnis aus Warendorf: Kolb 2008. In Münster-Kinderhaus gelangten Mundarttexte aus seiner Feder noch 2007 in eine Anthologie: Holling 2007.

Leben lassen müssen. In der Enkelgeneration weiß man noch, dass die Themen Krieg und Frieden im Familienkreis immer gegenwärtig waren (Rode 2014). In Internetbeiträgen über den Schulleiter findet man jedoch keinen Hinweis auf dessen pazifistische Gesinnung und Tätigkeit. Anhand eines dokumentarischen Kapitels zu Joseph Beckmann in dieser Veröffentlichung kann jeder nachvollziehen, dass auf diese Weise geradezu das Zentrum des öffentlichen Wirkens von Irmgard Rodes Vater unterschlagen wird (→II.1-23). Wir werden auf die – politisch sehr bedeutsame und nachhaltige – pazifistische Tradition der Herkunftsfamilie später noch zu sprechen kommen.

Als ältestes Kind hilft Irmgard in der Familie bei der Beaufsichtigung und Versorgung ihrer jüngeren Brüder mit. Nach dem Abitur arbeitet sie – bis zur eigenen Familiengründung – als „Kindermädchen" für die Familie eines Druckereibesitzers mit acht Kindern in Telgte. Der besondere Blick auf Kinder und deren Bedürfnisse wird ihre gesamte Biographie durchziehen.

Im Verlag des Druckereibesitzers (Joseph Hansen) erscheinen drei Büchlein mit Gedichten und Scherenschnitten von Irmgard Beckmann. Die Reihe beginnt 1934 mit der Sammlung *„Ich bin ein kleines Stümpchen – Glückwunschgedichte für Kinder von 3 bis 6 Jahren"* (dritte Auflage: Rode 1937). Ein kleines Mäuschen gratuliert so: „Du bist die liebste Mutter mir, / Machst mir eine warmes Mausenest, / Hältst mich geborgen, treu und fest." Für die Altersstufe 6 – 14 folgt im gleichen Jahr ein Bändchen *„Am Rosenstrauch"* (Rode 1934). Die Geschwister gratulieren sich auch gegenseitig: „Liebe Schwester, glaube mir, / Von Herzen gratulier ich dir' / Und schiel' dabei zum Kuchen hin, / Sind wohl auch Rosinen drin? / Lebe hoch, mein Schwesterlein, / Immer sollst du glücklich sein!" Oder: „Bin ich auch ein kleiner Mann, / Hör' mal, wie ich rufen kann: / Lieber Bruder, du sollst leben, / Daß der Erdball tut erbeben. / Viel Glück hab' ich für dich bestellt, / Bis daß die Welt in Stücke fällt." Auf Seite 36 stutzt man bei den Zeilen: „Du unser Führer, nimm entgegen / Den warmen Dank den wir dir weih'n ..." Dies ist eine kindliche Gratulation für den katholischen *Priester*! Der Lehrer wird in einem anderen Gedicht plattdeutsch und auch mit „Du" angeredet; bei diesem herrlichen Text drängt sich eine ironische Lesart geradezu auf (Engel sollen den Lehrer auf dem Lebensweg begleiten, und dereinst soll der Magister selbst ein Engel werden):

Nu sin ick aower dran!
Wu pack ick blos de Sake an?
Ick will et maken kuort un gutt. –
De Düwel hal den leigen Daut,
Wenn he, leiwe Lähr, Di will wat dohn
De Engelkes söllt met Di gohn
Äs bishär,
Aover in Tokunft noch ennige mähr,
Söllt met Di gohn spazeeren öwer alle Straoten,
Auk dör de Himmelspaoten.
Un buowen in'n Himmel drin
Sös Du wärn sölwst 'n Cherubin.

Die kindlichen Gratulationsgedichte waren ein überaus glücklicher Wurf. Der Verlag musste beide Bändchen in kurzen Abständen neu auflegen. Sie sollen – nach Ausweis der mir vorliegenden Exemplare – jeweils eine Auflagenhöhe von mehr als 20.000 Exemplaren erreicht haben! – Eine 1935 erschienene, von Irmgard Beckmann zusammengestellte Anthologie *„Für Dich – Reime für frohe und glückliche Tage"* richtet sich dann nicht mehr ausschließlich an Kinder und enthält neben eigenen Versen auch Gedichte anderer Verfasser (Rode 1935). In diesem Druck gibt es ebenfalls einen „Dank dem Führer"[9] (Autorin: Anna Ruff), und wieder ist es eine Gratulation für den Lehrer oder Geistlichen. Alle drei Sammlungen, besonders aber die letzte, sind ausgesprochen katholisch und enthalten – was leider nicht als selbstverständlich gelten kann – keinerlei weltanschauliche Konzessionen an die sogenannte „Neue Zeit" der 1930er Jahre.

1937 heiratet Irmgard Beckmann den zehn Jahre älteren Juristen Dr. Alfons Rode (1901-1987). Sie kennt ihn eigentlich „schon immer". Alfons Rodes Vater, der passionierte Imker August Rode, ist nämlich seit 1911 ebenfalls Lehrer an der von Irmgards Vater geleiteten Schule in Kinderhaus. Seine Gattin Antonia geb. Kreilos stammt von einem Bauernhof im Weser-

---

[9] Rode 1935, S. 69 (es folgen unmittelbar die Texte „25 Jahre Priester" und „Zum Priesterjubiläum"). – Aus Kontext und Text geht hervor, dass der geistliche bzw. pädagogische Führer gemeint ist (und nicht Adolf Hitler). Dazu auch ein Vergleichstext Rode 1935, S. 31 (Gedicht *„Dem Führer der Kinder"* in der Abteilung „Namenstag des Lehrers, des Priesters").

bergland. [Im Dorf wurde die Familie „Fenstermachers" genannt; sie betrieb eine Schreinerei.[10]] Die jüngste Tochter von Dr. Alfons Rode schreibt zu den familiären Prägungen: „Mein Vater hat zeitlebens die Natur und die Einfachheit des Landlebens geliebt. Er hat (wohl hauptsächlich von seiner Mutter) eine schlichte, innige Frömmigkeit übernommen." (Rode-Angelika 2014a)

Joseph und Theresia Beckmann, die Eltern von Irmgard Rode

---

[10] Mitgeteilt von Roswitha Büttner, geb. Rode, am 20.12.2014.

2. „GEWITTERWOLKEN ÜBER DER REPUBLIK" – ZEIT DES NATIONALSOZIALISMUS

Nach dem Abitur studiert Alfons Rode, der ebenfalls aus einem katholisch-pazifistischen Elternhaus kommt (Rode 2014), in Münster Rechts- und Staatswissenschaft. Einem Nachruf zufolge ist er bereits als Student dem Friedensbund deutscher Katholiken (FdK) beigetreten (Westfälische Rundschau 1987), was vielleicht auch auf einen Einfluss des zukünftigen Schwiegervaters Joseph Beckmann zurückgeht. Ab etwa 1930 dringen die Nazis auch aufs Land vor und stören auf gewaltsame Weise die Veranstaltungen ihrer Gegner. Mitglieder des katholischen Kaufmännischen Vereins, der Arbeitervereine und anderer Gruppen gründen eine „katholische Liga", für die sich Alfons Rode in Kinderhaus als Leiter engagiert: „Die Gruppe war stark religiös ausgerichtet und hat zusammen mit der Gruppe Münster und anderer Ortschaften um Münster in vielen Wahlveranstaltungen besonders in Münster Saalschutz gestellt und Schlägereien mit randalierenden Nazis in Zusammenhang mit diesen Veranstaltungen gehabt. In Veranstaltungen, die der Machtübernahme vorausgingen, sah die Polizei solchen Störungen und Schlägereien bereits untätig zu. Durch meine Position in der ‚Liga' und mein Auftreten als Gegner der Nazis in deren Veranstaltungen in unserem Dorf war ich diesen, besonders dem Ortsgruppenleiter, besonders verhasst." (Rode 1947) Beim Machtantritt der Nationalsozialisten 1933 hat Rode mehrere Stationen als Referendar und sogar seine juristische Doktorarbeit schon abgeschlossen. Die neuen Herren legen ihm jedoch beim anstehenden Assessor-Examen große Steine in den Weg. Die Prüflinge kommen wochenlang in Lager zur Wehrertüchtigung und weltanschaulichen Schulung. Hier will der NS-Justizapparat einen ihm genehmen Nachwuchs formen. Rode weist gute wissenschaftliche Leistungen vor, fällt aber wegen seiner bekannten weltanschaulichen Unzuverlässigkeit wiederholt durch das Examen.

Auf „besonderes Verwenden des Landgerichtspräsidenten in Münster" gelangt er dennoch in den gehobenen Justizdienst und kann im Sommer 1936 schließlich in Hamm mit bestem Zeugnis die *Inspektoren*-Prüfung ablegen. Eine Bescheinigung über die sehr erfolgreiche Leitung der Kinderhaus-Gruppe des NS-Reichs-Luftschutzbundes wird ihm – als „Ersatz" für die fehlende Parteizugehörigkeit – „zugute" gehalten.

Nach kurzen Stationen in Rietberg und Lippstadt kommt es 1937 zur Niederlassung in Meschede. Dies ist das Jahr, in dem Irmgard und Alfons Rode geheiratet haben. – Die Eheleute werden vier eigene Kinder bekommen: Roswitha (geb. 1938), Irmgard (geb. 1940), Ivo (geb. 1944) und Angelika (geb. 1952). – Im November 1938 erlebt Dr. Rode, wie in Meschede die Fensterscheiben der jüdischen Kaufleute eingeschlagen werden und Nazis den Rechtsanwalt Aloys Entrup[11] als „Judenknecht" durch die Straße treiben. In seinem engeren Bekanntkreis ballt man „oft die Faust in der Tasche" zusammen, sieht jedoch – zumal ab Kriegsbeginn – keine Möglichkeit des öffentlichen Protestes mehr. Rode muss das Sauerland verlassen: „Im Winter 1940/41 wurde ich an die Deutsche Justizverwaltung in Litzmannstadt[12] (Lodz) abgeordnet und dort im Frühsommer 1944 zur Wehrmacht eingezogen. Im Frühjahr 1945 geriet ich im Schwarzwald in französische Gefangenschaft und kam von dort nach 2 Jahren Kriegsgefangenschaft nach Meschede zurück. Nach einigen Monaten konnte ich meinen Dienst beim Amtsgericht Meschede antreten." (Rode 1947)

3. NACHKRIEGSZEIT IN MESCHEDE: EINE „FRAU DER ERSTEN STUNDE"

Ab Ende 1940 und auch noch nach Niederwerfung des Nationalsozialismus muss Irmgard Rode als Mutter von drei Kindern in Meschede ohne ihren Mann die Familie durch den Alltag bringen.[13] Umso mehr erstaunen die Nachrichten über ihre

---

[11] Vgl. zum couragierten Zentrums-Mann Aloys Entrup auch die Ausführungen in: Knepper-Babilon/Kaiser-Löffler 2003; Schäfer 2006, S. 172-174.
[12] Über die Zeit in Litzmannstadt liegen kein Bericht oder weiterführende Nachrichten vor. Die jüngste Tochter Angelika Rode hat aus ihrer Erinnerung heraus Folgendes mitgeteilt: „Von Litzmannstadt erinnere ich mich, dass Vater noch lange Post bekam von einer Frau, die dankbar für seine Hilfe dort war. Aus seinen Erzählungen weiß ich, dass es ihn bekümmert hat, dass die Menschen wegen Lappalien verurteilt wurden. Er hat sich bemüht, milde Urteile zu erwirken (er durfte ja selbst nicht als Richter oder Anwalt arbeiten). Welche Funktion er genau hatte, habe ich leider nicht behalten." (Email an P. Bürger, 08.09.2014)
[13] Zeitweilig hat sie in Meschede während der Gefangenschaft des Eheman-

öffentliche Wirksamkeit in jener Zeit.[14] (Hierzu zählt auch der Hinweis auf eine Mitarbeit bei der Versorgung von verwundeten Soldaten in einem Lazarett, das man gegen Kriegsende in den Gebäuden der Benediktiner eingerichtet hatte.) Im Nachruf der Stadt Meschede wird später nachzulesen sein: „Als Frau der ersten Stunde besaß sie bereits unmittelbar nach dem 2. Weltkrieg das Vertrauen der damaligen britischen Besatzung. Noch bevor die Besatzer im Jahre 1948 erste freie Kommunalwahlen zuließen, beriefen sie die Verstorbene in die damalige Stadt- und Amtsvertretung Meschede. Beiden Vertretungen gehörte sie vom Zusammenbruch im Jahre 1945 bis zum Jahre 1948 an. In unermüdlichem Einsatz setzte sie sich Zeit ihres Lebens für die sozial Schwachen und die internationale Völkerverständigung ein." (Stadt Meschede 1989)

Dass Irmgard Rode nach dem Krieg direkt mit dem Briloner Linkskatholiken Josef Rüther in Verbindung stand, hat zuerst Sigrid Blömeke nach Auswertung von dessen Nachlaß mitgeteilt: „Einen demokratischen Wiederaufbau hielt Josef Rüther nur für möglich, wenn die wichtigsten politischen und gesellschaftlichen Schaltstellen nicht mehr von Nazis besetzt sein würden. Mit der Mescheder Irmgard Rode, der späteren Initiatorin des Mescheder Sühnekreuzes[15], entwickelte er ein Konzept für die Militärregierung, wie sie sich – basierend auf einer Analyse der Ursachen des Nationalsozialismus – einen Neuanfang vorstellten. Dieser sollte getragen sein von ‚democratic, anti-

---

nes jedoch ihr Bruder Alfons Beckmann am Ort unterstützt (mitgeteilt von Angelika Rode).

[14] „Am Ende des Krieges pflegte sie verwundete Soldaten im Lazarett der Abtei Königsmünster. Sie machte Besuche (mit dem Fahrrad) in der Lungenheilstätte in Beringhausen. Irmgard Rode konnte die Augen nicht vor dem Flüchtlingslager auf den Ruhrwiesen verschließen. Nach dem Krieg richtete sie einen Kindergarten in der Schützenhalle ein. Sie rief die Caritaskonferenz ins Leben, gab am Gymnasium Englischunterricht." (*Irmgard Rode wird 75 Jahre. „Nicht nur beten, auch etwas tun!"* In: Westfälische Rundschau – Meschede, 28.06.1986.)

[15] Dass Irmgard Rode die „Initiatorin" des von einem katholischen Männerkreis errichteten Sühnekreuzes gewesen sein soll, kann ich anhand der mir vorliegenden Quellen nicht nachvollziehen. Belegt ist hingegen, dass sie sich spätestens seit den 1960er Jahren mit langem Atem für eine *Wiederaufrichtung* des geschändeten Sühnekreuzes eingesetzt hat – am Ende mit Erfolg. Vgl. dazu in dieser Reihe den digitalen Band zum „Mescheder Sühnekreuz": daunlots nr. 76*.

militaristic and *international* thinking people who are carefully examined' [...]. Rode und Rüther zeigen mit ihrem Konzept, daß es 1945 Personenkreise innerhalb des Katholizismus gab, die an einer intensiven Aufarbeitung der NS-Vergangenheit Interesse hatten und alternative Vorstellungen zum später erfolgten ‚restaurativen' Wiederaufbau entwickelten. – In Bezug auf die Entnazifizierungspläne Rodes und Rüthers sollen zwei Punkte hervorgehoben werden: Zum einen legten sie Wert darauf, eine Kategorie für Personen zu schaffen, die nicht Mitglied der NSDAP gewesen waren, aber dennoch grundlegende NS-Ideen geteilt bzw. den Aufstieg der NS-Bewegung begünstigt hatten [...]. Rode und Rüther zielten hier offensichtlich auf den Kreis der Deutschnationalen, der rechten Zentrumsanhänger, der Schwerindustrie und des ostelbischen Großgrundbesitzes. Diese waren häufig nicht Mitglied der NSDAP geworden, weil ihnen die Partei eines ‚Anstreichers' mit ihren pöbelnden SA-Horden nicht standesgemäß erschien, hatten den Nationalsozialismus aber finanziell oder politisch gefördert und das Regime nach der Machtübergabe mitgetragen. Rode und Rüther wiesen damit auf einen Punkt hin, der für die Geschichte der Bundesrepublik zu einer schweren Belastung werden sollte, da gerade dieser Personenkreis – ohne den Makel der Parteimitgliedschaft – schnell an die entscheidenden Machthebel gelangte. – Zum anderen wollten Rode und Rüther genau differenziert wissen zwischen Nazi-Gegnern aus innerer Überzeugung und Nazi-Gegnern aus persönlichem Konkurrenzdenken [...]. Auch damit erwiesen sie sich als vorausschauend." (Blömeke 1992, S. 114)

Josef Rüther und Irmgard Rode mussten erleben, mit welchen Ungerechtigkeiten und Widrigkeiten die sogenannte „Entnazifizierung" einherging: „Vor allem für die NS-Gegner war es quälend, mitansehen zu müssen, wie ehemalige Nachbarn und Kollegen, deren Parteikarriere man hatte verfolgen können, nun wieder in sichere Positionen kamen, während man selber oder bekannte Oppositionelle wiederum außen vor blieben. Für den Raum Meschede stellte die ‚Pax Christi'-Anhängerin Irmgard Rode gegenüber Josef Rüther fest: ‚Ich war in letzter Zeit hier sehr angespannt. Ich würde mich ja aus der Politik zurückziehen, aber hier kam es auf jeden an, – denn der Nazismus bemüht sich immer wieder, die Oberhand zu bekommen. Man ist immer in Angst und Mißtrauen und kommt nicht zur Ruhe, es geht hier bisweilen aufregend her.' " (Blömeke 1992, S. 117)

Schon vor der – gegen viele Widerstände erfolgten – Verankerung der Gleichberechtigung von Mann und Frau im Grundgesetz tritt Irmgard Rode in Meschede als selbstbewusste Politikerin in Erscheinung. Im Frühjahr 1946 steht in Meschede die Entscheidung an, ob die Benediktiner ihre ehemalige Oberschule wieder übernehmen und eröffnen können. Irmgard Rode ist als Mitglied des Schulausschusses und einer städtischen Abordnung zu einer Konferenz in Münster an den erzielten Verhandlungsergebnissen maßgeblich beteiligt (Meier 1997). Sie soll den Orden sogar zur Aufnahme des Schulbetriebes ermutigt haben, als von den Militärbehörden noch gar keine endgültige Genehmigung vorlag (Plöger 1983). Zeitweilig, so heißt es in einigen Quellen, erteilt Irmgard Rode an dem neu eröffneten Benediktiner-Gymnasium auch Englisch-Unterricht (Westfalenpost 1986a; Evers 1989).

In anderer Sache greift sie zusammen mit weiteren Betroffenen zur Selbsthilfe. In der zumeist leer stehenden Schützenhalle wird von ihr ein Kindergarten eingerichtet (Rode 1975). Die Kindergärtnerinnen können nur von dem bezahlt werden, was die Eltern an bescheidenen Mitteln beisteuern. Erst Jahre später wird es am Ort konfessionelle, öffentlich geförderte Einrichtungen geben.

Ab 1946 kommen über Meschede viele tausend Flüchtlinge aus dem Osten ins Hochsauerland. Nach ihrer Ankunft am Bahnhof erfolgt zunächst die Unterbringung in einem denkbar primitiven Barracken-Lager auf den Ruhrwiesen. Irmgard Rode erlebt, wie bei Dunkelheit eine große Gruppe Schlesier aus dem Zug aussteigt: „Ich fühlte mich da angetrieben, etwas zu tun. Irgendwie erschütterte mich das Schicksal dieser Menschen, und ich war sozusagen eine freiwillige Helferin, die sich bemühte, ihnen zu helfen, ihre Situation zu bewältigen. [...] Dann hat man versucht, den Leuten etwas an Hausrat zu besorgen, die wichtigsten Dinge. Ein Bett vielleicht, aber ich glaube, im Anfang waren es nur Matratzen, und der Raum war leer [...]. Ich fühlte mich so hilflos, aber ich wollte doch etwas tun. Und ich ging dann hin und half wenigstens beim Essenverteilen und kam mit den Leuten ins Gespräch und wollte ihnen so menschlich etwas näher kommen. Ich ging dann öfter dahin und besuchte diese Menschen." (Rode/Bartmann 1988) Hier begegnet uns schon

23

der Blick einer frühen Pionierin der Caritas-Konferenz[16] am Ort, doch am Anfang steht das Mitgefühl, das sich von den Leiden der anderen unmittelbar berühren und dann zur tätigen Solidarität antreiben lässt. In vielen Einzelfällen kann Irmgard Rode durchaus ganz praktisch helfen. Zwei junge Schlesierinnen kommen als Kindergärtnerinnen unter in der von ihr initiierten Einrichtung. Ein elternloser Junge aus Schlesien wird von ihr angetrieben, allen Widrigkeiten zum Trotz das Gymnasium zu besuchen (und kann später Studienrat werden).

Sehr bedeutsam ist für Irmgard Rode, dass inmitten des Flüchtlingselends eine heimatliche Kultur gelebt werden kann und dies den Kontakt zu anderen ermöglicht. Sie selbst fühlt sich sehr angesprochen von den Gaben der Schlesier: „Die hatten ihre guten, schönen Lieder; sie hatten ihre besondere Mundart; sie waren musikalisch, die Leute; sie hatten ihre Erzählungen, ihre Gedichte, ihre Poesie, und sie waren begabt in dieser Hinsicht." (Rode/Bartmann 1988) Die gemeinschaftlichen Heimatabende werden nicht einfach nur aus Nächstenliebe für die Flüchtlinge organisiert, sondern I. Rode sieht sich selbst durch Begegnung und Austausch mit Freude beschenkt. Es geht ihr um menschliche Beziehungen, nicht um versteckte Machtausübung durch Fürsorge. – Das kulturelle Engagement in der frühen Nachkriegszeit ist bezeugt: „Seit 1946/47 bestand in Meschede eine Volkstanzgruppe für Jugendliche, junge Frauen und Männer. Gründerin und Leiterin war Irmgard Rode, die über mehrere Jahre von Paula Wiesneth und Erich Mittag in der Leitung unterstützt wurde. [...] Das reichte Frau Rode aber noch nicht in ihrem Engagement für die Jugend und für Frieden und Völkerverständigung. 1950 gründete sie mit Horst Esser eine Laienspielgruppe, der ca. 15 Mädchen und Jungen angehörten. [...] 1951 rief Frau Rode mit Hans Wiesneth einen gemischten Chor ins Leben." (Deitelhoff/Hüser 2005) Möglicherweise aufgrund der Prägungen im Elternhaus zeigt Irmgard Rode eine – durchaus konservative – Vorliebe für „volkstümliche Kultur". Dies dient jedoch gerade nicht – wie in rechten „Heimatszenen" – der Ausgrenzung. Die leutenahe Folklore wird von ihr viel-

---

[16] Vgl. z.B. folgende Sichtweise in einem Nachruf: „Es begann damit, als Landsleute aus den ehemaligen deutschen Ostgebieten nach Meschede kamen. Als erste Vorsitzende der Caritas-Konferenz Meschede nahm sich Irmgard Rode ihrer an." (Westfälische Rundschau 1989)

mehr als ein Medium zum Brückenbau zwischen Menschen unterschiedlichster Herkunft begriffen. (Später zeigt sich dann auch in der internationalen Begegnungsarbeit der Meschederin, dass das jeweils „Regionale" für die Bewohner von Landschaften überall auf dem Globus bedeutsam ist und dann für Menschen, die in ganz anderen Kulturen geprägt worden sind, das Kennenlernen auf schöne Weise beflügeln kann. Heute sagen wir für ein solches Konzept: „global-lokal".)

Im Rückblick erscheint die Integration von Vertriebenen im Sauerland als ein Erfolgskapitel. Doch direkt nach 1945 sind Anteilnahme und praktische Solidarität keineswegs immer eine Selbstverständlichkeit: Die Stadt Meschede ist zum Großteil ausgebombt, und die Einwohner leiden selbst unter Nahrungsmittelknappheit. Irmgard Rode stößt bei ihrer Suche nach Verbündeten im Einzelfall sogar auf rassistische Vorbehalte. Darüber hat sie später Folgendes mitgeteilt: „Natürlich lebte [...] manches von dem Nazi-Gut noch auf in unserer Umgebung. Ich war einmal ganz erschüttert [...], als mir ein einflussreicher Mensch sagte, den ich bat, mir doch zu helfen, den Leuten Arbeit zu verschaffen, er sagte: ‚Hier müssen wir ganz vorsichtig sein, wenn Menschen aus anderer Umgebung zu uns kommen. Wir müssen so aufpassen, ob sie auch arisch sind. Passen Sie gut auf. Sehen Sie mal, da sind auch einige, die dunkelhaarig sind, und da müssen wir vorsichtig sein. Das geht nicht. Die arische Herkunft ist uns äußerst wichtig.' " (Rode/Bartmann 1988) Nur wenige nahmen so sensibel wie Irmgard Rode wahr, dass der Faschismus mit seinem Gift im Alltag noch lange wirksam war.

Familie Rode mit weiteren Kindern und Jugendlichen
auf einer SGV-Fahrt nach Scharfenberg (1952)

5. COVENTRY UND DIE „FREUNDE DER VÖLKERBEGEGNUNG" IM SAUERLAND

In einer 2000 erschienenen Darstellung der Frauengeschichtswerkstatt Meschede wird das Beispiel der frühen Stadträtin
Irmgard Rode, die sich zunächst wohl der neugegründeten CDU
verbunden fühlte, als seltene Ausnahme gewürdigt: „Ihr ungewöhnliches Engagement bewirkte auch, dass sie als einzige Frau
im Frühjahr 1949 für eine Delegation des Landes Nordrhein-
Westfalen ausgewählt wurde, die in der für ihre intensive
Selbstverwaltung bekannten Stadt Coventry die dortigen Formen der kommunalen Selbstverwaltung kennenlernen sollte.
Die übrigen vier Mitglieder der Delegation waren Männer aus
den verschiedensten Landesteilen Nordrhein-Westfalens, die
alle mit der Demokratie in England vertraut gemacht werden
sollten."[17]

---

[17] Frauengeschichtswerkstatt 2000, S. 133. – Zum „politischen Werdegang"
von Irmgard Rode hat ihre Tochter Angelika Rode (Soest) mir am
1.10.2014 Folgendes in einer Email mitgeteilt: „Parteien und Vereine
waren ihr nie ‚an sich' wichtig, sondern sie hat immer geguckt: ‚Mit
welchem Verein kann ich am besten die Ziele durchsetzen, die mir wichtig
sind?' Darum hat sie die Parteien und Vereine dann auch öfter gewechselt
[...]. Zuerst waren meine Eltern im Zentrum, dann war Mutter für die CDU
im Stadtrat, wenn ich das richtig in Erinnerung habe, weil sie das C
ernstgenommen hat. Sie haben dann mit Stankowskis überlegt, ob man in
der Partei bleiben kann [...], meine Mutter ist jedenfalls raus, spätestens bei
der Wiederbewaffnung. [...] Ich erinnere mich, dass meine Mutter ganz
entsetzt erzählte, im Lauf einer Sühnekreuzdiskussion hätte ein CDU-Mann
gesagt: ‚Nicht 80, 800 (Russen) hätten sie erschießen sollen.' Dann waren
meine Eltern in der DFU [Deutsche Friedens-Union], zumindest wurde die
eine Zeit lang gewählt, und wir bezogen die Deutsche Volkszeitung [...].
Weil die DFU so klein blieb und man befürchtete, die Wahlstimmen zu
verschenken, wurde dann SPD gewählt. Willy Brandt haben meine Eltern
sehr geschätzt, mein Vater hielt auch viel von NRW-Justizminister Posser.
Wir hatten auch immer die Westfälische Rundschau [...]. Auch der liberale
Koalitionspartner war damals akzeptabel, Leute wie Hirsch und Hamm-
Brücher vertraten ernst zu nehmende liberale Positionen [...]. In Meschede
hat sich meine Mutter vor allem gut mit den Jusos verstanden. [...] Was die
Vereine betrifft, so wirkte sie zunächst im SGV und in der Caritas, dann
kamen die Freunde der Völkerbegegnung, die Ortsgruppe des Kinderschutzbundes, die Internationale Kinderhilfe. Von den Kirchen bekam sie
in der Regel mehr Unterstützung durch die evangelische Kirche. Pastor
Köllner war ihr eine große Stütze, er schätzte ihre Arbeit und konnte mit
ihren Schwächen gut umgehen. Das evangelische Jugendheim war für mich

Irmgard Rode 1949 als einzige Frau unter nordrhein-westfälischen Kommunalpolitikern, die Coventry besuchen: in der zerstörten Kathedrale von Coventry [Coventry Evening Telegraph 1949].

Bei der Reise nach Coventry ging es um weitaus mehr als nur um den Erwerb von Selbstverwaltungskompetenzen. Im Rahmen der deutschen Bomben-Operation „Mondscheinsonate" vom 14.11.1940 waren in der Stadt u.a. 40.000 Wohnungen, drei Viertel der Industrieanlagen und ungezählte Kulturdenkmäler, darunter die Kathedrale, zerstört worden. Trotz dieses unvorstellbaren Terrorangriffs mit fast 600 Toten und tausend Verwundeten hatte der damalige Domdekan Richard Howard in einer Weihnachtsmesse zur Versöhnung – fernab von Hass- und Rachegedanken aufgerufen (berühmt ist die Aufschrift am Kreuz in den Ruinen der Kathedrale: „Vater, vergib"). Weitere deutsche Luftangriffe mit Hunderten Toten in der Stadt erfolgten im

---

sowas wie eine zweites Zuhause, weil dort alle Gruppen stattfanden (Volkstanz, Theater, Singen …). Trotzdem war es ganz klar, dass wir zur katholischen Kirche gehören und da in die Messe gehen, das wurde von den Eltern nie infrage gestellt. Papst Johannes XXIII wurde sehr positiv wahrgenommen, und es gab natürlich noch andere katholische Identifikationsfiguren. Böll, Reinhold Schneider, Kolping fallen mir ein. Die katholischen Pastöre […] waren weniger positiv besetzt. […] mit Vikar Klusmann hat sich meine Mutter bestens verstanden."

April 1941 und August 1942. – Nach ihrer Rückkehr von der Reise hat Irmgard Rode „am 12. März 1949 einen Artikel über die Erfahrungen des Besuchs in England veröffentlicht und die herzliche Gastfreundschaft der Stadt, die von den deutschen Luftangriffen im 2. Weltkrieg stark betroffen war, hervorgehoben. Sie schloß Freundschaft mit einer Vertreterin der Stadt Coventry. Daraus entwickelte sich eine langjährig gepflegte Schülerpartnerschaft zwischen Coventry und Meschede, die schließlich auch zu der Namensgebung für die heutige Coventry-Brücke führte." (Frauengeschichtswerkstatt 2000, S. 133) Das Schlüsselerlebnis von 1949, so Irmgard Rode: „Die Engländer haben uns, ihre alten Feinde, als Freunde behandelt." (Westfalenpost 1986a) Unter diesem Vorzeichen „lernte sie Miss Barnes und Dr. William Rose aus Coventry kennen, die zu den Gründern des ‚Comitee for International Understanding' gehörten. Es folgten viele freundschaftliche Begegnungen in Coventry und Meschede" (Westfälische Rundschau 1981b).

Aus Sicht einer Engländerin beschreibt Conny Hardie den Beginn der Kontakte zwischen Coventry und Meschede in einem ca. 1987 entstandenen Text so: „Die Wurzeln reichen viel weiter zurück in die späten 1940er, als eine kleine nette Frau, ärmlich im Äußeren als Folge des Krieges, uns besuchen kam. Wir haben damals noch nicht begriffen, dass wir in Frau Irmgard Rode unerwartet einen Engel zu Gast hatten. Eine Frau mit unerschütterlichem Geist und dem brennenden Wunsch, die Vergangenheit auszulöschen und eine neue Zukunft zu bauen. Ihr Werk dauert fort trotz zunehmenden Alters und schwacher Gesundheit, und wir danken Gott für das, was sie vollendet [*vollbracht*] hat." (Hardie 2005)
Eine zuverlässige Chronologie der frühen Besuche und Gegenbesuche konnte ich anhand der mir vorliegenden Quellen nicht ermitteln. Doris Deitelhoff schreibt: „1956 kam eine Jugendgruppe aus Coventry nach Meschede. Frau Rode brachte 27 englische Mädchen und Jungen in Gastfamilien unter und erstellte mit ihren Helferinnen und Helfern ein Programm für diese Besuchswoche. Nun gab es in unregelmäßigen Abständen Begegnungen zwischen Jugendlichen aus Meschede und Coventry, aber auch Fahrten nach Frankreich, Polen und Amerika [...]" (Deitelhoff/Hüser 2005). Bezeichnender Weise enthält der schon genannte Bericht von Conny Hardie wieder einen Hinweis

auf die Bedeutung von folkloristischen Darbietungen für die Völkerbegegnung: „Wir hatten Frau Rode und ihre Jugendgruppe 1960 zu Gast, und von dieser Zeit an begannen wir, einen Gegenbesuch zu planen. Mary Barnes, Dorothy Higgs und ich trafen uns zu Beginn des Jahres 1961 um zu überlegen, ob eine Fahrt nach Meschede möglich wäre. Wir [...] begannen mit ungefähr 27 Personen Sonntagnachmittags im Hause von Dr. und Frau Cabon mehrstimmige Lieder einzuüben. Mittwochabends trafen sich junge Mädchen in einer Aula in Kenilworth, um Volkstänze einzustudieren. [...] der Empfang war überwältigend. Es folgten zehn phantastische Tage, die wir niemals vergessen werden. Man könnte es sogar als Sensation bezeichnen, denn der Aufenthalt war der Beginn einer neuen Freundschaft [...]. Die Mescheder öffneten uns ihre Häuser, organisierten einen Empfang beim Bürgermeister der Stadt Meschede und boten Bankett, Tanz und Diashow im lutherischen Jugendzentrum. Wir unterhielten sie mit den vorbereiteten Gesang- und Tanzdarbietungen, wozu die Mädchen blaue Röcke, weiße Blusen und rot-weiß-blaue Schärpen trugen." (Hardie 2005)

Irmgard Rode war ab 1949 entscheidende Impulsgeberin für Mescheder Initiativen und Aktivitäten im Dienste internationaler Verständigung: „Es begann mit dem Jugendaustausch nach Coventry / England; in den 60er Jahren kamen die Kontakte nach Le Puy und Vannes / Bretagne hinzu." (Westfalenpost 1987) Einen freundschaftlichen Kontakt gibt es mit dem französischen Behindertenheim Montebourg (Manche) an der Nordküste Frankreichs (Rode 1981). Seit dem 30. Oktober 1965 besteht eine offizielle Städtepartnerschaft zwischen Meschede und Le Puy.

Am 1. Dezember 1968 gründet Irmgard Rode dann gemeinsam mit dem Velmeder Konrad Hengsbach[18] (1914-2010),

---

[18] In einer Würdigung zum 90. Geburtstag liest man zu Konrad Hengsbach: „Das Zusammenleben mit zehn Geschwistern prägte seine Jugend. Nach dem Abitur studierte er Philosophie und Pädagogik und ging in den Lehrberuf. Den zweiten Weltkrieg erlebte er als Flieger. Eine Kriegsverwundung und die vierjährige Gefangenschaft in Russland beeinflussten seinen weiteren Lebensweg. Während der Gefangenschaft hatte er sich vorgenommen, etwas für Völkerverständigung und Frieden zu tun. Der Wunsch nach weltweitem Frieden war ihm stets ein Herzensanliegen.

einem Bruder des konservativen Ruhrbischofs Kardinal Franz Hengsbach, das bis heute bestehende Friedenswerk „Freunde der Völkerbegegnung" (FdV); es zählt ein gutes Jahrzehnt später über 500 Mitglieder (Westfälische Rundschau 1981b). Vorausgegangen waren viele Gespräche mit mutmaßlich Gleichgesinnten und ein Presseaufruf (Hengsbach 2008).

Irmgard Rode mit jungen Menschen in London – 1960er Jahre

Denn er war überzeugt: wenn Menschen sich über Staatsgrenzen hinweg besser kennenlernen, dann schießen sie nicht mehr aufeinander. [...] Für ihn galt die Maxime: ‚Die Politiker sind mit der Arbeit für den Frieden überfordert, dabei müssen wir ihnen helfen. Frieden muß in den Familien wachsen und gelebt werden'." (Hüser 2005). Konrad Hengsbach hielt es übrigens für selbstverständlich, dass ein Land wie Deutschland ein Friedens-Ministerium einrichtet. – Vgl. zum Hintergrund der internationalen Versöhnungsarbeit in Meschede und zur FdV-Gründungsgeschichte auch: Hengsbach 1983; Rode 1985c; Hengsbach 2008.

Zur Vereinsvorgeschichte gehören die schon genannten Aktivitäten eines Arbeitskreises (Rode 1981):

Der Verein wurde kurz nach dem Krieg ins Leben gerufen, zunächst als „Internationaler Arbeitskreis", der Austausch- und Kontaktfahrten in die Nachbarländer unternahm. Zunächst stand die Bevölkerung diesen Fahrten zögernd und misstrauisch gegenüber. Aber nach und nach wuchs das Interesse und das Vertrauen, und so gab es ab 1950 regelmäßige Austausch- und Jugendfahrten in andere Länder. Durch die ehrenamtliche Organisationstätigkeit hielten sich die Preise in Grenzen und waren auch für Minderbemittelte erschwinglich.

Konfessionelle und politische Unabhängigkeit gehören von Anfang an zu den Vereinsprinzipien. Als weitere Orte der Völkerbegegnung werden in der Chronik neben dem *englischen* Coventry u.a. auch das *US-amerikanische* Coventry (Rhode Island), die polnische Hauptstadt Warschau und Petrosawodsk in Karelien (Russland) genannt (Westfälische Rundschau 1982a; Rode 1984; Hüser 2005).

Die FdV-Arbeit ist getragen von einem wachen Bewusstsein für eine dunkle Vergangenheit. 1981 veröffentlichen die Freunde der Völkerbegegnung z.B. einen Spendenaufruf, damit die aus Meschede wegen der Judenverfolgung nach Palästina geflüchtete Lore Hesse nach vier Jahrzehnten ihre Heimatstadt im Sauerland wiedersehen kann (Westfälische Rundschau 1981a).

Zur Geschichte und Wirkungsgeschichte der Mescheder FdV-Arbeit seien hier noch zwei Beispiele angeführt: Als 16-Jähriger nimmt der Olsberger Peter Liese (Jg. 1965) an einer Englandreise der FdV teil und wird in der Folgezeit Mitglied des Vereins: „Das Angebot der Internationalen Jugendbegegnung konnte er [...] vor allem dank der Initiative von Irmgard Rode, der Vereinsgründerin der Freunde der Völkerbegegnung, wahrnehmen." (Der Westen 2013) Als Europa-Abgeordneter betont CDU-Politiker Liese drei Jahrzehnte später auf dem 45-jährigen FdV-Jubiläum: „Es ist nicht selbstverständlich, dass wir in Frieden leben!" (zit. Der Westen 2013; vgl. Liese 2008)

1986 berichtet die Mescheder Lokalpresse von einem „Kleinen Gipfel" am Ruderclub (Westfalenpost 1986b): Zu den Gästen der „Freunde der Völkerbegegnung" gehören fünf US-

Amerikaner aus Rhode Island und „der sowjetische Professor Michail Firow aus Petrosawodsk (Karelien), der bereits zum dritten Mal in Meschede zu Besuch" weilt. Mit einer Bildunterschrift beweist der Lokalredakteur, dass er die Symbolik des sauerländischen „Gipfels" verstanden hat: „Wie Völkerverständigung – die ihren Staatschefs so schwer fällt – zustande kommen kann, demonstrierten der russische Professor Michail Firow und die [US-]Amerikanerin Betty Jimmo beim Begegnungsfest." – Zu diesem Zeitpunkt lagen bereits weitreichende Abrüstungsangebote von KPdSU-Generalsekretär Michail Gorbatschow vor, doch ein Vertrag zum Abbau der nuklearen Mittelstreckensysteme in Europa wurde erst am 8. Dezember des Folgejahres unterzeichnet.

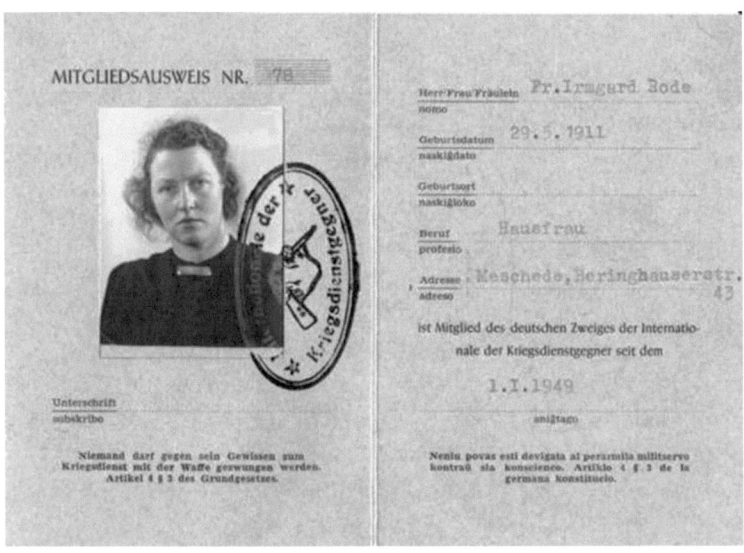

Irmgard Rodes „Mitgliedskarte Internationale der Kriegsgegner", ausgestellt am 1.1.1949. [Richtiges Geburtsdatum: 29.6.1911]

In manchen lokalen Beiträgen über Irmgard Rode wird vermerkt, dass junge Menschen ohne festes Zuhause zeitweilig in ihrer Familie Aufnahme gefunden haben. Das ganze Ausmaß dieser Heimatgewährung geht indessen erst aus einem langen Erfahrungsbericht Rodes hervor, der 1975 im Mitteilungsblatt der Arbeitsgemeinschaft für Jugendhilfe – mit durchgehenden Namensänderungen – veröffentlicht worden ist (Rode 1975). Schon in der Einleitung der Herausgeber wird vermerkt, dass das Mescheder Ehepaar „in einem Zeitraum von mehr als 30 Jahren neben eigenen Kindern mehr als 40 sozialbenachteiligte, schwierige Kinder und Jugendliche über Monate oder Jahre aus eigener Initiative bei sich aufgenommen hat". Irmgard Rode schreibt. „Ich fühlte mich gedrängt, solchen Kindern und Jugendlichen zu helfen. Ich wünschte, meine Familie sollte offen sein und diejenigen aufnehmen, die nicht das Glück hatten, geliebt und behütet zu werden. Soweit es möglich war, wollten wir für diese jungen Menschen etwas tun." (Rode 1975)

Familie Irmgard und Alfons Rode mit ihren Kindern
(Aufnahme: Wohnung Beringhauser Straße Meschede, um 1955)

Die Vorstellung einer für andere offenen Familie scheint Irmgard Rode schon direkt nach der Hochzeit verwirklicht zu haben. Sie bringt eines der acht Kinder des Druckereibesitzers, bei dem sie seit dem Abitur als Kindermädchen gearbeitet hat, mit in den Haushalt. Noch vor der Geburt der eigenen Kinder kommen weitere Schützlinge mit schulischen Schwierigkeiten ins Haus. Nach seiner Rückkehr aus der Kriegsgefangenschaft findet Dr. Alfons Rode „Familienverhältnisse mit immer neuen Sorgenkindern" vor: „Er ist gut zu jedem Kind. Wenn eins das Haus verläßt, so kann es vorkommen, daß er sich Sorgen darum macht, daß er es einlädt, wiederzukommen." (Rode 1975)

Jungen und Mädchen mit Flüchtlingsschicksal oder kranker Mutter, aus Alkoholiker-Familien und Heimen finden Aufnahme. Vikar, Fürsorgerin oder Resozialisierungshelfer fragen nach, ob sie bei Irmgard Rode nicht vorübergehend ein „Sorgenkind" unterbringen können. In vielen Fällen kann Irmgard Rode, die größten Wert auf schulische Förderung oder erfolgreiche hand-werkliche Ausbildungswege legt, helfen. Ihre Grundannahme, dass Kinder in einem günstigen Umfeld Begabungen entfalten können, die vorher ganz verschüttet waren, wird in vielen Fällen bestätigt. Doch einige Zöglinge weisen eine Geschichte mit schweren seelischen Wunden und sogar Hospitalismus-Erschei-nungen auf (ein Kind schlägt z.B. mit seinem Kopf vor die Zimmerwand). Realistisch kommen in dem Erfahrungsbericht die größten Schwierigkeiten, Ratlosigkeit, eigene pädagogische Fehler und Lernprozesse zur Sprache. Über einen zehnjährigen Jungen schreibt Irmgard Rode z.B.: „Ich wußte damals noch nicht, daß solche Kinder sich langsam an ihre Pflichten ge-wöhnen müssen, daß man die Lage nicht einfach sofort ändern kann. Erich hätte gewiß fast ein Jahr gebraucht, bis er sich an regelmäßigen Schulbesuch gewöhnt hätte und nur sehr langsam hätte man ihn nach und nach mit Hausaufgaben vertraut machen können. So aber bin ich böse und streng mit ihm, strafe ihn einmal auch mit Schlägen." (Rode 1975)

Irmgard Rode bleibt bei ihrer Überzeugung, dass Hilfe ganz konkret – durch Aufnahme in ein förderliches familiäres Klima – erfolgen muss. Doch für manche kommt solch ein Angebot einfach zu spät. Hier schärft sich immer mehr der Blick für die gesellschaftlichen Rahmenbedingungen. Kinder, die bei ihr ganz unauffällig waren, werden bei einer erneuten Erkrankung der Mutter von einem Heim als schwierigste „Problemfälle" beschrieben. Zwei Heimausreißer berichten in der zweiten

Hälfte der 1960er Jahren von einer gewalttätigen Pädagogik. Offenbar ist es auch möglich, dass ein Kind ohne eingehende Untersuchung einfach per Zufall in eine Behinderteneinrichtung abgeschoben wird. In sehr vielen Fällen versäumt es die Gesellschaft, Kindern aus schwierigen Familienverhältnissen Chancen einer frühzeitigen Förderung zu eröffnen. Große Defizite bestehen im Netz von Familienhilfe und Fürsorge. Erst im Laufe der Zeit erhalten Pflegeeltern so viel materielle Entschädigung, dass sie den Lebensunterhalt der Zöglinge damit bestreiten können.

Irmgard Rode trägt Lösungswege zu den von ihr beobachteten Problemen vor. Ihrer Ansicht nach sollte am besten überhaupt kein Kind in einem Heim aufwachsen. Die pädagogische Beratung der Pflegefamilien muss ausgebaut werden. Besondere Angebote für Kinder mit familiär bzw. sozial bedingten Problemen sind erforderlich. Die Kommunalpolitiker sollten Einrichtungen und Lebensräumen für die Kinder einen großen Vorrang einräumen.

Weihnachten 1973 weilen bei der Familie Rode zwei Pflegekinder, ein junger wohnungssuchender Afrikaner und außerdem vier körperbehinderte Franzosen als Festgäste. Obwohl es eigentlich nicht geht, kommt auch noch ein jugendlicher Untersuchungshäftling ins Haus, dessen Geschichte der evangelische Jugendreferent am Ort vorgetragen hat. Im nächsten Jahr wohnen im Haus Dr. Alfons Rode (73 Jahre), seine Frau Irmgard (63 Jahre), „Ursel aus der Nervenklinik, Lutz aus dem Gefängnis, Renate und Fritz aus einer zerrütteten Familie" und während der Semesterferien auch die jüngste Tochter der Familie. Nachmittags kommen jedoch noch täglich sechs bis acht Kinder aus der weiteren Nachbarschaft mit schulischen Problemen, um am Wohnzimmertisch, im Esszimmer oder in der Küche ihre Hausaufgaben zu machen. Irmgard Rode hilft ihnen dabei oder leitet sie zu gegenseitiger Hilfe an. Kinder, die vorher einfach als „blöd" galten, zeigen erstaunliche Entwicklungen. Nach längerer Förderung muss keiner mehr „hängen bleiben".

Das Ehepaar Irmgard und Alfons Rode hat den eigenen Kindern soziale Haltungen und einen geschärften Blick für die Wahrnehmung gesellschaftlicher Entwicklungen mit auf den Weg gegeben. Die zweitälteste Tochter Prof. Dr. Irmgard Rode hat sich z.B. in ihrer wissenschaftlichen und therapeutischen Arbeit immer wieder mit dem Scheitern straffällig gewordener Menschen auseinandergesetzt. Doch wie erlebt man es als Kind, wenn der Verantwortungsübernahme zugunsten anderer in der Familie eine sehr große Bedeutung zukommt? Auf diese Frage hat mir Prof. Irmgard Rode am 4. Juni 2014 in einem Brief offen geantwortet:

„Die Frage, ob wir das starke soziale Engagement der Eltern manchmal als Belastung erlebt haben, werden meine Geschwister voraussichtlich unterschiedlich beantworten. Aus meinem individuellen Blickwinkel war das manchmal tatsächlich so, insbesondere im Hinblick auf meine Mutter. Einerseits bewunderte ich ihre sozialen Leistungen und ihren nimmermüden Einsatz für benachteiligte Menschen (nicht umsonst bin ich klinische Psychologin geworden und habe Jahre lang in psychiatrischen Kliniken und im Strafvollzug gearbeitet), andererseits belasteten mich in meiner Kindheit und Jugend die Erwartungen, die ich von ihrer Seite her spürte. In manchen Situationen hätte ich mich lieber unbeschwert mit Gleichaltrigen vergnügt, anstatt mich um schwierige oder kranke Kinder zu kümmern. – Das Tragen von Mitverantwortung bereits im frühen Lebensalter erlebte ich einerseits als belastend, andererseits spürte ich aber auch, dass ich für mein späteres Leben viel daraus lernen konnte und dass mich die Erfolge stolz und glücklich machten. Für meine Berufstätigkeit habe ich von dem frühen sozialen Training enorm profitiert. Die soziale Praxis, vermittelt durch die Aktivitäten meiner Eltern, stellte eine ideale Ergänzung zu meinem späteren Studium der Psychologie dar. – Die autoritätskritische Einstellung meiner Eltern und ihre politischen Ziele schätze ich bis heute als sehr positiv ein. In zahlreichen Entscheidungen, die ich heute im Alter von 74 Jahren treffe, erkenne ich noch immer die Prägung meiner Eltern." (Rode 2014)

Die jüngste Tochter Angelika hat das rege soziale Leben im Elternhaus und die Aufnahme von Pflegegeschwistern überwiegend sehr positiv in Erinnerung (Rode-Angelika 2014b; vollständiger Text →IV.36).

Weihnachtsfeiern im Internationalen Kinderhaus
(Irmgard Rode: oben am Tisch, unten neben den Kindern)

7. Internationales Kinderhaus: „Alle Kinder dieser Welt wollen Freunde sein"

Zurück zu den 1970er Jahren: Die Schulaufgabenhilfe am eigenen Küchentisch ist nur ein Anfang, zumal Irmgard Rode sich fragt, wie denn die Realität der „Völkerbegegnung" ganz konkret in der eigenen Stadt aussieht: „Seit 1970 gilt ihre Sorge den Kindern ausländischer Arbeitnehmer." (Plöger 1983) – In dieser Sache zeigt sich besonders eindrücklich, wie Rode ihre Ideen und Vorhaben mit einem sehr langen Atem weiterverfolgt. Mitte der 1970er Jahre vermerkt sie zum Stand der Dinge: „Zur Zeit (März 1974) sind wir in unserer Stadt dabei, die Organisationen zu gemeinsamer Arbeit zusammen zu holen, denen das Schicksal der Kinder etwas bedeutet: Wohlfahrtsverbände, Kirchen, Terre des Hommes, Freunde der Völkerbegegnung, Internationale Kinderhilfe – auch Eltern, Lehrer und Erzieher." (Rode 1975)

An vielen Stellen ihrer Berichte spricht Irmgard Rode von „man" oder „wir", obwohl es maßgeblich um Initiativen aus *ihrer* „Sozialwerkstatt" geht.[19] In einem 1982 veröffentlichten Rückblick wird das „Wir" auf junge Leute verlagert, die bei ihr Unterstützung suchen: „Als die heimische Industrie sich um Arbeitskräfte aus dem Ausland bemühte, konnten die damit verbundenen Probleme nicht verborgen bleiben. Besonders das Los der Kinder beeindruckte uns. Schüler und Studenten aus Meschede erkannten, daß es mit Austauschfahrten nicht getan war, sondern daß man auch den Fremden und Alleinstehenden im eigenen Land berücksichtigen müsse. Damals standen die ausländischen Kinder am Straßenrand oder kauerten auf den Treppenstufen, bis die Eltern von der Arbeit zurückkamen. In der für

---

[19] Wie wenig Irmgard Rode indessen als „Einzelkämpferin" ohne Rückhalt agierte, geht auch aus folgender Mitteilung ihrer Tochter Angelika Rode hervor: „Wichtig: ich erinnere mich, dass es immer viele Menschen gab, die meine Mutter in ihrer Arbeit unterstützt haben, mit praktischer Arbeit, mit Zuspruch, oder die ihr dabei geholfen haben, auch der nötigen Form in den Anträgen usw. Genüge zu tun, damit die auch wirklich genehmigt werden und nicht so leicht abgelehnt werden konnten. Für diese Hilfen war sie immer sehr dankbar. Aber sie hat genau gespürt, wenn jemand gerne oder abfällig die fehlende Form bemängelte, weil er sich nicht mit dem Problem befassen wollte. Das empfand sie als ‚Steine in den Weg legen'" (Email an P. Bürger, 10.09.2014).

sie fremdsprachigen Schule waren sie hilflos. Schüler und Studenten traten an mich heran, und wir fanden gemeinsam mehrere Treffpunkte in der Stadt, in Schulen und Jugendheimen. Ehrenamtliche Helfer bemühten sich etwa zweimal in der Woche um jede Gruppe. Wir organisierten Schränke, Bücher, Spielsachen. Zunächst kamen portugiesische griechische, spanische, jugoslawische, später auch türkische Kinder. Von Zeit zu Zeit richteten wir Schulungen für unsere Mitarbeiter ein. Natürlich war unsere Arbeit neu und ungewohnt. Wir mußten erst Erfahrungen sammeln." (Rode 1982a) In einem späteren Beitrag wird der Gründungsimpuls gar einer Grundschülerin zugeschrieben: „Die kleine Elke Biebris, 4. Schuljahr, ergreift die Initiative: ‚Wir müssen uns um die ausländischen Kinder kümmern! Sie sind so allein. Wo können wir uns mit ihnen treffen?‘ Eine kleine Initiative wird gegründet; Schüler höherer Klassen und auch Studenten schlossen sich an. Elke und Ulrike Biebris waren weiter mit aktiv." (Rode 1985b)

Eine erste Stufe der Hilfe erfolgt dezentral: „Zunächst waren sieben Zentren eingerichtet worden, in denen die Kinder zweimal in der Woche für zwei Stunden zum Spielen und Lernen sich versammeln konnten." (Plöger 1983) Schon bald kommt es zu einer zeitlichen Ausdehnung: „Ab 1977 organisierte Frau Rode u.a. mit Inge und Jan Wefelnberg sowie Gisela und Theo Körner eine Hausaufgabenhilfe für Kinder, die von montags bis freitags geöffnet war." (Deitelhoff/Hüser 2005)

Nach einem halben Jahrzehnt ohne angestellte Mitarbeiter verbessert sich zunächst die räumliche Situation für das Betreuungsangebot: „Durch unsere langdauernde Zähigkeit erweicht, stellte uns die Stadt die untere Etage einer alten großen Schule zur Verfügung. Einzelne leer stehende Räume hatten wir bereits friedlich ‚besetzt‘ und freundlich hergerichtet. Zunächst gab es Stirnrunzeln und strafende Blicke, dann lockerte sich die Situation: die Kinder durften bleiben." (Rode 1982a) Das neue Zentrum in der alten Berufsschule Steinstraße 31 wird mutig „Internationales Kinderhaus" getauft. Die „Internationale Kinderhilfe", die es unterhält, bleibt den Freunden der Völkerbegegnung angegliedert. (Erst 2013 ist der internationale Kinderhort in Meschede in die Trägerschaft der Caritas übergegangen.) Fünfzig und mehr Kinder finden schließlich den Weg zu diesem Angebot an allen Schultagen. Den Weg der zunehmenden

Akzeptanz hat Irmgard Rode 1981/82 in zwei Beiträgen nach-gezeichnet: Die Kirchen zeigen ein frühes Wollwohlen, und bald schon lassen sich auch die nahen politischen Gremien von der Sache überzeugen. Die Zuschüsse fallen indessen bis auf Weiteres denkbar bescheiden aus. Skepsis gibt es auf Seiten der Behörden, denn: „Eigentlich hatten wir etwas Unerlaubtes getan: Kinder betreut ohne Genehmigung."[20] Der für Praktikanten verantwortliche Berufsschuldirektor, Gesundheitsamt, Kreisjugendamt und Landesjugendamt kommen zur Visite vorbei. Die Mitarbeiterin des Landesjugendamtes zeigt sich angetan und regt sogar an, eine besondere Kinderhort-Gruppe für zunächst etwa 15 Kinder einzurichten. Hierfür kann bald schon aufgrund öffentlicher Förderung eine staatlich examinierte Kraft eingestellt werden. Der Andrang hält an und kann von den Ehrenamtlichen allein nicht bewältigt werden. Vier pädagogische Kräfte kommen über eine Maßnahme des Arbeitsamtes hinzu. Irmgard Rode ist für die gesamte Koordination verantwortlich und macht sich mit über 70 Jahren – trotz einer starken Sehbehinderung – täglich auf den Weg zur Steinstraße. Dieter Obluda vermerkt als Helfer 1981: „Daß es bei ca. 50 Kindern auch mal turbulent zugeht, ist fast unvermeidbar. Aber dank der unermüdlichen und stets die Ruhe bewahrende Frau Rode ist es bisher immer noch gelungen, die Kinder, die meistens aus sozial schwächeren Familien sind, zu fördern, und ihnen eine sinnvolle Nachmittagsgestaltung zu ermöglichen." (zit. Rode 1981)

Im pädagogischen Konzept stehen schulische Förderung und soziales Lernen an erster Stelle. Irmgard Rode will das Geschick

---

[20] Rode 1982a. – Zur zitierten Stelle schreibt die Tochter Angelika Rode: „Sehr gelacht habe ich über das Zitat ‚Eigentlich hatten wir etwas Unerlaubtes getan: Kinder betreut ohne Genehmigung.' Das ist so typisch für meine Mutter, und gleichzeitig erklärt es, warum manche Mitmenschen so schlecht auf sie zu sprechen waren. 1. Sie bringt die Dinge auf den Punkt, aber aus einem ungewohnten, oft ironischen Blickwinkel, der manchem [...] nicht gefällt, weil er ihn schlecht aussehen lässt, und manchmal war das vielleicht auch ungerecht. 2. Sie schafft Tatsachen, geht dabei persönliche Risiken ein, aber die anderen können dann nicht mehr ohne Probleme hinter diese Tatsachen zurück. Durch die geschaffenen Tatsachen wird der Bedarf offensichtlich. Und wer will schon gerne ehrenamtliche Helfer und bedürftige Kinder rausschmeißen? Da kümmert man sich dann doch lieber schnell um eine Genehmigung und gibt auch etwas Geld dazu." (Email an P. Bürger, 10.09.2014)

von Benachteiligten und ewigen Sitzenbleibern wenden. Die Kinder können was, man muss ihnen nur die Möglichkeit geben, es auch zu zeigen. Wenn sie in die richtigen Lernräume gelangen, öffnen sich für ihren weiteren Lebensweg viele Türen. Man hört an dieser Stelle durchaus eine stete mütterliche Ermahnung mit: Lernen, lernen, lernen! Damit eng zusammen hängen Haltungen und Erfahrungen, die genauso wichtig sind: Selbstachtung, Respekt vor den anderen, Modelle des Mit- und Füreinanders. Rode ist sehr froh, wenn junge Mitarbeiter ohne besondere Instruktionen intuitiv die entsprechenden menschlichen Lernprozesse bei den Kindern fördern: „Unsere Therapie für die Schützlinge heißt: Liebe und Zuwendung, Geduld, Verständnis, Beispiel sein." (Rode 1981) Irmgard Rode fordert in ihrer Arbeit die sozialen Rechte der Kinder ein, aber sie kennt vor allem ein ‚Menschenrecht auf Liebe':

„Wie eh und je ist das Kind in unserer ‚hochzivilisierten Gesellschaft' benachteiligt. Zwar haben sich gewisse Formen der Kindererziehung geändert; Kinderarbeit ist untersagt, Stock und Rute dürfen in der Öffentlichkeit nicht mehr in Erscheinung treten (privat nach wie vor) – jedoch gewisse Menschenrechte sind vielen Kindern vorenthalten. Dass ein Kind besonders in den ersten Lebensjahren Nestwärme und herzliche Betreuung nötig hat, feste Bezugspersonen, Geborgenheit, Zuwendung und Zärtlichkeit, das ist zwar teilweise bekannt, aber bei weitem nicht überall verwirklicht. [...] Bei manchen Kindern sind schon die äußeren Umstände, Wohnung, Umgebung, nicht für eine gesunde Entwicklung ausreichend. Das Auto hat durchweg den Platz, den es benötigt, Kinder haben ihn oft bei weitem nicht. Die Wohnungen sind oft eng, die Kinderzimmer klein, die Spielfläche besteht aus ein paar Quadratmetern auf dem Bürgersteig. [...] Ebenso wichtig ist für Kinder auch die geistige Entwicklung und Förderung. Die Seele des Kindes ist empfänglich für gute und schlechte Einflüsse, sie wird dadurch geprägt. Jeder, der eine pädagogische Funktion hat, jeder, der dem Kind geistig oder charakterlich bestimmte Einflüsse vermittelt, hat eine ungewöhnlich große Verantwortung. Sein Verhalten, sein Charakter, seine Ausstrahlung – ob positiv oder negativ – prägen den

Charakter und das Verhalten des Kindes mit. [...] Ziel unserer Arbeit ist es, den Kindern eine glückliche Zeit der Entwicklung zu vermitteln, wie auch ihre kleinen Pflichten zu betonen und einen Schulabschluss zu realisieren. Im allgemeinen bekommen 60% aller ausländischen Kinder keinen Schulabschluss, jedoch wir konnten beobachten, daß alle Kinder, die regelmäßig zu uns kommen, auch das Klassenziel erreichen, was sie dann zufrieden und unbeschwert macht und ihnen Selbstbestätigung, Sicherheit und Ausgeglichenheit vermittelt. [...] Wenn wir die Erfolge sehen, bringt diese Arbeit Freude. Durchweg sind die Kinder keine Sitzenbleiber mehr. [...] Es ist eine ganz besondere Aufgabe unserer Gesellschaft, in jedem Menschen den gleichberechtigten Partner zu erkennen und die Mitmenschlichkeit fest zu fundamentieren. Die Kinder werden sich so entwickeln, wie die Erwachsenen es ihnen vorleben. Geben wir ihnen also die Chance einer gesunden seelischen und körperlichen Entwicklung, geben wir ihnen die Möglichkeiten und Grundbedingungen dafür, seien wir ihnen Freunde und Helfer und bestärken wir sie darin, sich zu verstehen und füreinander da zu sein." (Rode 1981)

Die schulische Förderung hat im „Internationalen Kinderhaus" einen sehr hohen Stellenwert. Aber es schlägt eben noch eine andere Seite im „großen Mutterherz". Eigentlich müsste neben dem Lernen noch viel mehr Zeit da sein, den Kindern einfach zuzuhören, ihr Spiel zu inspirieren und zweckfreie schöne Dinge zu machen. Eine „Internationale Kinderschule" muss allemal lustig sein. Bezeichnend ist, wie I. Rode das Umfeld des neuen Domizils beschreibt: „Äußerst wichtig war der große Schulplatz hinter dem Hause, umsäumt von Wiesen, Bäumen und Büschen, verschönt durch den plätschernden Wiesenbach. Wir sammelten ‚alte' Schätze für die Kinder: nun konnten sie Rollschuh fahren, Rad fahren, Federball und Tennis spielen, springen, hüpfen, schaukeln, klettern, Seilchen schlagen. Die Stadt stiftete uns sogar eine Blockhütte und einen Kletterturm. Also hatten wir ein Paradies für Kinder." (Rode 1982a) Zur „täglichen Arbeit" (Lernen!) treten „kleine Feste, Musik, Folklore, Laienspiel, Basteln und Werken, Töpfern, Modellieren, Gesellschaftsspiele, Elternnachmittage, in den Ferien Schwimmen, Wanderungen und Ausflüge" hinzu (Rode 1982a). Es geht darum, Alternativen zu einer massenmedialen Alltagskultur aufzuzeigen, in der Gewalt, Feindbilder und Konkurrenzdenken dominieren: „Es ist sehr wichtig, daß wir den negativen Einflüssen unserer Zeit entgegenwirken: der Gewalt und Brutalität [...]. Dies alles ist ein Verderbnis für die Seelen der Kinder, dem die Persönlichkeit des Erziehers und Helfers durch eine Haltung der Freundschaft, der Mitmenschlichkeit, der klärenden Gespräche und Beispiele entgegenwirken müssen." (Rode 1981) Was Irmgard Rode über die kommerziellen Medien- und Freizeitangebote schreibt, hört sich bisweilen extrem konservativ an (Rode 1981, 1982b, 1982c). In Wirklichkeit hat sie jedoch sehr früh die Anfänge eines neoliberalistischen Medienkomplexes wahrgenommen, in dessen Zentrum rücksichtslose Gewinner und ein „Kult der Waffe" stehen. Ausdrücklich gilt ihr Protest dem massenmedial begünstigten – antisozialen – Wettbewerbsdenken. Es gibt aber auch noch einen naheliegenderen Einspruch gegen das real existierende Mediensortiment: Wenn die Kinder all das nachmachen, was sie da an „Heldentaten" sehen, dann landen sie über kurz oder lang unweigerlich im Gefängnis (Rode 1981).

Bei der Arbeit im Kinderhaus gerät die Idee der internationalen Verständigung nie aus den Augen, wozu auch gehört, dass immer mehr Mescheder Kinder ohne „Migrationshintergrund" das Angebot in der Steinstraße (später Brückenstraße) wahrnehmen. Den Schützlingen und ihren Eltern soll vermittelt werden, dass die unterschiedlichen Kulturen wertgeschätzt werden. Irmgard Rode geht mit „unseren kleinen Künstlern" in Einrichtungen für Alte und Blinde oder Gottesdienste, damit über Gedichte, Lieder und Tänze Brücken der Freude entstehen können: „Wir bemühen uns um Gespräche und Besuche bei den Eltern; wir unterstützen die kulturellen Eigenarten der verschiedenen Nationen. Die Portugiesen haben bei uns ihre Sing- und Tanzstunden und wir gehen mit ihnen in die Altenclubs und Heime, um Behinderten Freude zu bringen. Die Türken spielen auf ihren Zass-Instrumenten und singen Lieder ihrer Heimat. Auch die Griechen haben ihre volkstümliche Musik. Vor allem sollen die Kinder gutes Sozialverhalten in den eigenen sowie in den internationalen Gruppen lernen." (Rode 1981)

Die Eltern der Schulkinder fürchten – neben der Unsicherheit und den Fremdheitsgefühlen am neuen Lebensort – oft eine „Entfremdung ihrer Kinder, denn diese passen sich der neuen Kultur und der neuen Sprache des Gastlandes an" (Rode 1982a). Eine Förderung der heimatlichen Kulturen und auch das gemeinschaftliche Genießen von Spezialitäten aus vielen Ländern soll dem gegensteuern: „Wir machen seit Jahren internationale Feste und Treffen. Anfänglich beteiligten sich daran nur etwa 6 bis 8 Deutsche, doch seitdem die Kirchen den Tag des ausländischen Mitbürgers eingeführt haben, ist die Motivation zum Erleben eines gemeinsamen Festes stärker" (Rode 1982a). 1983 richtete der Werkkreis Kultur einen Internationalen Nachmittag in der Mescheder Stadthalle aus. Eine Lokalzeitungsredakteurin vermerkte in ihrem Bericht. „In der fast unüberschaubaren Menschenmenge tauchte ein Gesicht immer wieder auf: Irmgard Rode [...]. Nach einer schweren Augenoperation war sie hier wieder dabei. Immer umringt von ‚ihren' Kindern aus dem Internationalen Kinderhaus." (Westfälische Rundschau 1983)

Nur eine kurze Zeitungsnotiz ist über Rodes Engagement zugunsten internationaler Flüchtlinge erhalten: „Tag und Nacht war sie im Einsatz für die Asylanten. Sie stellte Anträge und bereitete Spendenaufrufe vor" (Westfalenpost 1986a). Rodes eigener Text *„Die Tamilen"* aus dem Jahr 1985 zeigt, wie ungewohnt wohl auch für sie selbst die neuen Herausforderungen der 1980er Jahre waren, und enthält bereits alle Problemanzeigen aus der solidarischen Flüchtlingsarbeit (Rode 1985a). Bei ihrem Anliegen „internationale Verständigung" setzte Irmgard Rode auf Kooperationen und Vernetzungen. Ihr Bericht über eine erfolgreiche Abwehr von rechten Kräften lässt erkennen, wie wichtig in ihren Augen die breite Basis der Arbeit war: „Der Arbeitskreis ‚Ausländer und Deutsche' hielt einen besonderen Appell zur Unterschriftensammlung gegen Ausländerfeindlichkeit bereit. Gewisse Gruppen machten sich in bekannter Weise auch in Meschede breit. Sie verteilten Flugblätter ‚Ausländer raus', sie schreiben Drohbriefe an Redakteure, die positiv über unsere Arbeit berichten, sie halten hin und wieder Treffen ab, um die Gutwilligkeit und Ausländerfreundlichkeit zu unterminieren. Bei einem solchen versteckten Treffen gab es eine plötzliche Reaktion: 200 Jugendliche hatten den Ort herausgefunden, versammelten sich mit Plakaten und hielten friedliche

Wache, bis die letzten dunklen Gestalten eiligst die Kneipe verließen und das Weite suchten. Wir hatten Achtung vor der Einsatzbereitschaft der friedlichen Demonstranten, die sich auf die Seite der ausländischen Bürger stellten. Sie wissen, daß man sie herbeigeholt hat, daß sie schwere Arbeit tun, unter Heimweh leiden, diskriminiert sind, daß sie unseren Wohlstand mit aufgebaut haben und daß nun – wie auch die Bischöfe immer betonen – sie unsere Solidarität und Freundschaft brauchen." (Rode 1982a; vgl. Schröter/Rode/Cordt 1982)

Wohl kaum jemandem konnte es verborgen bleiben, dass die Initiatorin des Internationalen Kinderhauses in Meschede eine Pazifistin war: „Wir denken wie die jugendlichen Demonstranten, die auf die Straße gehen: ‚Lieber 1000 Erzieher, als ein Tornado ...' Lieber ein neues Gemeinschaftsbewußtsein, als Feindseligkeit und Diskriminierung." (Rode 1982a) Unter der Überschrift „Was unsere Kinder meinen" hat Irmgard Rode das folgende – vermutlich von ihr selbst gedichtete – Lied dargeboten (Rode 1982a; vgl. Westfälische Rundschau 1982b):

„Kinder wollen keinen Krieg,
auch nicht Kampf und Streit und Sieg.
Niemand will den anderen kränken,
jeder will ihm Freundschaft schenken.
Alle Kinder dieser Welt,
alle wollen Freunde sein,
auf der großen weiten Welt
ist dann keiner mehr allein."

Irmgard Rode zusammen mit dem Journalisten Dr. Franz Alt,
Friedensveranstaltung 1985 in Beckum

8. CHRISTLICHER PAZIFISMUS: „IM JENSEITS BRAUCHEN WIR DIE BERGPREDIGT NICHT MEHR"

An dieser Stelle müssen wir uns noch einmal Joseph Beckmann, dem Vater von Irmgard Rode, zuwenden (Dokumentation →II.1-26): Er ist als Pazifist schon während der Weimarer Republik engagiertes Mitglied im Friedensbund deutscher Katholiken. Im zweiten Weltkrieg müssen seine Söhne Ivo († Sylvester 1943) und Egon († 25.6.1944) als Soldaten ihr junges Leben lassen. Vermutlich 1944 verfasst Beckmann ein Mundartgedicht *„Dat olle Brüggsken"*, in dem es zum Abschied eines der beiden Söhne nach einem Heimaturlaub heißt: „Dann moss he wierr noa Russland goahn / in'n Krieg, üm Lüde dauttosloan." [*Dann musste er wieder nach Russland gehen / in den Krieg, um Leute totzuschlagen.*] 1945 schreibt der Münsterländer Rektor im Ruhestand nach der Predigt über einen Holz- bzw. Baumdiebstahl: „Sie haben Millionen Bäumchen gefällt, / Die Kreuze zeigen es an. / O schauriger Frevel an Gottes Welt, / Es schreit zum Himmel hinan! / Wenn dich das tote Bäumchen betrübt, / Gedenke der Schändung, vom Kriegswahn verübt." Er knüpft an alte überregionale Kontakte mit anderen Pazifisten an und begrüßt die frühe Neubegründung der Deutschen Friedensgesellschaft (DFG [heute: DFG-VK]), obwohl ihm die Reaktivierung des Friedensbundes deutscher Katholiken (FdK) ein noch wichtigeres Anliegen ist. 1946 beteiligt sich Beckmann, der schon vor 1933 der DFG angehört hat, an der Neugründung einer lokalen DFG-Gruppe (Neueintritt am 1.2.1946). Der Briefwechsel aus der Nachkriegszeit zeugt u.a. von einem Austausch mit bedeutenden Linkskatholiken und FdK-Vertretern (u.a. Walter Dirks, Nikolaus Ehlen, Josef Rüther, Franziskus Stratmann OP). Es geht um Vernetzungen, inhaltliche und personelle Fragen. Joseph Beckmann ist auch an der Arbeit des Internationalen Versöhnungsbundes interessiert. 1947 nehmen Beckmanns Kinder Irmgard Rode und Alfons Beckmann an einer Tagung der „Internationale der Kriegsdienstgegner" (IdK) teil, die der Vater aufgrund seiner Altersbeschwerden selbst nicht besuchen kann. Beckmanns Mitgliedsausweis des deutschen IdK-Zweiges ist am 12. Mai 1947 ausgestellt worden; am 1.1.1949 tritt auch Irmgard Rode der IdK bei (heute: International War Resisters; deutscher Zweig: DFG-VK). Im Vorfeld der Gründung einer deutschen Sektion der internationalen katholischen Friedensbewegung pax christi (Kevelaer, Ostern 1948) bittet der Dominikaner Franziskus Stratmann den erfahrenen FdK-Mann um inhaltliche Zuarbeit, das Thema des gewaltfreien Widerstandes betreffend. Ein Brief Reinhold Schneiders an Beckmann vom 17.9.1951 zeigt im Ausschnitt, wie engagiert die Familie an der katholischen Debatte zur Remilitarisierung teilgenommen hat und zwar auf Seiten der entschiedenen Gegner einer Wiederaufrüstung. 1956 charakterisiert Joseph Beckmann in seinem Gedicht „Friedensglocke??" die in zwei Weltkriegen mit kriegsertüchtigenden Kanzelworten hervorgetretenen „Kirchenväter" als „kluge Täter" und fragt: „Was zweimal geschah verkehrt, / ist's ein Mea culpa wert?" Im gleichen Jahr verfasst er plattdeutsche und hochdeutsche Verse zur Ergänzung des St. Martins-Liedes, in denen er die Kriegsdienstverweigerung des hl. Bischofs Martin von Tours zur Nachahmung empfiehlt (→II.23): „.... er weigert sich Soldat zu sein, / kämpft schwertlos nur für Gott allein. // Sankt Martin, grosser, heilger Mann, / hilf mir, dass ich wie du das kann: / Nothelfer sein und nicht Soldat, / dass ich sag' nein, wenn ruft der Staat." Die plattdeutsche Version zeichnet sich durch mehr Charme aus: „O Märten, graute, hil'ge Mann, / help mi, dat ick äs du dat kann: / Nauthölper sien un – ropt se: ‚He, / to, wör Suldot!' dat ick segg: ‚Nee!' "

Dieser ganze familiäre Hintergrund ist äußerst wichtig. Beckmann tauscht sich in der Nachkriegszeit mit seiner Tochter Irmgard und dann auch mit deren aus der Gefangenschaft zurückgekehrten Mann Alfons Rode über alle Fragen der sich neu aufstellenden Friedensbewegung aus. Irmgard Rode, die ihrerseits Austausch sucht mit den Altvorderen des Pazifismus, schreibt 1950 ein eigenes Friedensgedicht (→III.2) und verfasst 1956 eine leidenschaftliche Polemik gegen publizistischen Beistand für die laufende Remilitarisierung der Bundesrepublik (→III.3).

Nachdem im Frühjahr 1947 unweit von Meschede ein Massengrab von kurz vor Kriegsende ermordeten sowjetischen Zwangsarbeitern aufgefunden worden war, errichteten Mitglieder eines katholischen Männerkreises – darunter Georg Heidingsfelder und Albert Stankowski – ein Sühnekreuz zum Gedenken an das Verbrechen. Dieses Zeichen stieß in der Kleinstadt Meschede auf erbitterten Widerstand einflussreicher Kreise. Die 40-jährige Geschichte der Aufrichtung, Schändung,

Vergrabung, Bergung und Wiederaufrichtung des Sühnekreuzes ist 1987 von der pax christi-Basisgruppe Meschede in einer Dokumentation dargestellt worden. Den Eheleuten Rode, deren Sohn Ivo in Köln die Dokumentation gedruckt hat, war es ein Herzensanliegen, jüngeren Christen von den Hintergründen des Sühnekreuzes zu erzählen. Die Familie Rode hat entscheidenden Anteil daran, dass sich in Meschede am Ende doch nicht das Programm einer Verleugnung der Verbrechen des Faschismus durchsetzen konnte.[21] Bezogen auf ihre belegten Verdienste in dieser Sache sei auf die Internet-Dokumentation zum Mescheder Sühnekreuz verwiesen, die in der gleichen Reihe erscheinen wird wie die vorliegende Arbeit.

Die Internationale Katholische Friedensbewegung pax christi geht zurück auf einen französischen Gebetsaufruf zur Versöhnung noch aus der Zeit vor Ende des 2. Weltkrieges. Die deutsche Sektion wurde im April 1948 begründet auf einem Friedenskongress in Kevelaer[22]. Irmgard und Alfons Rode waren pax christi von Anfang an verbunden.[23] Die pax christi-Bewegung hatte in ihrer Frühzeit allerdings keineswegs ein so ausgeprägtes friedenspolitisches Profil wie der – nach 1945 nur für kurze Zeit wieder ins Leben gerufene – Friedensbund deutscher Katholiken (FdK). Im Bistum Paderborn sorgten besonders auch Mitglieder aus dem Sauerland, einer ehemaligen Hochburg des FdK, für entschieden pazifistische Standorte.[24] Zu

---

[21] Vgl. auch Regeniter 1998, S. 32 über ein Zeichen von pax christi im Jahr 1988: „Gemeinsam mit der Evangelischen Kirche von Westfalen haben wir seit den späten achtziger Jahren auch die ‚Versöhnung mit den Völkern der Sowjetunion' und auch das ökumenische Gespräch mit der Russisch-Orthodoxen Kirche zu unseren Aufgaben gemacht. In diesem Zusammenhang stand auch 1988 der mehrtägige Besuch des russisch-orthodoxen Erzbischofs Kyrill von Smolensk in unserem Bistum (Meschede, Hemer, Villigst und Hagen), der mit uns u.a. gemeinsame Gedenkgottesdienste an den Zwangsarbeiter-Massengräbern in Meschede und Hemer feierte."
[22] Im Nachlass ihres Großvaters Joseph Beckmann hat Angelika Rode einen Hefter mit der handschriftlichen Aufschrift „Krieg u. Frieden – Kevelaer 1948" entdeckt. Ob Mitglieder der Familie am Kongress in Kevelaer persönlich teilgenommen haben, konnte nicht mehr ermittelt werden.
[23] Vgl. Plöger 1983; pax christi Meschede 1987; Westfälische Rundschau 1987; Der Dom 1989; Evers 1989.
[24] Vgl. Blömeke 1992; Blömeke 1995; Regeniter 2008.

diesen zählten neben Josef Rüther (Brilon) mit hoher Wahrscheinlichkeit auch die mit dem Publizisten Georg Heidingsfelder verbundenen Mescheder Ehepaare Stankowski und Rode.[25] Meschede taucht in den Paderborner Bistumschroniken von pax christi immer wieder als Wohnort ermutigender Friedenskatholiken auf, so für die Phase eines Neuanfangs nach 1959[26] und in Zusammenhang mit den bundesweit ausstrahlenden, sehr politischen Entwicklungen ab den 1970er Jahren[27]. Dr. Alfons Rode gab seiner Frau „finanziellen und moralischen Rückhalt bei der Bewältigung ihrer vielfältigen sozialen Aufgaben" (Westfälische Rundschau 1987). In der katholischen Friedensbewegung war er darüber hinaus selbst aktiv. Zur Mescheder Friedenswoche im November 1981 schrieb Irmgard

---

[25] Dies nimmt auch der langjährige Bistumssprecher Wolfgang Regeniter an (Schreiben an Peter Bürger vom 08.06.2014 und 25.06.2014).

[26] Vgl. Müller 1998: „Wir wählten 1959 für den Neuanfang der Pax-Christi-Arbeit im Erzbistum Paderborn das Liborifest und den Besuch des Bischofs Théas von Lourdes. [...] Bald stellte sich heraus, daß verstreute Freunde in Dortmund, Paderborn, Brilon, Meschede, Soest, Neheim-Hüsten, Bielefeld, Olpe, Attendorn, Fredeburg und Oerlinghausen wohnten, um einige Orte zu nennen. Von ihrer geistigen Heimat her kamen viele Mitglieder aus dem Quickborn, der Deutschen Volkschaft und auch noch aus dem 1919 gegründeten Friedensbund Deutscher Katholiken. Es gehörte zu den wichtigsten Erfahrungen meines Lebens, anläßlich der vielen Besuchsreisen zu all den genannten Orten von diesen meist damals schon älteren Menschen zu lernen und mich mit ihnen freundschaftlich zu verbünden für die Sache des Friedens. Das hieß leider in der Regel auch Kampf gegen das Mißtrauen und manchmal sogar gegen die Feindschaft der Ortspfarrer. Wie spärlich ist heute die Erfahrung zu machen, die mir oft widerfuhr: daß tiefe, manchmal kindliche Frömmigkeit mutig macht und geradewegs zum Friedensengagement führt."

[27] Vgl. Dudek 1988: „Pax Christi [im Erzbistum Paderborn] hatte Anfang der siebziger Jahre ungefähr 100 Mitglieder. Gruppen bestanden in Dortmund, Oerlinghausen und Meschede, und zwischenzeitlich existierte eine sehr aktive Jugendgruppe in Brilon. [...] Es war und ist in Pax Christi zu beobachten, daß es gewisse Zentralthemen gibt, die plötzlich auf die Bewegung aufmerksam werden lassen [...]. Der NATO-Doppelbeschluß war nun solch ein zentraler Punkt. [...] Bis Mitte der 80er Jahre stieg die Mitgliederzahl auf ca. 400 und es entstanden 8 neue Gruppen. [...] Eine Ermutigung für uns bedeutete [...] immer wieder das jahrelange Engagement vieler älterer Pax-Christi-Freunde, so z.B. in Arnsberg, Meschede, Oerlinghausen." – Zur gerne unterschlagenen friedenspolitischen Dimension von bekannten kath. Persönlichkeiten vgl. exemplarisch: Keine 1998.

Rode: „Diese Woche ist bundesweit eingerichtet worden als Angebot der evangelischen Kirche, und es haben sich Teilgruppen [!] der Katholiken zum Mitwirken bereit erklärt. [...] der Weg des Friedens ist ein mühsamer und ungewöhnlicher Weg, ohne Marschmusik und Heldenehrung, ohne Kommandos und lautstarke Töne. Aber er ist ein neuer Aufbruch in eine neue Richtung. Bisher ging alles in Richtung Stärke und Macht. Der Friedensweg geht in Richtung Verständigung, Selbstlosigkeit und Brüderlichkeit im Sinne des Evangeliums." (Rode 1982e)

Irmgard Rode war sehr froh, dass die sauerländische Kreisstadt damals von Anfang an erfasst wurde von der neuen Bewegung für Frieden und Abrüstung. Seit meiner Mescheder Zivildienstzeit (1980/81) konnte ich selbst sie als – durchaus streitbare[28] – katholische Pazifistin kennenlernen, was sich prägend für meinen weiteren Weg ausgewirkt hat. Besser als viele Berichte der Lokalpresse gibt ein Beitrag aus der Kirchenzeitung *„Der Dom"* ihre klare Haltung in den Auseinandersetzungen der 1980er Jahre wieder (Plöger 1983):

„Aktuelle Probleme kann man nicht übergehen." Die Botschaft der 72jährigen ist schlicht und doch so umstritten: „Schluß mit dem Rüstungswahnsinn." Als Sprecherin der Pax-Christi-Ortsgruppe Meschede koordiniert sie Friedenswochen und -veranstaltungen, steht selbst hinter Info-Ständen und wirbt neue Mitglieder. „Es gibt derzeit nichts wichtigeres als den Kampf gegen immer neue Raketen", sagt sie. Diese Aussage klingt fast abgeklärt, wenn sie aus ihrem Mund kommt. Die Erfahrung zweier Weltkriege schwingt da mit. [...] Da „wieder einmal an der Rüstungsspirale gedreht werden soll", geht sie für ihre Meinung auch auf die Straße.

Der Kirchenzeitungsredakteur erkennt den inneren Zusammenhang des mitmenschlichen Engagements in der Biographie von Irmgard Rode: „ ‚Entlaufene Zöglinge' aus dem Heim in Marsberg, fanden bei ihr Aufnahme und eine Atmosphäre der Geborgenheit. Sie verhandelte mit den Ärzten und führte mit

---

[28] Vgl. aber das Lob des FdV-Weggefährten Konrad Hengsbach zum 70. Geburtstag: „Güte und Geduld seien ihre besonderen Eigenschaften." (FdV 1981)

den Erziehern pädagogische Diskussionen. Hinter Mauern eingesperrte Menschen, Erziehung mit der Strafzelle, das ging damals ebenso gegen ihr Menschenbild wie die Waffenarsenale der Großmächte heute. [...] Zu finden ist sie, wo der Wind den Menschen ins Gesicht bläst." (Plöger 1983) Zum Vorschein kommt eine Christin, die die Botschaft Jesu auf das leibhaftige Zusammenleben der Menschen und die Zukunftsfragen der Zivilisation bezieht (Plöger 1983):

> Den Streit der Theologen und Politiker über die Frage, ob denn die Bergpredigt für das diesseitige oder das jenseitige Leben geschrieben sei, tut sie mit einer Handbewegung ab: „Für das Jenseits? Dann brauchen wir sie nicht mehr!" Sie bezeichnet sich als Pazifistin, obwohl dieser Begriff fast schon als Schimpfwort gebraucht wird. – Dabei weiß sie um ihre Grenzen: „Ich kann nicht sagen, daß ich diese Einstellung auch von jedem anderen erwarte. Und schon lange kann ich dem Soldaten nicht seinen guten Willen absprechen." Ja, man müsse die Botschaft der Bergpredigt ernst nehmen und gemeinsam darüber reden, aufeinander hören. „Wer schweigt, macht sich mitschuldig", meint sie.

Zur Mescheder pax christi-Basisgruppe gehörte auch Bianca Wittig (1899-1998), Ehefrau des berühmten schlesischen Dichtertheologen Joseph Wittig (1879-1949). Joseph Wittigs Erzählung *Die Erlösten* von 1922 hatte Anfang des letzten Jahrhunderts bei vielen Katholiken – namentlich auch bei jugendbewegten „Quickbornern" – den Sinn für ein von Sündenangst und Beichtskrupeln befreites „Frohes Glaubensleben" geweckt. Die Amtskirche freilich exkommunizierte den Verfasser, dessen Grab in Meschede liegt. Auf Initiative von Irmgard Rode hin wurde das Buch zur Kontroverse „Die Erlösten" – wie viele pax christi-Schriften – in der Kölner Druckerei ihres Sohnes Ivo nachgedruckt. Zwei Auflagen hat pax christi Meschede als Herausgeber ins ganze Land verschickt. Das war ein durchaus bedeutsamer Beitrag zur Rückbesinnung auf den großen Schlesier Wittig in den 1980er Jahren.

Dass es Irmgard Rode wirklich in keiner Weise um Parteipolitik ging, ist erwiesen. Den jungen Christdemokraten Andreas Evers, der freilich ein Gegner von Atomwaffen und Atomkraftwerken war, förderte sie in ihrem letzten Lebensjahrzehnt als

Leiter der pax christi-Gruppe Meschede (Westfälische Rundschau 1984). Bei jungen Linken in Meschede war sie gut gelitten. Dass Irmgard Rode selbst Mitglied der sozialdemokratischen Partei gewesen ist, haben viele Menschen – ähnlich wie ich – möglicherweise erst durch einen Nachruf des SPD-Ortsvereins Meschede[29] erfahren. Gegenüber einer staatlichen Ehrung hatte die christliche Pazifistin entschiedene Vorbehalte. „Als man ihr zum 70. Geburtstag das Bundesverdienstkreuz verleihen wollte, lehnte sie dankend ab: ‚Ich arbeite für den Frieden und nicht für einen Orden!' " (Westfalenpost 1987)

---

[29] Im Wortlaut: „Am 2. März 1989 verstarb Irmgard Rode. – Seit vielen Jahren war sie Mitglied unseres Ortsvereins. Zu den Fragen der Sozial- und Jugendpolitik wußte sie immer ihr Wort zu machen. Ihr besonderes Engagement galt jedoch der Abrüstungs- und Friedenspolitik. – Wir trauern mit ihrer Familie und werden ihr immer ein ehrendes Andenken bewahren. – SPD- Ortsverein Meschede: Reinhard Schmidt, Vorsitzender." (SPD Meschede 1989)

II.
Dokumentarisches zu Joseph Beckmann (1886-1959)
Aus dem Briefwechsel und Gedichtmappen von Irmgard Rodes Vater

Ausgewählt von Angelika Rode[30]

Die nachfolgenden Briefe und Gedichte hat Angelika Rode (Soest) aus dem von ihr aufbewahrten Familienarchiv ausgewählt und zusammen mit ihrem Sohn Ivo Köster – unter Mitarbeit von Peter Bürger – am Computer erfasst. Sie zeigen beispielhaft, wie intensiv sich Joseph Beckmann (1886-1959), der Vater von Irmgard Rode, als katholischer Pazifist direkt ab 1945 wieder der Friedensarbeit verschrieben hat. Der erhaltene Briefwechsel zeigt außerdem, dass Beckmann mit bedeutenden Linkskatholiken und FDK-Vertretern (Walter Dirks, Nikolaus Ehlen, Josef Rüther, Franziskus Stratmann OP) in Verbindung stand und namentlich im Vorfeld der Gründung einer deutschen Sektion von „Pax Christi" (Ostern 1948 in Kevelaer) sogar von Pater F. Stratmann OP inhaltlich um Zuarbeit gebeten worden ist. Auch ein Schreiben Reinhold Schneiders vom 17.9.1951 an ihn liegt vor, in dem die heftige „innerkatholische" Kontroverse um die Friedensfrage im Klartext thematisiert wird.

---

[30] Fußnoten und Anmerkungen ergänzt von Peter Bürger.

Joseph Beckmann (1886-1959), der Vater von Irmgard Rode

1. Joseph Beckmanns Mundartgedicht „Dat olle Brüggsken" (1944)

([Joseph Beckmann] schrieb dieses Gedicht [...],
nachdem sein Sohn gefallen war.)

De niee Brügge is nu proat.
De Lüe säggt, se wöär en Stoat –
so breet un fast van Steen un Iesen.
Stolt döht se Vader, Moder wiesen.

Ick kann mi gar nich drüöwer frain.
Ick magg de Brügge garnich seihn.
Ick truer dat olle Brüggsken noa.
Wu stonn dat leiwe Brüggsken doa!

Dat olle Brüggsken was van Holt,
gebriäklick wull, dann et was ollt.
Män't drög so trü un ganss gedüllig
de Foatlaipers smoal un füllig.

Dat olle Brüggsken was so riek,
stonn tüsken Baim un gröne Strük.
An't Kölksken Buotterblomen frisk,
de Wieske'n bunten Blomendisk!

De niee Brügge is so arm.
Den Iesenkrach – de mäck nich warm!
Se ligg so ungeneert un blaut.
Wildat se kahl is, schint se graut.

Wu was dat olle Brüggsken riek!
Wat trurig is, vertell ick gliek:
Mien leiwen Jung met sienen Frönd
häbbt hier de leste Rast sick gönnt.

Dann moss he wierr noa Russland goahn
in'n Krieg, üm Lüde dauttosloan.
Up jedden Wägg, bi jedden Tratt
dach' he an't Brüggsken, an sien'n Schatts

Du Brücksken, löchtest em in'n Draum
met Wittdornstruuk un Eekenbaum,
In all sien Söcht – doa was en Spier
van Heimweh noa dat Brüggsken hier. –

Du Brüggsken, dähs no lange luern,
äs Vader, Moder üm em truern. –
Wi Noabers un auk annere Lü –
wi truert, Brüggsken, auk üm di.

Textquelle: *Holling*, Margret / in Kooperation mit dem Stadtheimatbund Münster (Hg.): 25 Jahre Plattdeutscher Gesprächskreis – Bürgerhaus Kinderhaus. Münster 2007, S. 186.

In Holling 2007, S. 186 ist zu diesem Gedicht vermerkt: „[Joseph
Beckmann] schrieb dieses Gedicht um 1943, nachdem sein Sohn
gefallen war." – Indessen hat J. Beckmann das Gedicht wohl erst
1944 verfasst, denn sein Sohn Ivo musste Sylvester 1943 als
Soldat sein Leben lassen und sein Sohn Egon ist am 25.6.1944
„gefallen". – Der Abdruck dieses Gedichtes im Jahr 2007 ist vor
folgendem Hintergrund zu sehen: Joseph Beckmanns Schwiegertochter Maria Beckmann, geb. Eller, verheiratet mit Alfons
Beckmann, „hat selbst viel auf Platt gedichtet und gehörte in
[Münster-]Kinderhaus zu so einem plattdeutschen Kränzchen"
(mitgeteilt von Angelika Rode am 27.11.2014). Vermutlich hat
Maria Beckmann Mundarttexte ihres Schwiegervaters beim
„plattdeutschen Kränzchen" eingebracht. In der 2007 erschienenen Veröffentlichung des Plattdeutschen Gesprächskreisen
Kinderhaus sind jedenfalls gleich drei plattdeutsche Gedichte
von J. Beckmann aufgenommen worden. – Im Internet ist nun-
mehr zugänglich das postum 1964 erschienene Mundart-
liederbuch: *Joseph Beckmann*: „Laot us singen!" – Liederbuch
eines ‚plattdeutschen Pazifisten' im Münsterland. = daunlots.
internetbeiträge des christine-koch-mundartarchivs am museum eslohe. nr. 74. Eslohe 2014. www.sauerlandmundart.de

Während des 2. Weltkrieges: Irmgard Rode, geb. Beckmann mit einem der zur Wehrmacht einberufenen Brüder, einer Tante und dem Vater.

2. Joseph Beckmann:
„Das wüchsige Bäumchen" (8.11.1945)

[Offenkundig als Reaktion auf eine Predigt
in der Ortskirche niedergeschrieben.]

Das wüchsige Bäumchen
(Eine Predigt, die nicht gehalten wurde.)
8.11.1945

Vorbemerkung: Die Predigt, die gehalten wurde, tadelte das
Fällen eines wüchsigen Bäumchens im Kirchenbusch in nüchterner Weise. Sie beschränkte sich auf die Erörterung des Sach-
und Geldschadens zu Lasten des Pfarrers.

> Sie haben ein wüchsig Bäumchen gefällt,
> Der Stumpf zeigt es traurig an.
> Wer treibt hier Verschandlung in Wald und Feld?
> Hat Frevelmut es getan?
> Vielleicht nur törichter Unverstand,
> Denn Hunger und Kälte sind ja im Land.

Ich habe ihn selbst gesehen, den Stumpf, den Baumkrüppel, der
nun dahinsiecht. Und es hätte noch so gerne gelebt, das
Bäumchen. Dass es im Kirchenbusch war, wo dieses geschehen,
tut wenig. Das Holz als Nutzholz gehört ja der Kirche. Aber ein
Baum, ein Wald ist nicht nur etwas Nützliches, sondern auch
etwas Schönes, er macht Freude, und die Freude ist unser aller.
Letzthin aber gehört Baum und Wald dem lieben Gott, er lässt
ihn wachsen, und Nutzen und Schönheit und Freude gibt er uns
durch ihn.

Allen diesen hat der Baumtöter geschadet. Aber er tat es
gewiss nicht aus Frevelmut, dann hätte er es schon früher tun
können. Warum gerade jetzt?

> Hunger und Kälte sind ja nicht weit,
> So verleitete ihn wohl nur Unbedachtsamkeit.

Das tröstete mich und versöhnte mich. Ich kenne den Täter
nicht. Vielleicht war's eine Frau, ein grösseres Kind vielleicht,

halbwüchsig. Wie es kam, dass ihr Blick getrübt wurde für das Unrecht, wir wissen es nicht.

> Überlegung übt ja die Frau nicht sehr [*sic!*],
> Doch Helfen und Heilen um so mehr,
> Verstand, das ist nicht ihre Stärke[31] [*sic!*],
> Doch Bereitschaft zu jedem Liebeswerke.

Aber wenn es ein junger Mann gewesen wäre, und ich meine, es war einer. Ich stelle ihn mir vor: Ein junger Mann, vor kurzem zurückgekehrt aus dem Kriege uns aus harter Gefangenschaft. Er hat seine Frau, seine Kinder heil wiedergefunden, und das hat den Lebensmut in ihm wieder entfacht. Sonst hätte er sich nicht die Mühe gemacht, in den Wald zu gehen und Holz zu hauen, er wäre untätig geblieben. Aber er will ja den Seinen und sich selbst helfen, denn die Winterkälte droht und sie haben nichts zu heizen. Wie gern hätte er sich Kohlen geholt, wenn auch mit schwerer Mühe, aber niemand gab sie ihm. Da muss Holz aushelfen. Dass er an ein wüchsiges Bäumchen geraten, das hat er nicht bedacht. Er war ja im Kriege, und wieviel wüchsige Menschen sind um ihn herum getötet oder zu Krüppeln geworden! Das Schaurige, das er sechs Jahre mit ansehen und mittun musste, mitantun musste jungen, lebendigen Menschen, von denen der Apostel sagt, dass sie Tempel des hl. Geistes sind, das hat ihn stumpf gemacht gegen das, was er dem Bäumchen getan. Sein Sinn war tot für so etwas. Die grossen Missetaten, das Töten von Menschen immerfort Tag um Tag und Jahr um Jahr hat ihn blind gemacht für das Töten eines Bäumchens.

> Sie haben Millionen Bäumchen gefällt,
> Die Kreuze zeigen es an.
> O schauriger Frevel an Gottes Welt,
> Es schreit zum Himmel hinan!
> Wenn dich das tote Bäumchen betrübt,
> Gedenke der Schändung, vom Kriegswahn verübt.

---

[31] Vgl. dagegen unten den Brief vom 8. Mai 1946, der dafür spricht, dass J. Beckmann Jahre wenig später sein patriarchales Frauenbild (‚Liebe statt Denken') zumindest ein wenig korrigiert hat (→II.6).

Damit verlassen wir den Übeltäter, der ja gar nicht übel tun wollte, sondern gut. Ihm sei vergeben. Im Kriege war ja jedes Unrecht Recht (Menschenmorden wie Bäumeschänden), jetzt soll es wieder Unrecht sein! Es ist unsere Aufgabe, den im Kriege Verirrten und durch den Krieg Verwirrten wieder die Augen zu öffnen dafür, was jetzt Recht und Unrecht ist. Ja, weit mehr! Wir wollen erkennen allesamt, dass Menschen töten wie Bäumchen töten immer Unrecht ist, auch im Kriege. Doch darüber in späteren Predigten.

Noch einmal zurück zu den Tempeln des hl. Geistes:

Bedenke, wie viele Tempel entweiht,
Zerstört im Völkermorden,
Wieviel des Geistes, der Göttlichkeit
Zu Schlachtfelddünger geworden,
Zu Kehricht und Auswurf, besudelt, verdreckt! –
Bedenkt's, wenn das tote Bäumchen euch schreckt!

3. BRIEF JOSEF RÜTHERS[32] AN JOSEPH BECKMANN (12.11.1945)

Brilon 12.11.45

Verehrter, lieber Herr Rektor!

Ihren lieben Brief, der mir eine Freude war, hätte ich eher beantwortet und Ihnen dafür gedankt, wenn ich nicht erst mit Herrn Dr. Rossaint[33] einige Tage im Walde gewesen wäre und auch nach der Rückkehr soviel zu besorgen vorgefunden hätte, dass ich nicht dazu kam. Ich danke also recht herzlich und freue mich, dass Sie gesund und wohl sind und ein so lebhaftes Interesse an der ja nicht übermässig erfreulichen Wirklichkeit haben. Sie geben, wie ich sehe, noch allerlei Anregungen, und

---

[32] Zum sauerländischen Linkskatholiken, Pazifisten und Heimatbund-Schriftleiter Josef Rüther (1881-1972) vgl. Blömeke 1992 und die umfangreiche Internetdokumentation: Bürger 2013 (mit weiteren Literaturangaben).

[33] Zum Priester und antifaschistischen Widerstandskämpfer Dr. Joseph C. Rossaint (1902-1991) vgl. die Internetdokumentation: Bürger 2013, S. 28-37.

das ist ja das Einzige, was wir heute bei den allseitigen Hemmnissen noch tun können in der Hoffnung, dass Jüngere da wieder anfangen, wo wir aufhören mussten. Und da der Herrgott uns im äusseren bösen Geschehen der letzten 15 Jahre gnädig geführt hat, dürfen wir auch wohl hoffen, dass das, was wir wollten, nicht ganz umsonst erstrebt worden ist und der Same aufgeht, der seiner Weisheit genehm ist.

Über die beiden Besuche Ihrer Tochter [*Irmgard Rode*] haben ich und meine Frau uns gefreut. Man kann ja nicht anders als sich freuen, wenn man jüngere Menschen kennenlernt, die so vom guten Willen getrieben sind.

Der Besuch, der sich neulich bei Ihnen meldete und meine Grüsse an Sie überbrachte, war der Sohn eines Freundes, Medizinstudent in Münster. Er wird Sie vielleicht mal wieder aufsuchen, wenn ihm bei den heutigen schwierigen Verhältnissen des Studiums dazu Zeit bleibt.

Das Heft mit der Besprechung pazifistischer Literatur und über Pazifistische Erziehung habe ich leider nicht mehr, obwohl ich meine, es vor einiger Zeit noch gesehen zu habe. Ich habe einige Sachen einem Bekannten des Oberpräsidenten mitgegeben, der dafür Interesse hatte. Wenn ich es wiederfinde, schicke ich es Ihnen zu.

Ob das „Frohe Leben"[34] wieder erscheinen kann, ist auch mir eine schwere Frage. Ich habe von Alfons Erb[35] seit April, als er hier durch das Sammellager kam und ich ihn sprechen konnte, nichts wieder gehört und weiss auch nichts von seiner Familie. Ich bin um ihn in Sorge und vielleicht noch mehr um seine Familie, da seine Frau im Begriffe war, als sie mir zuletzt schrieb, aus Schlesien wieder nach Berlin zu gehen, um Thrasolt[36], der ja im Januar gestorben ist, in seinen letzten Tagen nahe zu sein. Ich

---

[34] Die Zeitschrift „*Vom Frohen Leben*" erschien 1921-1933 und bot ein linkskatholisches Forum für einen entschiedenen Pazifismus. (Josef Rüther zählte zu den Mitarbeitern.)

[35] Alfons Erb (1907-1983) ist schon während der Weimarer Republik als katholischer Pazifist engagiert gewesen (u.a. Redakteur der Zeitschrift „*Vom Frohen Leben*"); er war später 1957 bis 1971 Vizepräsident der deutschen Sektion von pax christi.

[36] Der Priester Ernst Thrasolt (1878-1945), der sich übrigens auch als moselfränkischer Mundartdichter betätigt hat, war Herausgeber der Zeitschrift „*Vom Frohen Leben*" (verboten 1933) und stand im 3. Reich unter Gestapo-Beobachtung.

weiss also nicht einmal, ob sie wieder in Berlin oder noch oder schon wieder im Riesengebirge war.

Man ist um so viele liebe Menschen noch in Sorge.

Auch zwei meiner Neffen sind verschollen.

Mein Freund Albin Ortmann[37] lebt noch in Godesberg. Er wurde wie ich 1933 aus dem Amte entfernt. –Die Nachricht von dem Tode Kaisers[38] ist leider wahr. Von Vitus Heller[39] weiss ich nichts. Ich hörte vor Jahren, dass er in die NSDAP eingetreten sei, was ich für den Anfang dieser Bewegung von ihm wohl verstehen könnte.

Die Frage: Welche Partei? wird ja wohl brennend für uns und unsere Verantwortung vor der Zukunft des deutschen Volkes. Für meine Person bin ich entschlossen, – und Herr Dr. Rossaint und andere Gesinnungsfreunde sind dergleichen Ansicht – keine Partei zu wählen, die nicht in ihrem Programm deutlich die Auflösung des Grossgrundbesitzes und die Verstaatlichung bezw. Vergenossenschaftlichung der Schwer- und Grossindustrie und die Abschaffung des Adels verlangt. Wir wissen ja, welches die ewig hemmenden Faktoren in der geschichtlichen Entwicklung unseres Volkes und diejenigen waren, die uns Hitler und den Krieg geholt haben.

Von Maria Kahle[40] habe auch ich mir einige Hasspsalmen aufgehoben. Ich mache diese angebliche Dichterin, der aber ausser der sprachlichen Fähigkeit jede innere Schau fehlt, für

---

[37] Internetfund (nicht eingesehener Literaturhinweis) zu ihm: *Möllers*, Georg: Die Entlassung Albin Ortmanns 1933. Dokumentation der Anwendung des „Gesetzes zur Wiederherstellung des Berufsbeamtentums" am Beispiel eines Recklinghäuser Studienrates. In: Vestische Zeitschrift 86/87, S. 307-327.

[38] Ob Rüther hier evtl. [!] den christlichen Gewerkschaftler und Widerstandskämpfer Jakob Kaiser (1888-1961) meint? Dieser ist freilich nach 1945 noch äußerst aktiv in der Politik in Erscheinung getreten.

[39] Der Linkskatholik Vitus Heller (1882-1956) ist u.a. bekannt als führende Gestalt der entschieden pazifistischen „Christlich-sozialen Reichspartei" (CSRP), der auch Josef Rüther nach dem Rechtsschwenk des Zentrums zeitweilig zugetan war. Laut Wikipedia.org ist Vitus Heller im Juli 1933 zeitweilig Häftling des Konzentrationslagers Dachau gewesen.

[40] Zur rechtskatholischen NS-Propagandistin Maria Kahle (1891-1975) aus dem Sauerland vgl. folgende Internetdokumentation: Bürger 2014a. – Rüther hatte ihr schon zu Beginn der 1920er Jahre einen „Abfall vom Christentum" bescheinigt und war entsetzt, wie bald nach 1945 man diese Haß-Predigerin als „rehabilitiert" betrachtete.

einen grossen Teil der Verwüstung der Gemüter in unserer Heimat verantwortlich. Sie hat viele jüngere und ältere Menschen, die zu eigenem Urteil unfähig waren, mit ihren fast schon krankhaften Hassausströmungen verhetzt. Das beigelegte Gedicht von ihr werde ich mir zu den aufgehobenen legen.

Der „Hymnus der Mütter" war meinem Gedächtnis entschwunden. 1933 hat man mir diebisch Literatur aus einer zirkulierenden Mappe entwendet, darunter auch Nummern von Försters[41] „Zeit", die ich gern wieder zurück hätte.

Herr Dr. Rossaint dankt für Ihren Gruss und erwidert ihn herzlich. Er wird leider nur bis zum 14. oder 15.11. hierbleiben, kommt allerdings Samstag/Sonntag noch einmal für einen Tag zurück. Da seine Eltern aus dem Osten, wohin sie evakuiert waren, zurückgekommen sind, hat er den begreiflichen Wunsch, sie bald wiederzusehen.

Alles Gute, l.H.R., und meine besten Wünsche

Ihr Jos. Rüther.

Besonderen Dank auch für die beigelegten Gedichtchen, von denen ich hoffe, wie von ihren Vorgängern, dass sie, wenn die Presseverhältnisse wieder halbwegs normal sind, auch den Weg in die Öffentlichkeit finden.

4. Brief von Joseph Beckmann
an Familie Irmgard und Alfons Rode (1.12.1945)

Kinderhaus, den 1. Dezember 1945

Ihr Lieben! – Heute morgen kam Irmgards inhaltsschwerer Brief und erhellte unsere Kabine, worin es sonst beim Stromsparen oft recht dunkel ist. Also der Nachmittag mit den englischen Gästen[42] ist gut verlaufen. Ich habe auch mächtig die Daumen

---

[41] Gemeint ist der Pazifist Friedrich Wilhelm Foerster (1869-1966), dessen Schriften für viele in der katholischen Friedensbewegung sehr bedeutsam waren.

[42] Aus dieser Notiz könnte man fast schließen, dass Irmgard Rodes Einsatz für versöhnende „Völkerbegegnung" in Europa bereits im Jahr 1945 begonnen hat. Vielleicht handelt es sich aber bei den „englischen Gästen" auch um Mitarbeiter der britischen Militärregierung, welche früh auf Irmgard

gehalten. Die Darbietungen können sich wirklich sehen lassen, die Ausführung können wir ja nur ahnen, leider nicht miterleben. [...] Ja, wenn die Menschen statt zu misepetern und wieder zu misepetern und nochmals zu misepetern so täten wie Ihr! In hundert, in tausend Orten! Bestellt dem Herrn Sanke einen besonders schönen Gruss von mir. Dass er seine Geigenkunst – mit Wehmut denke ich daran, als ich auch etwas darauf herumstrich – in den Dienst des Friedens stellt, des Pazifismus, der Arbeit am Frieden-Schaffen, ist besonders schön. – Sonst überall Pessimismus. [...] Du hast nun, liebe Irmgard, wieder mehr Arbeit, aber es ist recht, wenn man dadurch Gutes tun kann, tut man es. Und ich glaube, Bruder Alfons denkt auch so. Die meisten Menschen übernehmen Ämter und Würden und Bürden nur oder meist nur aus Geltungsbedürfnis. Davor muss man sich hüten wie vor der Pest. Was man wirklich nicht kann oder wenn man klar sieht, dass ein anderer es besser kann, muss man es ihm gern überlassen. Aber pazifistisch denken und arbeiten können, ach, so wenige! Da, wo sie kerzengerade stehen sollten, fallen sie um. [...]

Die Frage ist: Zentrumspartei oder christlich-demokratische Volkspartei. Man möchte sich auf den ersten Blick für eine Sammelpartei entschliessen, aber Vorsicht! Bei näherem Zusehen sieht die Sache anders aus. Und ich bin aus dem Schriftwechsel zu der Ansicht gekommen, dass die Abrüstung der Köpfe in einer gereinigten, aktivistischen Zentrumspartei viel besser möglich ist als in einer Sammelsurium-Partei. Ebenso ist es mit der Wiederaufbauarbeit (Siedlung). Bei den Christlich-Demokraten will alles unterkriechen, besonders auch das, was Hitler in den Sattel gehoben hat. Doch darüber mündlich Weihnachten. Nun ist es unterdessen 2 Uhr nachts geworden.

Das Nikolauspaket ist heute morgen abgegangen.

Herzlichste Grüsse Vater und Mutter und alle hier.

Rode aufmerksam geworden ist (vgl. Stadt Meschede 1989).

5. Brief von Joseph Beckmann
an Familie Irmgard und Alfons Rode (15.12.1945)

Kinderhaus, den 15. Dezember 1945

Ihr Lieben! – Irmgards lieben Brief vom ?, worin Du von dem Manne schreibst, der ein antimilitaristisches Buch verfasst, heute erhalten. Da bin ich wirklich freudig gespannt! Ihr seid da in Meschede zu beneiden, dass Ihr so rührige Leute habt. [...] – Heute steht in der Zeitung, dass die „Deutsche Friedensgesellschaft" für die ganze britische Zone wieder zugelassen ist. Auch das ist eine Freude, [...]. Es wäre schön gewesen, wenn diesmal der „Friedensbund deutscher K[atholiken]." zuerst auf dem Plan erschienen wäre. Nun bittet Ohlmeier[43] mich, doch Rüther dafür bereit zu schlagen, oder weißt Du einen Besseren? Rüther hat die umfassende Kenntnis und die nötige Erfahrung und die Unbeirrbarkeit. Lenz[44] ist ja noch am Kommen. Es muss sein, denn die DFG hat nicht die klare weltanschauliche, tiefe Grundlegung des Friedensgedankens. Was nur aus dem Verstande und der Erfahrung kommt, ist immer schwankend. Beide zusammen waren damals ein zugkräftiges Zweigespann, die immer schön an derselben Leine zogen und sich gegenseitig trefflich ergänzten. Aber ob das den Engländern klar zu machen ist? Ob sie jetzt, wo die DFG schon da ist, noch eine zweite, religiöse Organisation zulassen? Ich werde sofort deswegen an Rüther schreiben. Die Statuten habe ich schon. – Der Einwand Eures Ld., augenblicklich hätte man noch viel anderes zu tun, ist bezeichnend. Den Dreh kennen wir. <u>Immer</u> hatten sie „viel anderes zu tun" und werden es <u>immer</u> haben. Vielleicht mache ich mal ein bissiges Poem darüber, heute nacht im Halbschlaf hatte ich schon zwei Strophen auf der Reihe, und heute morgen waren sie futsch. [...]

---

[43] Gemeint ist wohl der Franziskanerpater Theophil Ohlmeier, der sich 1926 unter großem Einsatz dafür engagiert hat, den Friedensbund deutscher Katholiken zur Massenorganisation umzugestalten.
[44] Der Philosoph Paulus Lenz (1903-1987) ist von 1931 bis zum FDK-Verbot 1933 Generalsekretär des Friedensbundes deutscher Katholiken gewesen.

Die Generalversammlung der Deutschen Friedensgesellschaft
(Bund der Kriegsgegner + Ortsgruppe Münster)
ernannte am elften Februar 1948

HERRN REKTOR A.D.

J·BECKMANN

in Anerkennung der großen Verdienste, die er sich um den Auf- und Ausbau der hiesigen Ortsgruppe des Bundes erworben hat, zum

EHRENVORSITZENDEN

MÜNSTER, 11. FEBRUAR 1948

DER VORSTAND
DER DEUTSCHEN FRIEDENSGESELLSCHAFT
BUND DER KRIEGSGEGNER, ORTSGR. MÜNSTER

Joh. Siebelt, Franz Bunzus

Wilh. Döns   Heinr. Bunger?

6. Gedicht zu „Matthäus 10/34 und 26/52" von Joseph Beckmann (Gründonnerstag 1946)

„Den Frieden bring ich nicht, ich bring das Schwert!"
Steht bei Matthäus im Kapitel zehn. –
Wie oft wird dieses Wort verfälscht, verkehrt
Als Rechtsspruch Christi für das Kriegsgeschehn!
Doch Kampf ist hier gemeint und nicht der Krieg,
Ein faustisch harter Kampf gen böse Lust
Und Überwindungskampf hin bis zum Sieg,
Zum Willenssieg in meiner eig'nen Brust
Und Widerstand, Abwehr und Festigkeit,
Wenn Böse Böses, auch den Krieg erzwingen. –
So macht Matthäus zehn den Weg bereit,
Matthäus sechsundzwanzig zu erringen.
(Gründonnerstag 1946, Bckm.)

[Dieses Gedicht von Josef Beckmann, befindet sich in einer Nachlass-Mappe mit der Aufschrift „Krieg und Christentum, Kevelaer 1948" (offenbar Materialien zum Gründungstreffen der deutschen Sektion von Pax Christi). Dem Gedicht sind auf einem maschinenschriftlichen Doppelblatt folgende Texte voran- und nachgestellt:]

Matthäus 10/34 und Matthäus 26/52
Temperamentvoll schreibt Giovanni Papini, dessen „Storia di Christo" im „Hochland" (XX,12) von Paolo Areari als „das wichtigste Ereignis auf dem italienischen Büchermarkt des Jahres 1921" bezeichnet wurde:
„Jedesmal noch, sooft Hoftheologen und wirre Poeten es unternahmen, Heldenmut und Christenmut auf einen Reim zu bringen, das Kreuz Christ[i] zum Griff für ein Schwert brauchbar zu machen, Bluttaten, die Hass wecken, zu rechtfertigen mit dem Hinweis auf das Blut, das auf Calvaria geflossen ist, um ein Pflänzlein der Liebe zu düngen, jedesmal noch erschien dann, unvermeidlich wie ein Gemeinplatz, die berühmte Stelle aus dem Evangelium auf dem Tapet, die alle auswendig können und die noch selten jemand verstanden hat:
,Glaubt nicht, ich sei gekommen, den Frieden zu bringen, ich bringe das Schwert.'

Welchen Engel vom Himmel soll man rufen, beredt und leuchtkräftig genug, dass er diesen Fälschern mit eiserner Stirne den wahren Sinn dieser Stelle auftue, die sie so leichtfertig und frech in die Welt hineinschreien? Das Zartgefühl, mit dem sie diese Stelle aus dem Zusammenhange herausreissen, ist ungefähr das, mit dem der Orang-Utang in Gärten des Ostens Blumen pflückt."
Zitiert nach Fr. Fuchs, „Hochland", September 1923. (Stratmann: Weltkirche und Weltfriede, St. 112)

P. Theophil Ohlmeier (Franziskaner) schreibt in seinem Buche „Der Gedanke der Völkerversöhnung in Schule und Katechese" (Borgmeyer, Hildesheim, 1928) auf St. 42/43:
„Ein Wort freilich hat der Heiland gesprochen, das auf den ersten Blick mit den bisherigen Ausführungen (betr. Friedensgedanken im Evangelium) im Widerspruch zu stehen scheint: „Ich bin nicht gekommen, den Frieden zu bringen, sondern das Schwert." (Matth. 10/34) Hier ist aber, wie sich aus der Erklärung dieser Stelle z.B. bei Knabenbauer S.J. ergibt, gewiss nicht das materielle Schwert gemeint. Von der Handhabung desselben war der Herr kein Freund. So sprach er bei seiner Gefangennahme zu Petrus: „Stecke das Schwert an seinen Ort! Denn alle, die das Schwert ergreifen, werden durch das Schwert umkommen." (Matth. 26/52) Jene Stelle ist vielmehr bildlich aufzufassen und so zu deuten: Der Heiland will nicht Frieden, nicht Nachgiebigkeit der untergeordneten Natur und den Leidenschaften gegenüber, sondern Selbstüberwindung und Kampf; desgleichen nicht Willfährigkeit und Anpassung schlechten Menschen gegenüber, sondern Festigkeit und Widerstand bis zum völligen Bruch, selbst mit den nächsten Anverwandten."

Die Stelle Matthäus 10/34 im Zusammenhang.
(Vom apostolischen Stuhl approbierter Text von Dr. Franz Joseph Allioli.)
„Was ich euch im Finstern sage, das redet im Lichte, und was ihr ins Ohr höret, das predigt auf den Dächern.
Und fürchtet euch nicht vor denen, welche den Leib töten, aber die Seele nicht töten können; sondern fürchtet vielmehr denjenigen, der Leib und Seele ins Verderben der Hölle stürzen kann.

Kauft man nicht zwei Sperlinge um einen Pfennig? und doch fällt keiner von ihnen auf die Erde ohne euren Vater.

Euch aber sind alle Haare eures Hauptes gezählt.

Darum fürchtet euch nicht, ihr seid besser als viele Sperlinge.

Wer immer mich vor den Menschen bekennen wird, den will ich auch vor meinem Vater bekennen, der im Himmel ist.

Wer mich aber vor den Menschen verleugnet, den will ich auch vor meinem Vater verleugnen, der im Himmel ist.

Glaubet ja nicht, dass ich gekommen bin, Frieden auf die Erde zu bringen; ich bin nicht gekommen, Frieden zu bringen, sondern das Schwert.

Denn ich bin gekommen, zu trennen den Menschen wider seinen Vater, die Tochter wider ihre Mutter, und die Schwiegertochter wider ihre Schwiegermutter.

Und seine eigenen Hausgenossen werden des Menschen Feinde sein.

Wer Vater oder Mutter mehr liebt als mich, ist meiner nicht wert; und wer den Sohn oder die Tochter mehr liebt als mich, ist meiner nicht wert.

Und wer sein Kreuz nicht auf sich nimmt und mir nachfolgt, ist meiner nicht wert.

Wer sein Leben findet, der wird es verlieren, und wer um meinetwillen sein Leben verlieren wird, der wird es finden."

Allioli weist bei 10/34 auf Lukas 12/51.

Dort heisst es: „Meinet nicht, dass ich gekommen bin, Friede der Erde zu geben?[!] Nein, sage ich euch, sondern Trennung."

Und der Zusammenhang ist dort dieser (Lukas 12/47 bis 12/53 einschl.):

„Jener Knecht aber, der den Willen seines Herrn erkannt, und sich nicht bereit gehalten, und nicht getan hat, was er wollte, wird viele Streich bekommen.

Der ihn aber nicht gekannt, und getan hat, was Schläge verdient, wird weniger bekommen. Denn von einem jedem, dem viel gegeben worden ist, wird viel gefordert werden.

Ich bin gekommen, Feuer auf die Erde zu senden, und was will ich anders, als dass es brenne?

Aber ich muss mich mit einer Taufe taufen lassen; und wie drängt es mich, bis es vollbracht ist!

Meinet nicht, das ich gekommen bin, Friede der Erde zu geben,? Nein, ich sage euch, sondern Trennung.

Denn von nun an werden fünf in einem Hause uneins sein, drei mit zweien, und zwei mit dreien.

Uneins der Vater mit dem Sohne, und der Sohn mit dem Vater, die Mutter mit der Tochter, die Tochter mit der Mutter, die Schwiegermutter mit ihrer Schwiegertochter, die Schwiegertochter mit ihrer Schwiegermutter."

7. BRIEF VON JOSEPH BECKMANN
AN FAMILIE IRMGARD UND ALFONS RODE (8.5.1946)

Kinderhaus, den 8. Mai 1946.

Ihr Lieben!

[...] Warum ist denn P. dagegen, dass Mädchen auch die höhere Schule besuchen? Jeder Mensch bekommt mal plötzlich einen Stich in die Birne, das scheint ihm nun passiert zu sein. [...] Ja, einen pazifistischen Lehrer für Eure Schule? Nein, sie sind alle national, wenn nicht nationalistisch. Heute sprach ich mit Schwester Josephine. Auch sie sprach wacker von „unsern Feinden". [...]

8. BRIEF VON JOSEPH BECKMANN
AN FAMILIE IRMGARD UND ALFONS RODE (9.5.1946)

Kinderhaus, den 9. Mai 1946

Ihr Lieben,

Ich wollte Euch doch schnell mitteilen, dass Nik. Ehlen[45] in Telgte ist und in der Waldhütte wohnt bis Ende der nächsten Woche. – [...] Wenn Du, Irmgard, Deinen Besuch hier so einrichten könntest, ein paar Stunden Dich mit ihm zu unterhalten, so würde das gewiss für Dich von Nutzen sein. Er hat auch mir

---

[45] Nikolaus Ehlen (1886-1965), ein Freund von Ernst Thrasolt und bekannt als „Siedlervater" (Pionier der Selbsthilfebewegung im Siedlungsbau): Mitglied im Friedensbund deutscher Katholiken und Internationalen Versöhnungsbund, nach Ausschluss aus der Zentrumspartei kandidierte er 1928 für die Christlich-soziale Reichspartei (CSRP) Vitus Hellers.

sagen lassen, ich möchte zu ihm kommen, aber ich kann nicht, oder vielmehr, wenn ich da bin, dann bin ich doch nicht mehr aufnahmefähig. [...] – Ja, die Bodenfrage ist wie die Friedensfrage eine der sozialethischen Lehren des Christentums, die nicht zuletzt durch seine Hüter in das Gegenteil verfälscht worden sind. Karl A.[46] und ich sind uns niemals einig über die Methoden, wie man dieses zum Ausdruck bringen soll. K. steht unentwegt auf dem Standpunkte, man müsse immer alles vermeiden, was den Hörer irgendwie unangenehm berühren könnte, weil man dann abstiesse. Nun, Ehlen hat in seinem Flugblatt das nicht befolgt, und Karl hat ihm das auch gesagt, aber E. meint, man müsse im Interesse der Wichtigkeit der Sache auch mal Unangenehmes deutlich sagen. Wenn es in bester Absicht und aus Gewissensdrang geschehe, so könne man die Wirkung Gott überlassen. Das meine ich auch. Beide Methoden haben ihren Platz. Natürlich verdient die des klugen Abwägens den größten Raum. Die zweite – die des Beunruhigens – ist doch eben durch Math. 10/34 gerechtfertigt worden. – Karl A. hat noch nicht erlebt die stockfinsteren Widerstände, auf die Ehlen in seinem Leben bei denen gestoßen ist, die ganz aufgeschlossen sein sollten. Alle alten Kämpfer der Friedensbewegung wissen ein Lied davon zu singen, darum usw.
Herzlichste Grüsse Vater usw.
Buchpäckchen gestern an Euch geschickt.
Unsere Kartoffelsorge ist behoben.
[*Anmerkung Angelika Rode: die diversen „usw." stehen so in den Briefen.*]

9. BRIEF VON JOSEPH BECKMANN
AN FAMILIE IRMGARD UND ALFONS RODE (20.5.1946)

Kinderhaus, den 20. Mai 1946
Ihr Lieben!
[...] Schrieb ich Euch, dass Dr. Hunger mich mit dem „Versöhnungsbund" bekannt gemacht hat [...]. Ich habe ihn gebeten, auch Euch die Bundesblätter zu schicken. Der FDK [Friedens-

---

[46] Evtl. gar Karl Arnold (1901-1958), christlicher Sozialist in der CDU und zweiter Ministerpräsident von NRW?

bund deutscher Katholiken] war früher in Arbeitsgemeinschaft mit dem „Versöhnungsbund", der international ist und bei Pfarrer Mensching[47] in Petzen bei Bückeburg sein deutsches Sekretariat hat. [...]

Frau Wiesmann hat mir nun die Briefe geschickt aus dem Warsteiner Friedenskreis. Das scheinen sehr nette Leute zu sein (wenn auch wohl – teils – etwas süsslich, denn sie denken daran, in den Stempel eine Friedenstaube zu setzen.) Ich will nun auch mal hinschreiben und bitten, mir mal ein vertontes meiner Gedichte zu schicken.

Lehrerbildungsanstalt – Krankenhaus für Flüchtlinge? Wenn keine ordentlichen Lehrer da sind – das h. frei von jeder Art von Nationalismus – dann ist ein Flüchtlingskrankenhaus vielleicht besser.

Herzliche Grüsse an Euch alle

Vater usw.

10. Brief von Joseph Beckmann an Familie Irmgard und Alfons Rode (22.5.1946)

Kinderhaus, den 22. Mai 1946

Ihr Lieben! – Soeben komme ich von der Gründungsversammlung der Ortsgruppe der Deutschen Friedensgesellschaft. [...] – So will ich Euch kurz berichten.

Es wurden und konnten zunächst hauptsächlich nur organisatorische Dinge erledigt werden (Vorsitzender, Geschäftsführer, Aufnahmebestimmungen usw.) Doch hörte man zwischendurch diese und jene Äusserung und so hatte ich den Eindruck, dass die 20 Leute wohl in Ordnung waren. Verberne, der die Aussprache zunächst leitete, zeigte, dass er dafür die nötigen Eigenschaften besass, (zu Beginn las er mein Gedicht „Schwerglaube" vor.) Er wollte aber als Vorsitzender durchaus nicht gewählt werden, weil er als SPD-Mitglied und Dissident die FG belasten

---

[47] Pfarrer Wilhelm Mensching (1887-1964) war seit Anfang der 1920er Jahre Mitglied des Internationalen Versöhnungsbundes, in dem er 1932 als Präsident und Sekretär wirkte. Posthum wurde er 2001 von der Gedenkstätte Yad Vashem mit dem Titel „Gerechter unter den Völkern" geehrt.

würde. Ich hatte das auch schon gedacht, es würde manchen abstossen. So fand ich es sehr nett, dass er selbst die Folgerungen daraus zog, obwohl er sachlich durchaus am Platze gewesen wäre. Ausser mir waren nun noch zwei alte Mitglieder da (ich lehnte natürlich ab) und so wurde ein Herr Kemper (guter Katholik) gewählt und Herr Verberne als Geschäftsführer. Der Kemper zeigte dann, dass er wahrscheinlich wohl der rechte Mann war. Dr. H. mit Frau waren auch da, und ich hatte etwas Befürchtung, ob man seine SA-Zugehörigkeit (34/35) wohl mit dem nötigen Takt behandeln würde. Von Bangel aus war es Verberne, Kemper, Söns und mir mitgeteilt worden (wohl aus dem Fragebogen). Verberne redete unter vier Augen mit ihm, und es ging alles gut. Der neue Vorsitzende griff dann die Sache noch mal wieder auf und fragte ihn (aber recht höflich), ob er wohl einen Bürgen benennen könne. Da habe ich mich, noch ehe H. antworten konnte, als Bürgen für seine jetzige Gesinnung gemeldet, worauf der Vorsitzende ihm sofort eine Mitgliedskarte ausschrieb. [...] Es soll allmonatlich eine Versammlung sein mit in der Regel einem Vortrag. [...] Ich habe Euch dies so ausführlich geschrieben, damit Ihr wisst, wie der Anfang hier verlief und vielleicht für dort etwas daraus lernen könnt. – Eine Anmeldung einer solchen Versammlung sei nicht nötig.

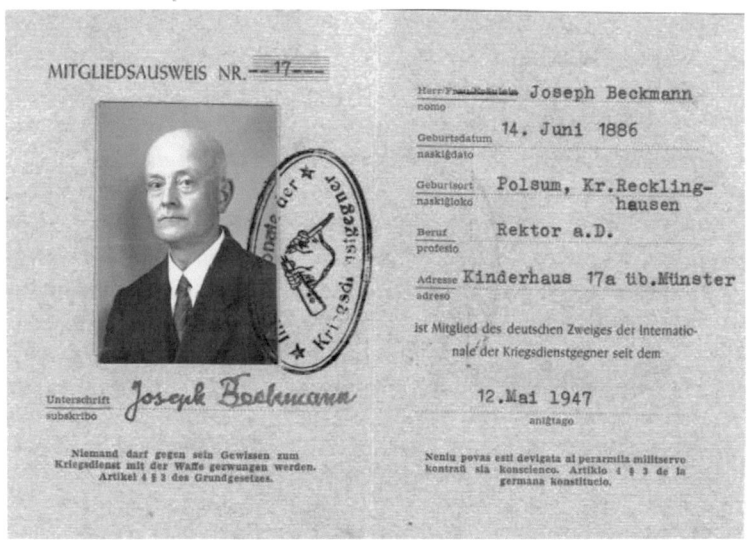

11. Brief von Walter Dirks an Joseph Beckmann (31.5.1946)

Frankfurter Hefte
Schriftleitung
Walter Dirks[48]

Frankfurt am Main, 31.5.46

Herr
Joseph Beckmann
Rektor a.D.
Kinderhaus üb. Münster/Westfl.

Sehr geehrter Herr Beckmann!

Haben Sie freundlichen Dank für Ihre Zeilen.

1. Ich habe über die etwaige Wiederbildung des „Friedensbundes [deutscher Katholiken]" auch schon nachgedacht.
Bisher neige ich zu der Meinung, daß es keinen rechten Sinn
mehr hat, ihn neu zu gründen. Die Arbeit gegen den Geist
des Krieges kann und muss heute wohl in breiter Front als
eine Gesamtaufgabe des ganzen Katholizismus vollführt
werden. Dagegen wird es wohl bald notwendig sein, so
etwas wie eine politische Vereinigung des ausgesprochen
sozial und auf eine Zuständereform dringenden Katholizismus zu bilden, in der die frühere Aufgabe des „Friedensbundes" mitbearbeitet werden könnte.

2. Ich halte durchaus nichts von Splitterparteien und politischen Sekten und bin entschieden dafür, innerhalb der CDU
den Kampf gegen die reaktionärsten Elemente aufzunehmen. Der Linkskatholizismus wird nun so viele wirksame
aktive Menschen haben, dass es meiner Meinung nach einen
Sinn hat, diesen Versuch zu machen. Über die Zentrumspartei in Westfalen erlaube ich mir kein Urteil. Die Informatio-
nen sind sehr verschieden. Ich möchte aber annehmen, dass

---

[48] Walter Dirks (1901-1991) war schon in der Weimarer Republik publi-
zistisch im Sinne des Friedensbundes deutscher Katholiken (FDK) und des
linken Zentrumsflügels tätig. Nach 1945 wurde er zu einem der bedeu-
tendsten Linkskatholiken in der Bundesrepublik.

eines Tages der Moment da sein wird, wo derjenige Teil der Führerschaft des Zentrums, der an der CDU den reaktionären Einschlag kritisiert, in die Führerschaft der CDU selbst hineingenommen wird und Gelegenheit hat, den Charakter der CDU zu wandeln.

3. Zunächst könnte ich Ihnen nur unsere „Frankfurter Hefte" nennen. Ich hoffe auch, dass die „Neue Frankfurter Presse" das Gesicht bekommt, das Ihnen vorschwebt. Ferner glaube ich, dass wir uns auf die „Entscheidung" freuen können, die Peter Furth und Walter Rest in Münster planen.

4. Über Pater [Franziskus] Stratmann[49] habe ich erfahren, dass er vorhatte, von Rom nach Deutschland zu kommen. Seine Anschrift habe ich nicht. Paulus Lenz ist über Frau [?] zu erreichen. Er ist Dozent in Freiburg/Schweiz und in Lyon in Frankreich. Ich stehe mit ihm in brieflicher Verbindung.

Mit freundlichen Grüßen bin ich
Ihr *Dirks*

12. BRIEF VON JOSEPH BECKMANN
AN FAMILIE IRMGARD UND ALFONS RODE (11.9.1946)

Kinderhaus, den 11. September 1946

[...] Aber morgen gibt es hier ganz was Apartes: Pastor Niemöller[50] spricht um 20 Uhr im Schillergymnasium. Man muss früh da sein, um einen Platz zu bekommen. Aber ich werde da

---

[49] Der Dominikaner Franziskus Maria Stratmann (1883-1971) war einer der theologischen Vordenker des katholischen Pazifismus in Deutschland; obwohl er sich nach 1945 mit Fragen des gewaltfreien Widerstandes beschäftigt hat, brach er nicht prinzipiell mit der Lehre vom sogenannten „gerechten Krieg".

[50] Der in Lippstadt geborene Theologe Martin Niemöller (1892-1984), ursprünglich Vertreter eines protestantischen Kriegs-„Christentums" und zunächst durchaus Sympathisant der Nationalsozialisten, geriet als Leitgestalt der Bekennenden Kirche in Konflikt mit dem NS-Regime (ab 1937 Häftling im KZ Dachau). Nach Kriegsende ist er als herausragende Persönlichkeit des christlichen Widerstandes gegen Militarismus, Kriegspolitik und Atombewaffnung hervorgetreten.

sein. Leider ist Mutter abends zu müde. Ich werde genau zuhören und mir ein Bild zu machen versuchen, ob er wohl für Meschede passend ist. [...]

In Münster an den Litfaßsäulen und hier in Kinderhaus der Kirche gegenüber hängen Plakate der DFG mit dem Ausspruch Kants: „Der Krieg ist der Quell aller Sittenverderbnis und das grösste Hindernis des Moralischen." Dadurch sollen die Leute erst mal aufmerksam werden. Jeden Monat kommt ein neues Plakat, das immer acht Tage hängen bleibt. [...] Ich werde nächstens versuchen, zehn Plakate für Euch zu hamstern. [...]

In Rüthers Brief steht ein interessanter Satz: „Es hat mir sehr leid getan, dass Ihre Tochter an Herrn Kaplan Gr.[51] eine solche Enttäuschung erlebte. Ich will auf einem Umwege durch einen Bekannten mal versuchen, ob bei dem Herrn nicht doch etwas zu machen ist."

Und dann noch dieses: „Wissen Sie auch, dass Dr. Laros[52] noch 1940 im Verlag Laumann in Dülmen eine Broschüre veröffentlicht hat, in der die Worte stehen: „Es hat gar keinen Sinn, den Fragen des gerechten Krieges nachzusinnen und überall ein Wenn und Aber anzubringen. Jetzt heisst es für den Einzelnen handeln, sein Bestes tun im Glauben an die Sache seines Volkes." – Nein, das hatte ich nicht gewusst.

Ich bin nun schon zweimal bis in die Nähe des Büros der Zentrumspartei gewesen, um mich als Mitglied einschreiben zu lassen, aber immer hatte ich noch wieder einige Hemmungen. Zentrum oder SPD, das ist die Frage. Die Freien Demokraten kenne ich noch nicht, d.h. ich weiss nicht, aus was für (führenden) Leuten die Partei besteht. Nur daraus kann man zunächst Schlüsse ziehen und sich entscheiden, Name und Programm kommen erst an zweiter Stelle. Für das Centrum habe ich grosse

---

[51] Vermutlich Vikar Franz-Josef Grumpe, Meschede.
[52] Dr. Matthias Laros (1882-1965) hat u.a. folgende Buchtitel oder Broschüren herausgebracht: Was ist positives Christentum (Paderborn 1937), Beurteilung des Krieges (Dülmen: Laumann 1940), Das christliche Gewissen in der Entscheidung (Köln: Sattler & Co 1940), Der religiöse Sinn des Krieges (Dülmen: Laumann 1940), Gott und der Krieg (Dülmen: Laumann 1940), Krieg und Christentum (Dülmen: Laumann 1940), Warum noch beten? (Dülmen: Laumann 1940), Was ist zu tun (Dülmen: Laumann 1940). – Nach der Hinrichtung des pazifistischen Priesters Max Josef Metzger übernahm er im April 1944 die Leitung der „Una-Sancta-Bewegung".

Sympathien wegen der Leute, die darin sind und derjenigen, die nicht darin sind, bei der CDU ist es umgekehrt. Dabei meine ich immer die tonangebenden Leute. [...]

13. KARTE VON DR. TH. MICHALTSCHEFF[53] (IDK) AN JOSEPH BECKMANN (16.5.1947)

„[...] Ich bedaure sehr, dass Sie nicht in der Lage sind, an der Konferenz teilzunehmen. Sie werden aber würdig durch Ihre Tochter und Ihren Sohn vertreten sein, die ihre Anmeldungen eingeschickt haben. [...]"

[*Anmerkung: Leider gibt es keine genaueren Hinweise darauf, welche Konferenz gemeint ist (IDK = Internationale der Kriegsdienstgegner). Der genannte Sohn ist wohl Alfons Beckmann, der Irmgard Rode während der Gefangenschaft ihres Mannes als Bruder zeitweise in Meschede unterstützt hat.*]

14. KARTE VON DR. TH. MICHALTSCHEFF (IDK) AN JOSEPH BECKMANN (3.6.1947)

„[...] Die Vorbereitungen für die Konferenz sind in vollem Gange, und ich bedaure sehr, dass Sie nicht persönlich daran teilnehmen können. – Aber vielleicht das nächste Mal. [...]"

---

[53] Vgl. *Michaltscheff*, Theodor: Die unverwüstliche Opposition. Geschichte der bundesdeutschen Friedensbewegung 1945 – 1960. [Einleitung „Erinnerungen an Theodor Michaltscheff" von Günther Freitag.] [1966] Hamburg: Internetedition o.J. www.kriegsopposition.de/die_unverwue stliche_opposition_100802.pdf

15. Egon Formann[54]
an Joseph Beckmann (3.8.1947)

Ich komme soeben von der Bundestagung der DEUTSCHEN FRIEDENSGESELLSCHAFT aus Frankfurt zurück, wo ich die Bekanntschaft zweier Gesinnungsfreunde aus Münster gemacht habe: Dr. Hunger u. Freund Hülsmann. Wir haben auch von Ihnen gesprochen. Es waren mir zwei wertvolle neue Bekanntschaften für eine weitere Zusammenarbeit. [...]

Aller Wahrscheinlichkeit nach werde ich am 18. August als deutscher Delegierter zum 1. Internationalen Kongress des „Gebetskreuzzuges für die Nationen" nach Lourdes fahren. Auch dort werde ich für Ihre Anregung zu werben suchen. – Ich [...] erlaube mir [...], Ihnen beiliegend unser Bulletin „Pax Christi", das Organ des „Gebetskreuzzuges für die Nationen", beizulegen, um Sie etwas näher zu orientieren. Der „Gebetskreuzzug" wurde im vorigen Jahr von Mgr. Theas, Bischof von Montauban, der lange Zeit im KZ Dachau war, als „Gebetskreuzzug für Deutschland" gegründet. Inzwischen ist er zu einem „Gebetskreuzzug für die Nationen" geworden. Fast der gesamte Episkopat Frankreichs ist ihm beigetreten und der hl. Vater hat ihn kürzlich gesegnet. Das Ziel ist, durch das gemeinsame Gebet den Katholiken die Wirklichkeit der „Gliedschaft am Leibe Christi" so zum Bewusstsein zu bringen, dass sich daraus die Unvereinbarkeit eines gegenseitigen Massenmordes dieser Glieder herleitet. [...] Pater Stratmann hat die Übersetzung des Bulletins in deutsche Sprache übernommen. [...] Die nächste internationale Begegnung ist für Ostern 1948 im Rheinland vorgesehen. Wie wäre es, lieber Herr Rektor Beckmann, wenn Sie auch mittun wollten? Ich lege Ihnen ein Anmeldeformular bei, das auch die tägliche Gebetsverpflichtung enthält. [...]

---

[54] Egon Formann war offenbar gleichermaßen an der Reaktivierung der Deutschen Friedensgesellschaft und an der Gründung einer deutschen Sektion von pax christi beteiligt. Im Nachlass von Hanna Meuter (Korrespondenz 1945-1948) werden Briefe von ihm verzeichnet (http://www. kreis-viersen.de/c12575a80042ed5d/files/meuter. pdf/$file/meuter.pdf).

16. Brief von P. Franziskus Stratmann OP an Joseph Beckmann (19.3.1948)

P. Franziskus Stratmann.
Walbergberg 9 Bez. Köln, 19.3.48.

Verehrter Herr Beckmann!
Mit sehr grossem Interesse habe ich Ihren Brief vom 25. Februar gelesen und ich gestehe Ihnen, dass Ihre Ausführungen, namentlich Ihre Auslegung des Bibl. Gleichnisses vom Weizen und Unkraut einen tiefen Eindruck auf mich gemacht haben. Ich hatte kurz vor Empfang Ihres Briefes einen langen Vortrag über die Probleme des Krieges und des Friedens gehalten und dabei auch über den passiven Widerstand als Abwehrwaffe gesprochen. Nach dem Studium Ihrer Darlegungen habe ich diesen Abschnitt meines Vortrages stark ergänzt, und zwar in Ihrem Sinne, und ihn dann in dieser Überarbeitung noch mehrmals gehalten. Wie schon in meinem Buche „Weltkirche und Weltfriede" nachzulesen ist, halte ich viel vom passiven Widerstand, nur bin ich heute noch mehr als damals überzeugt, dass die Umstellung der abendländischen Menschheit auf diese Art der Verteidigung mindestens einstweilen nicht zu erwarten ist, und dass darum die Kirche, weil der passive Widerstand als Verteidigungsmöglichkeit praktisch ausscheidet, die militärische Verteidigung nicht verbieten wird. Die zehn Bedingungen, die ich in meinem Buche für die Gerechtigkeit eines Krieges aufgestellt habe, beziehen sich, wie aus dem Zusammenhang leicht zu ersehen ist, auf den Angriffs-, nicht auf den Verteidigungskrieg.

Es würde mich sehr interessieren und es würde sich der Mühe sicher lohnen, einen Plan zu entwerfen, wie der passive Widerstand in der heutigen weltpolitischen Situation *konkret* durchgeführt werden könnte. Ich wäre Ihnen wirklich dankbar, wenn Sie mir Ihre Gedanken darüber einmal mitteilten, am liebsten noch vor der Pax-Christi-Tagung in der Osterwoche in Kevelaer[55]. Ich soll da an drei Nachmittagen einen Arbeitskreis leiten, und es ist meine Absicht, bei dieser Gelegenheit eingehend über den passiven Widerstand zu sprechen und sprechen zu

---

[55] Vom 1. bis 4. April 1948 fand in Kevelaer eine internationale Tagung der pax christi-Bewegung statt; dort wurde am 3. April offiziell auch die deutsche Sektion von pax christi gegründet.

lassen. Ist Ihnen eine Schrift bekannt, die sich genauer mit der Politik Mahatma Gandhis befasst, der ja hier als Lehrmeister höchste Beachtung verdient?

Leider kann ich mich diesen Fragen nicht so widmen, wie ich wohl möchte, da ich zu viele andere Aufgaben zu erfüllen habe, so muss ich morgen nach Konstanz reisen, um da Exerzitien zu halten, während der ganzen Charwoche [Karwoche]. Von da dann gleich nach Kevelaer. Ostermontag werde ich aber für einen Tag hierher zurückkommen, sodass Post mich hier erreichen würde.

In Eile sendet Ihnen herzliche Osterwünsche
und brüderliche Grüsse
in Christus
Franziskus Stratmann.

17. Brief von Pfarrer Karl Giesen[56] an Joseph Beckmann (25.4.1948)

Sehr geehrter Herr Rektor!
Ich habe mich sehr gefreut, als ich Ihren Brief erhielt. Man findet so selten einen Christenmenschen, der für die Kriegsdienstverweigerung aus christl. Haltung heraus eintritt, und doch kann ich aus dem Evangelium nichts anderes herauslesen. [...] Sehr erstaunt war ich, selbst bei Teilnehmern der Pax-Christi-Tagung in Kevelaer vom 1. - 4. April in einem Arbeitskreis, wo ich diese Gedanken äußerte, fast kein Verständnis oder keine Zustimmung zu finden. Darum begrüße ich von Herzen Ihr freundliches Schreiben. Ich will gerne, soweit ich kann, mit Ihnen zusammenarbeiten. Freudig erstaunt war ich über die Zeitschrift „Der Friedensbote" (ich habe sie gleich bestellt). Es gibt also schon eine internationale Vereinigung der Kriegsdienstgegner. Und wir Christen haben noch nichts zustande gebracht! Und wer hätte tiefere Beweggründe und größere Verpflichtung zur Kriegsdienstverweigerung als der Jünger Jesu! [...]

---

[56] Karl Giesen (1901-1990), geb. in Aachen, kath. Pfarrer und christlicher Pazifist.

18. „FÜR UNS GEFALLEN" –
GEDICHT VON JOSEPH BECKMANN
(Allerheiligen 1948 [?])

Eine kath. Wochenzeitschrift schrieb vor kurzem zum „Gedächtnis der Gefallenen":
„Sie sollen leben in unseren Herzen, alle die Toten des grossen Krieges. Alle unsere Brüder, die für uns gefallen sind und nun irgendwo in fremder Erde ruhen oder in den Tiefen des Meeres."

Gefallen für uns, für uns gestorben?
Betrug! – der Satan hat sie verdorben,
Ihre Leiber gewiss! Vielleicht ihre Seelen.
Warum es verleugnen, wozu es verhehlen?

Für uns starb der Bergmann, den die Wetter erschlugen,
Der Retter, den die Fluten in die Tiefe trugen,
Die Mutter, die Kindern das Leben gab
Und in Arbeit und Sorge fand ihr Grab,
Der Pfleger, der Seuchenkranke pflegte
Und sich dann selbst zum Sterben legte,
Der Erfinder, Laie oder Doktor,
Der, Leben fördernd, das Leben verlor.
Und alle, die, dienend dem Werden, dem Leben,
Ihr eigenes Leben hingegeben:
Sie starben für uns.

Doch sie, die gezwungen Leben verdarben,
Wisst ihr, wofür sie litten und starben?
Die nackte Wahrheit lautet kurzum:
Sie starben, das heißt, man brachte sie um
Fürs Geldsackfüllende Publikum.
Ums Sterben, schimmernde Ideale,
Sie heißen: Blut-Internationale.
Die Börsenhyänen, der Rüstungsvampyr,
Das sind die Gewinner des Sterbens, nicht wir! –
Doch dass wir noch leben, wär' unser Gewinn?
Wir hungern, wir frieren, wir siechen dahin!
Für uns, was gäbe es da zu erben
Als Tränen und Jammer und Trümmer und Scherben

Und Krankheit und Sterben! –
Dazu im Innern die quälende Not,
dass kein Papst, kein Bischof das Sterben verbot.

Die dem Satan <u>nicht</u> dienten und sagten „nein",
Die Gewissensmärtyrer blieben allein. –
Den andern schenkt man für Sterben und Mord
Zum Ehrengedenken ein lügenhaft Wort. –
Und morgen wieder, beim ersten Schuss:
„Für uns!" ist der Weisheit letzter Schluss.

(Allerheiligen 1948 [?]. Bckm)

19. Brief von Joseph Beckmann
an Familie Irmgard und Alfons Rode (18.12.1950)

Kinderhaus, den 18. Dezember 1950

[*Am linken Rand der Vorderseite*:] Dein Gedicht ist sehr gut. Zwei Verse möchte ich mir in einen Stempel machen lassen. („Nicht Kanonendonner usw.")

Ihr Lieben!
Euer Brief hat uns Freude gemacht, er hat unsere Sorgen wegen Eurer Trichinose ein wenig verringert. Ob Irmgard und Roswitha noch Beschwerden haben? Es ist sehr schön, dass der Vater mit Ivo zu uns kommt, hoffentlich gleich zu Ferienbeginn, damit Ihr die Zeit richtig ausnutzen könnt. Schade, dass Ihr nicht alle kommt? – Wir sind in den Winter ziemlich gesund hinein gekommen, Kohlen haben wir für die kältesten Wintermonate noch, wie habt Ihr es damit? – Die Zeugnisse der Kinder werden gewiss gut werden.
      Das Gedicht „Der Mütter Ruf nach Frieden" [→III.2] haben wir wiederholt hier vorgelesen, ich habe es abgeschrieben und schicke Euch vier Durchschläge zurück, die Ihr gewiss irgendwie verwerten könnt. Wir möchten sehr gern auch noch Einzelheiten über die Gestaltung Eures Mütternachmittags hören, Alfons, Du musst es uns genau erzählen, auch alles, was Ihr sonst da so macht. Das Wort Frieden hat nun wieder einen Klang, um den

Angst und Sorge schwingt. In diesen Tagen ist das neue Buch von Pater Stratmann in den Buchläden erschienen (Kirche und Krieg heute). Ich habe es mir gekauft. Es verkündet die alten Grundsätze der Moraltheologie in neuer Sprache. Wer Stratmann vor 1933 gekannt hat, für den ist es zum Teil eine Enttäuschung. Aber wie gesagt, während die Zeitschrift ringsum stur die alten Regeln vom gerechten Krieg bringen, finden wir bei Stratmann sie in „neuer Sprache" (Faulhaber), die allerdings früher in manchen Punkten stürmischer war. Er will anscheinend ganz dem Vatikan treu bleiben, wobei er sich dann selbst hier und da untreu wird. Zwei Punkte sind erfrischend: Die allgemeine Wehrpflicht, die der Papst fast ganz übergeht, verwirft er deutlich, zur Kriegsdienstverweigerung macht er keine Einschränkungen (sondern lässt diese die Amerikaner machen). Für den Eingeweihten ist das Buch eine Fundgrube, für den Neuling kann es sogar schädlich sein. Noch dieses: Reinhold Schneider[57] wird von ihm hinreichend gewürdigt und nicht, wie man sonst meist findet, geringschätzig abgetan oder totgeschwiegen. Die Zurückbesinnung auf die einfache Klarheit des 5. Gebotes, wie Ude[58], R[einhold]. Schneider und [Nikolaus] Ehlen es tun, halte ich für einen ganz neuen und wichtigen Abschnitt in der Friedensbewegung. Erst dadurch erhält die Verwerfung des Krieges die ganz feste Grundlage. Die Regeln der Moraltheologie richtig und vollständig angewandt, führen ja zu demselben Ergebnis. Den[n] „Kriegführung in den Schranken der Liebe" kann nichts anderes heissen als nicht töten. Stratmann bemerkt in seinem Buche sehr richtig, dass Thomas [von Aquin] den Krieg nur unter dem Gesichtspunkte der Gerechtigkeit sieht, dass er aber, wie alles menschliche Tun, zuerst vom Gebote der Liebe aus gesehen werden muss. Die beste Zurückweisung alles moralischen Getues um den Krieg steckt m.E. in der Formulierung Stratmanns: „Denken wir uns alles Kriegsgeschehen (oder so ähnlich) aller christlichen Jahrhunderte auf einem Menschen vereinigt, und dieser Mensch sollte nun vor Gottes Gericht treten, wir würden doch wegen seiner recht bange sein."

---

[57] Der durchaus konservative kath. Dichter Reinhold Schneider (1903-1958) geriet in der Nachkriegszeit wegen seiner Ablehnung von Wiederbewaffnung und Atombombe zeitweilig ins Abseits und wurde stark angefeindet.
[58] Johannes Ude (1874-1965), österreichischer Priester und Pazifist.

– Ich denke, Alfons [*d.i. der Schwiegersohn Alfons Rode*] das Buch für kurze Zeit mitgeben zu können. – Dann hat Jos. Rüther ein neues Buch geschrieben „Auf den Strassen der Menschheit", das ich zu Weihnachten auch wohl zum Lesen haben werde. – Die Stadtbücherei hat solche Bücher meist nicht. – Ich habe mir in den letzten Wochen acht Zähne ziehen lassen und habe nun gar keine mehr (oben). Ich werde mir bei Ewald Funke ein Gebiss machen lassen, doch müssen erst noch einige Splitter heraus, die er (der Zahnarzt) nicht hingekriegt hat.

Illiges ist noch immer krank, er ist aber seit einigen Wochen wieder zu Hause, er hat jetzt Gürtelrose und eine sonderbare Schwäche in den Beinen. Die kleine Jutta macht sich nun ganz gut, und auch der Mutter geht es wieder gut.

Hier ist nun auch der Kindergarten in Gang, aber die Schwestern und die Mädchen (aus Münster) sind manchmal recht gleichgültig, lassen die Kinder ohne Aufsicht usw. Herr Jolk hat dort den Nikolaus gespielt und das entsprechend gerügt. Angela, die da gewiss gut sein würde, nimmt man nicht. Wir sind mit unserem Einnachmittagsmädchen soweit gut zurecht gekommen. – Gesegnete Weihnacht und gute Reise für die Besucher!
Und herzliche Grüsse Vater.

[Der ganze Brief ist schreibmaschinenschriftlich; die Ehefrau des Schreibers fügt auf der 2. Seite am Rand handschriftlich hinzu:]

„Ihr Lieben! Wir freuen uns sehr auf Alfons u. Ivos lb Besuch. Ihr andern müßt dann [... (?)] nach Ostern kommen. Gesegnete Weihnachten und ein gutes neues Jahr, In Liebe Mutter. – Das Gedicht ist sehr schön, lb Irmgard."

20. BRIEF VON NIKOLAUS EHLEN
AN JOSEPH BECKMANN (5.2.1951)

Dr. Nikolaus Ehlen
(22a) Velbert (Rheinl.)
Zur Dalbeck 27

Velbert, den 5. Februar 1951

Grüss Euch Gott, lieber Herr Beckmann!

Ihr habt schon recht, ich habe nicht viel Zeit, lange Briefe zu lesen, aber wenn Ihr einen wichtigen Brief schreibt, so bin ich Euch dafür sehr dankbar und wenn es mir irgend möglich ist, so antworte ich auch.

„Das familiengerechte Heim" hat einigermassen eingeschlagen. Es wäre nur wichtig, dass die Pastöre es ihren jungen Brautleuten geben, damit sie Stoff haben für das Brautexamen. Die Sache Krieg macht mir grosse Sorge. Es ist leider so, dass man immer nur die mindere Seite des sittlichen Lebens betont, aber die grosse Seite helfender Liebe auch gegenüber dem Feind kennt man nicht mehr. Darum sehe ich dunkel in die Zukunft. Gerade ist wieder ein böser Artikel im Rheinischen Merkur von Egenter[59] erschienen am 20. Januar. Er klingt zwar gelehrt und klug, vergisst aber die Hauptsache.

Mit herzlichem Gruss!

Ihr Nikolaus Ehlen

---

[59] Richard Egenter (1902-1982), röm.-kath. Moraltheologe.

21. Brief von Nikolaus Ehlen an Joseph Beckmann (17.9.1951)

Dr. Nikolaus Ehlen
(22a) Velbert (Rheinl.)
Zur Dalbeck 27

Velbert, den 17. September 1951

Grüss Euch Gott, lieber alter Freund und Bruder!

Ich bin gerade gestern abend nach Hause gekommen und muss heute mittag wieder weg. Da benutze ich die Zeit, um Euch herzlich zu danken für Euren Brief und das tapfere Eintreten bei „Mann in der Zeit". Es ist eine böse Sache, wie die katholische Presse das macht, insbesondere, wenn man bedenkt, daß die Bischöfe dahinter stehen. Warum schreiben die Herren nicht, daß der Heilige Vater Hermann Göring einen Orden gegeben hat. Ich habe Verständnis dafür, aber diese Herren von „Mann in der Zeit" können dafür kein Verständnis haben, wenn sie es so machen, wie sie es hier in meinem Falle gemacht haben.[60] Ich habe ihnen nicht geantwortet. Umso dankbarer bin ich, daß Ihr ihnen geantwortet habt und ihnen einiges von dem, was ich damals geschrieben habe, ausgezogen habt. Nur bin ich zu gut weggekommen in Eurem Schlußwort. Ihr müßt immer begreifen, daß der Mensch nichts ist und daß der liebe Gott alles ist und daß ohne Seinen Segen die beste Arbeit und Anstrengung des Menschen wertlos bleibt.

Es freut mich, daß Ihr auch Foerster hochschätzt. Ich werde Euch in die Liste der Gesellschaft eintragen lassen. Helft uns, sein Buch „Christus und das menschliche Leben" recht weit verbreiten. Pastor Mensching ist schon sehr lange gut mit mir befreundet und Reinhold Schneider nicht weniger. Mit der gleichen Post kommt auch noch eine Karte von ihm an. Hoffentlich sehen wir uns bald irgendwo einmal wieder.
Mit vielen herzlichen Grüßen an Eure Familie und Euch
Euer
Nikolaus Ehlen

---

[60] Offenbar sind Nikolaus Ehlen 1951 „Konzessionen" gegenüber dem NS-Regime vorgeworfen worden.

22. Brief von Reinhold Schneider an Joseph Beckmann (17.9.1951)

Freiburg i.Br.
Mercystrasse 2   17. Sept. 51

Sehr verehrter Herr Rektor,

für Ihren freundlichen Brief vom 16. bin ich Ihnen sehr dankbar. Sie wissen ja: man ist oft fast allein, am einsamsten heute, wenn man sich zur katholischen Kirche bekennt. Aber ich sehe meine Aufgabe gerade im Protest <u>in</u> der Kirche. Die Jugendseelsorger hatten mir auf eine zwar höfliche aber entschiedene Weise mitgeteilt: sie sähen sich gezwungen die Glaubwürdigkeit meiner Lebensarbeit in Frage zu stellen, wenn ich nicht widerrufen würde. Aber ich habe nichts zu widerrufen; denn ich habe kein Wort gegen den Glauben gesagt, wohl aber gegen eine gewisse Moraltheologie und eine gewisse klerikale Politik. Freilich hat man mir erdichtete Aüsserungen [*sic!*] unterstellt, die von der Presse, die sie verbreitete, inzwischen widerrufen wurde [*sic!*]. Aber wer kümmert sich um Widerrufe? Man hat als einzelner ja auch kaum mehr eine Möglichkeit, sich in der Oeffentlichkeit zu aüssern [*sic!*]. Nun ist mir wohl von christlichen Blättern der Abdruck zweier entschiedener Erklärungen versprochen worden. Aber das eine Versprechen wurde schon wieder überschritten.

Dass die Kirche für die Gewissensnot so vieler Menschen und namentlich der Jugend kein Herz hat, ist überaus schmerzlich. Ich habe oft das Gefühl, dass sich neue Gemeinschaften bilden innerhalb des Christlichen über die Grenzen hinweg, die unüberschreitbar schienen. Denn der Krieg ist nach meinem Gefühl der vor uns aufgestandene Fels, aus dem wir Wasser schlagen sollen. Das ist der Sinn dieser Zeit.

Es hat mich sehr gefreut was Sie von Herrn Pastor Mensching mitteilten; ich bitte ihn zu grüssen wie Alle, die an mich denken. Die unsichtbare Hilfe ist ein unerschöpflicher Trost.

Mit den besten Wünschen und Empfehlungen
Ihr sehr ergebener

Reinhold Schneider

23. BRIEF VON JOSEF RÜTHER
AN JOSEPH BECKMANN (14.12.1951)

Brilon, den 14. Dez. 1951

Verehrter, lieber Herr Rektor,

Wie oft habe ich vorgehabt, auf Ihren lieben Brief v. 18. April noch einmal zurückzukommen, für den ich Ihnen nur so kurz danken konnte, und mit Ihnen etwas an unseren gemeinsamen Gedanken zu spinnen. Aber Sie glauben nicht, wie schwer es mir wird, unter einem Druck, der mich Tag und Nacht begleitet, die Arbeit zu tun, der ich mich nun einmal, nachdem ich dem Vorstande des Sauerländer Heimatbundes[61] wieder beigetreten bin, verschrieben habe: das ethisch Grundsätzliche im Bunde zu vertreten, wobei ich nur wenige Mitkämpfer habe, – die anderen sind stärker anders interessiert, – eine kleine Zeitschrift für unseren Kreis Brilon zu schreiben und mit dem Drucker herauszubringen, in unserer engen Arbeitsgemeinschaft für Stadt und Kreis Brilon die Arbeit zu verrichten, für die ich nur zwei wirklich tätige Mitarbeiter in der äusseren Arbeit habe, die mit beiden Arbeitsgebieten und mit gelegentlichen Vorträgen verbundenen Arbeiten abzumachen usw. Dabei werde ich durch häufige Besuche und immer wieder durch drängende Korrespondenz davon abgehalten, meinen persönlichen Briefwechsel zu erledigen, sodass ich jetzt vor Weihnachten und Jahresschluss einfach eine Woche ansetze, um die Verpflichtungen gegenüber meinen Freunden zu erfüllen.

Ich hoffe, dass Sie auch heute noch gesund und schaffensfroh sind und sich so wohl fühlen, als man das unter dem dämonischen Druck dieser Zeit kann. Aus Ihrem Briefe weiss ich ja, dass Sie auch der Entwicklung Ihrer Familie sich freuen können, und das freut mich mit. Frau Irmgard [*Rode, die Tochter des Adressaten*] habe ich vor einigen Monaten, als Prof. Lenz bei uns sprach, kurz getroffen, leider zu kurz, um auch nur notdürftig

---

[61] Im Jahr 1928 hatte Josef Rüther die Schriftleitung der Zeitschrift des Sauerländer Heimatbundes niedergelegt; der Bund geriet seit jener Zeit stärker unter den Einfluss rechter bzw. „völkisch orientierter" Persönlichkeiten.

mit ihr über meine und des Herrn Lenz gegensätzliche Auffassung zu Herrn Heidingsfelder[62] von der Situation der Friedensfreunde zu sprechen. Sie kommen in Ihrem Briefe auch auf dieses Thema; und ich habe den Eindruck, dass wir beide die gleiche Auffassung haben. Ich stimme Ihnen zu, dass die Katechismusformulierungen der Sache nicht mehr gerecht werden, dass der Krieg auf jede Weise bekämpft werden muss, nicht durch den Krieg und die Kriegsrüstung, sondern durch das Gegenteil. Ich bin auch der Meinung, dass Kriegsdienstverweigerung aus Gewissen – eine andere hat ja keinen sittlichen Boden – Pflicht für die ist, die mit Reinhold Schneider gleich denken, ein Recht von Fall zu Fall für die, welche aus eigener Überlegung einen konkreten Krieg für ungerechtfertigt halten, und dass die christliche Auffassung mit allen Mitteln propagiert werden muss. Aber, – und das ist das „Dilemma", – diese Auffassung hat zwei Aspekte; und wer seine christliche Überzeugung, dass unter allen Umständen die Gesichtspunkte der Übernatur höher zu bewerten sind als die der Natur, so versteht, dass er die Forderungen der Natur, in unserem Falle das „Naturrecht", also etwa die Gewaltanwendung, vollständig abweist, der wird für sein Gewissen Recht haben und vor Gott bestehen. Wer aber aus der Tatsache, dass der Mensch nicht nur Geist, sondern auch zoologisches Wesen ist, die Folgerung zieht, dass auch im Übernatürlichen das Naturhafte nicht aufgehoben wird, und dass das Dogma dieses ausdrücklich bestätigt, wenn es sagt, dass die Natur von der Gnade vorausgesetzt und durch sie vollendet werde, dann kann der Christ, der die von vernünftiger Überlegung daraus abgeleiteten Folgerungen, also etwa hier die Erlaubtheit und sogar Notwendigkeit der Gewaltanwendung, zieht, ebenso wenig verurteilt werden. „Grundsätzliche" Ablehnung des „Naturrechtes" ist also m.E. ebenso einseitig wie „grundsätzliche" Berufung auf das Naturgesetz. Es kommt auf

---

[62] Vgl. zum kath. Publizisten Georg D. Heidingsfelder (1899-1967), der zur Zeit der Anfeindung sehr eng mit Reinhold Schneider zusammengearbeitet hat, einen eigenen Dokumentationsband in dieser Reihe zum sauerländischen Pazifismus (im Internet auch: http://www.heise.de/tp/artikel/42/42660/1.html). Er war in Meschede eng mit Irmgard Rode verbunden. – J. Rüther bringt offenbar vielmehr Verständnis gegenüber den „naturrechtlichen" Denkfiguren der Moraltheologen auf, während Heidingsfelder sich Christentum mit biblischem Fundament im Kontext der Nachkriegspolitik nur als radikale Absage an den Kriegsapparat vorstellen kann.

das Gewissen des Einzelnen an, und von hier aus bejahe ich die Haltung R. Schneiders, – der aber an diese Konsequenz und Sicht sich selber, nicht andere bindet, die die Sicht nicht haben, – ich kann aber nicht verlangen, dass von irgendeiner Seite diese Sicht sozusagen dogmatisiert werde. Die Überwindung des neuen teuflischen Heidentums, auch in der „Christenheit", kann m.E. auf keinem anderen Wege stattfinden als die des alten heidnischen Staatsdenkens: durch das „Zeugnis" der „Märytrer", derer, die aus ihrem christlichen Gewissen heraus Ernst machen, ohne das Gewissen des anderen zu vergewaltigen oder zu schmähen. Es gab auch in der alten christlichen Zeit Irrlehrer aus einseitig überbetonter christlicher Auffassung, wie etwa Tertullian. Ich nehme an, dass Sie Fr. W. Försters [Foersters] „Ewiges Licht und menschliche Finsternis", 1935 in Luzern erschienen, noch haben, das Kapitel „Der Krieg und wir alle". Was er da sagt, scheint mir wichtig zu sein, auch wenn er auf die vorliegende Frage nicht wörtlich eingeht. Aber er sagt: „Der Krieg, das sind wir alle ... der Friede ist ein künstlicher Zustand". Zum Frieden führen m.E. nicht „Standpunkte", sondern „Haltungen". Und nur eine, nämlich die, welche sich vom Gewissen her in konkreter Unterscheidung vor der konkreten Situation, nicht vorher, als christlich oder nichtchristlich äussert. Das kann nicht hindern, dass in der ungeheueren Gefahr der Vernichtung, in der „Europa und die Christenheit" heute stehen, die Aufrüttlung der Gewissen so notwendig ist wie nie zuvor. Aber es muss eine grundhafte Belehrung sein, nicht ein Befehl durch äussere Autorität oder Abstimmung über andere Gewissen. Dabei ist, meine ich, immer zu bedenken, dass die konkrete Situation, die einmal zur Entscheidung aufrufen wird, noch nicht da ist und immerhin noch anders aussehen kann, als wir sie uns vorstellen. Auch wir Christen dürfen nicht, wie unsere Bonner und andere Politiker vergessen, dass Gott ein Faktor der Geschichte ist, wenn er auch geleugnet und nur in einem zaghaften Bekenntnis zu „Vorsehung" noch schwach anklingt. Und dass das „Noch 3 Tage und Ninive geht unter" nicht Wirklichkeit wurde, weil die Menschen sich änderten. Diese Änderung der Menschen von innen allein kann unser eigentliches Ziel sein; pazifistische Aufklärung anderer Art kommt erst in zweiter Linie und ist letztlich nicht religiöser, sondern politischer Natur, freilich einer religiös gesehenen Politik, wie denn alles Menschliche letztlich religiös ist.

Ich habe Sie hoffentlich mit diesem langen Exkurs nicht ge-
langweilt. Ich bin dazu vor allem auch durch den mir beigelegten Artikel von Ihnen „Beängstigender Widerspruch" gekommen
und durch freundlichere Beurteilung von P. Stratmanns letztem
Werk, das der Anlass war, warum sich Herr Heidingsfelder von
mir zurückgezogen hat. Ich glaube, dass wenigsten wir beide auf
der gleichen Linie laufen. Für R. Schneider trete auch ich ein, wo
immer ich kann. Und die Art, wie er für seine Auffassung wirkt,
finde ich wahrhaft christlich. Das ist wirklich ein Werben um die
Seele der anderen durch das eigene Opfer, nicht ein Verdammen
der anderen um einer Überzeugung willen, die mit der eigenen
nicht übereinstimmt. In diesem Unterschiede zwischen der
Haltung von R. Schneider und so mancher, die sich nicht mit
Unrecht, aber in falscher Anwendung – auf ihn berufen, liegt
m.E. der Unterschied auch von Frieden und Krieg, so wie ihn
Förster an der genannten Stelle auch andeutet.

Und nun, verehrter und lieber Herr Rektor, muss und darf ich
für heute wohl Schluss machen, zumal unter der Last der eben
schon erwähnten Schreibschulden. Dass Sie mit Herrn Erpenstein[63] noch treue Verbindung haben, freut mich. Grüssen Sie
ihn, bitte, herzlich. Von Pater Ohlmeyer [*Theophil Ohlmeier ofm*]
habe ich sehr lange nichts mehr gehört als – dass er tot sei. Dass
er aber von einem „gerechten Kriege in Spanien und Korea"
schreiben kann, wie Sie zum Schluss Ihres Briefes erwähnen, ist
mir unverständlich. Diese Kriege waren bzw. sind ihrer materia-
len Herkunft nach und auch nach ihrer formalen Führung nichts
anderes als der Ausfluss dämonischer Gewalten in der von Gott
abgefallenen Menschheit. Möge uns der so blass gewordene Gedanke des Weihnachtsfestes, das ja nur noch eine Geschäftsan-
gelegenheit zu sein scheint, etwas weiter helfen. Ich wünsche
Ihnen und Ihren Lieben ein gnadenreiches Fest und einen glücklichen Start ins Neue Jahr und grüsse Sie in alter Verbundenheit.

Ihr
J.Rüther

---

[63] Evtl. Bernhard Erpenstein, Autor eines Buches „Frieden oder Krieg" (ca.
1955).

24. Die Gedichte „Stiäerwen" – „Des alten Lehrers Tod" von Joseph Beckmann (22./23.12.1955)

Stiärwen

[Gedicht über den Tod von Lehrer August Rode, dem Kollegen von J. Beckmann und dem Vater seines Schwiegersohnes Dr. Alfons Rode]

Et was 'n braven, guedden Här[,]
de leiwe aolle, trüe Lähr.
Fröndlick, höflick was he alltied
un krieg met nüms un nümms nich Striet.
He mock so still sien Dagewiärk
to Hus, in'n Gaorn un in de Kiärk,
auk in de Schoole, daomols, fröer,
nu kann't all lange he nich mähr.
De swaore Krankheit pook em an,
gedüllig druagt de guedde Mann
un wochen still de Stunne aff,
wo Gott de Här de Hand em gaff.

„Wenn ick dann bloss nett höflick sin",
men he, „un propper, prick un fien!
Ick mot adig den Hoot afniemm'n,
wenn mi de Här de Hand will giemm'n [*sic*!]."

Dann ligg he still de lange Nacht
bis kümp de Dagg, de Hiäwrsdagg [*sic*!], sacht.
Do richt he sick ganz iewrig op
un niemmt dat Käppken van den Kopp
un leggt akrraot nett an den Siet.
Süht he de Här?! – Jau, 't is so wiet.
Un Hand in Hand gaoht Här un Knecht
ut düstere Nacht in't helle Lecht.

(22.12.55. Bckm.)
(Es war Herr Rode, der wirklich so starb.)

Des alten Lehrers Tod

Der alte Herr im weissen Haar,
der einst der Jugend Lehrer war,
nun schreitet er ins Abendrot.
Begegnet ihm von dort der Tod?

Es hatte jedermann ihn gern
den höflichen, bescheid'nen Herrn.
In seinem und im Gotteshaus
ging er still freundlich ein und aus
und regte fleissig seine Hand
in Garten, Hof und Bienenstand,
und hat vormals mit ganzer Kraft
in seiner Schule froh geschafft.

Jetzt gab der Herrgott ihm Arrest,
die Krankenstube hält ihn fest,
er trägt's mit Demut und Geduld,
er weiss sich tief in Gottes Schuld.
Und auf *die* Stunde wartet er,
da ihn abholt sein Gott und Herr.

Doch dieses liegt ihm sehr im Sinn:
„Wenn ich nur dann recht höflich bin,
wenn er, der Herr, wird vor mir steh'n
und mir befiehlt, mit ihm zu geh'n!
dass ich nicht mit bedecktem Kopf
mich schämen müsste wie ein Tropf."

Nun liegt er still die lange Nacht,
bis kommt der Tag, der Herbsttag sacht.
Da richtet er sich eifrig auf,
glättet im weissen Tuch den Knauf,
das Mützchen er vom Kopfe nimmt. –
Ob er des Herrgotts Schritt vernimmt?
Ob er erschaut des Herrgotts Bild?
Ob IHM sein höflich Mühen gilt? –
Nun ist's so weit, und Hand in Hand
geh'n Herr und Knecht in *Morgen*land.

(23.12.1955. Bckm)

25. DIE GEDICHTE „FRIEDENSGLOCKE??" – „DE FRIÄDENS-KLOCK" VON JOSEPH BECKMANN (LICHTMESS 1956)

Friedensglocke ??

„Friede sei ihr erst Geläute." –
Friede – wirklich einmal, heute,
um den Heimkehrer zu grüßen?
Damals lud sie ein zum Schießen!
Lud sie ein? – Nein, mehr: sie schoss,
dass das Blut in Strömen floss.
Denn aus Glocken wurden Scherben,
wurde Schießzeug zum Verderben.
Pflichtig, ja, wie jeder Mann,
hub sie brav zu morden an.
Friede, einst ihr erster Klang,
letzter, ha! Wumwum-Gesang. –
Und der Glocke edle Väter,
Kirchenväter, kluge Täter,
sagten nimmer nein dazu,
gönnten sich <u>nun</u> Schweigeruh. –
Was zweimal geschah verkehrt,
ist's ein Mea culpa wert?
Mea culpa von uns allen
würde Gott dem Herrn gefallen,
Einkehr still beim Glockenläuten,
Umkehr könnte es bedeuten. ---
Doch, als wäre nichts gescheh'n,
klingt der Glocke froh Getön
mit der Trommel Rumdibum.
Hei! Kommis geht wieder um!!
Wacker singt die Glocke mit,
munter im Marschierertritt.
Wenn die „alten Kameraden"
sich gefallen in Paraden,
wenn sie Jungrekruten schleifen
und die Burschen schmetternd pfeifen,
darf die Glocke doch nicht kneifen,

soo den Heimkehrer zu grüßen!!!
Morgen – hilft – sie – wieder –
                    s c h i e ß e n !!

(Lichtmess 1956. Bckm.)

*[In der kürzeren Fassung auf der Rückseite fehlen die folgenden
Zeilen: „Wenn die ‚alten Kameraden' / sich gefallen in Paraden, /
wenn sie Jungrekruten schleifen / und die Burschen schmetternd
pfeifen, / darf die Glocke doch nicht kneifen".]*

De Friädens-Klock (1956)

Wat, „Friede sei ihr erst Geläute"?
Jä, dat is mangs 'ne graute Pleite. –
Still, hör ick lüen? – ah! Janns kümp wier,
ut Russland kümp dat arme Dier,
un nu doht alle Klocken lüen,
jau, Freide, Friäde sall't bedüen.

Wat, Friäde? – domols dähn se scheiten
de Klocken, hölpen Blout vögeiten.
Se stiägen van den Toen harunner,
wat wor drut? – ooo! – Kanunnenplunder.
Ärss dähn se se in Brocken briäcken,
dann in'n Kanunnenkuockpott stiäcken.

Trurig was nu de Fierdagsmiss,
de Klocken wäern jä bi't Kammis.
Friäde soll sien ähr ärste Wort,
ähr leste Wort was: Mord, Mord, Mord!

De haugen Härns va de Kiärk[,]
de swiägen to dat Düwelswiärk.
Kien Bischopp stonn dotiäggen op,
reip stopp un wogen [*sic*] sienen Kopp.
Wat twemol nu all is passeert,
is't nich *een* Mea culpa wärt?

't steiht us wol an, lück still te sien,
Inkähr te hol'n bi't Klockenlüen. –
Men nee! – Äs wär' gar nix passert,
de Klock sick met de Trummel röhrt,
met Rumdibum, den leigen Bruuk,
Kammisbruuk krüpt wi[er?] ut den Huuk;
üm Janns un Manns willkomm te heiten. –
Un morgen – döht – de Klock – wi[er?] *scheiten*!

(Lechtmis [19]56 – Bckm.)

Deutsche Friedensgesellschaft
(Bund der Kriegsgegner)

MITGLIEDSKARTE

für Herrn — ~~Frau~~ — ~~Frl.~~

Josef B e c k m a n n

Beruf: Rektor a.D.

Wohnung: Kinderhaus über Münster
17 a

geb.: -   Eintritt am: 1.2.1946.

Vor 1933 Mitglied ja — ~~nein~~

Der Vorstand: des
Westdeutschen
Landesverbandes

Wilh. Dörper, Dortm.-Aplerbeck

26. Joseph Beckmanns pazifistisches Mundartgedicht „Sünte Märten" (23.10.1956)

„Sünte Märten"
(Hochdeutsch: Sankt Martin ritt ...)
[Von Joseph Beckmann]

1. Sünt' Märten ritt dör'n deipen Schnee,
   de Köll, de döht vöflixt wahn weh,
   Men Märten föhlt sick rächt kuntant,
   sitt warm in't Wams up't Buxenpant.

2. In'n Schnee, do sitt 'n armen Mann,
   het nix äs aolle Klüngels an.
   „O gifft", röpt he, „mi Warms an't Liew,
   van Kölle sin ick al ganz stief!"

3. Un Märten treckt sien Wams gau ut,
   schnitt met den Söbel 'n Stück harut
   un giff den Mann dat grötste Stück,
   dat klennste, dat hölt he för sick.

4. He, Märten, dat was ganz famos!
   Men't Beste kümp noch, gliek geiht't los:
   Den Söbel schmitt he, bums! do dal,
   Suldotsien is nich mähr sien Fall.

5. O Märten, graute, hil'ge Mann,
   help mi, dat ick äs du dat kann:
   Nauthölper sien un – ropt se: „He,
   to, wör Suldot!" dat ick segg: „Nee!"
   (23.10.1956. B[e]ckm[ann].)

In der später datierten hochdeutschen Fassung des Martinsliedes (7.11.1956) fügt Joseph Beckmann nach dem Schluss der bekannten vier ersten Strophen („... Sankt Martin aber ritt in Eil / hinweg mit seinem Mantelteil") seine pazifistische Botschaft folgendermaßen an:

5. Sankt Martin, das war wohlgetan,
   jedoch das Schwerste erst begann:

er weigert sich Soldat zu sein,
kämpft schwertlos nur für Gott allein.

6. Sankt Martin, grosser, heilger Mann,
hilf mir, dass ich wie du das kann:
Nothelfer sein und nicht Soldat,
dass ich sag' nein, wenn ruft der Staat.

Altersbildnis von Therese Beckmann, der Mutter von Irmgard Rode

III.
Texte von
Alfons und Irmgard Rode

1.
ERINNERUNGEN AN DAS AUFKOMMEN DES NATIONALSOZIALISMUS (GESCHRIEBEN 1947)

Von Dr. Alfons Rode

Ich wurde 1901 als Sohn eines Lehrers in einer einklassigen Bauerschaftsschule im Münsterland geboren. Meine Eltern stammten aus bäuerlichen Familien im Weserbergland. Ich wurde in christlichem Geist erzogen, kam 1911 nach Versetzung meines Vaters an eine zweiklassige Schule in einem Dorf vor den Toren von Münster und dreijährigem Besuch der Volksschule dort an das Gymnasium in Münster, wo ich 1921 mein Abitur machte. Die Schulzeit war problemlos. Der Unterricht war unpolitisch, aber in vaterländisch-nationalem Geist gehalten. Besonders nach Ausbruch des ersten Weltkrieges spielten die Dichter des Freiheitskrieges eine größere Rolle, aber an einen übersteigerten Nationalismus kann ich mich nicht erinnern.

Ich studierte dann in Münster Rechts- und Staatswissenschaft ohne mich um politische Strömungen, die auch an der Hochschule eine untergeordnete Rolle spielten, zu kümmern. Es lehrten damals Deutschnationale wie Prof. Brückmann [?] und Prof. Naendrup (der später Nationalsozialist wurde) neben Politikern der Mitte wie Prof. Lucas (der ein Buch / eine Broschüre schrieb über den „Völkerbund der Idee") und den Gesellschaftswissenschaftler Prof. Plenge (Sozialist) m.E. friedlich nebeneinander. Die Fürstenenteignung nach dem Krieg wurde in meinem Bekanntenkreis als berechtigter Beitrag der Fürstenhäuser zu den Opfern des Krieges, die das Volk an Blut und Vermögen erlitten hatte, angesehen. 1929 machte ich in Hamm das Referendarexamen und war anschließend im Herbst u.

Winter am Amtsgericht in Burgsteinfurt, dann bei Gerichten und der Staatsanwaltschaft sowie bei den Rechtsanwälten Cohn und Hallermann in Münster zur weiteren praktischen Ausbildung tätig. Niemand fand es damals anstößig, daß ich zusammen mit einem anderen Referendar 1930/32 meine Anwaltsstation bei den Juden Cohn (Vater und Sohn) und dem Arier Dr. Hallermann ableistete. Ich erinnere mich, daß besonders der alte Justizrat Cohn von den Angestellten im Büro als großzügig in der Bezahlung ihrer Gehälter gerühmt wurde.

Unter der Last des verlorenen Krieges, der wachsenden Inflation und der großen Arbeitslosigkeit wurde die Position der demokratischen Parteien immer schwieriger. Dolchstoßlegende kam auf. Politiker Erzberger und Rathenau wurden verschrien und von Rechtsextremisten ermordet. Darüber war man in meinem Bekanntenkreis empört, wußte aber nicht, wie man diesem Trend zur Radikalisierung des politischen Lebens anders als durch Stärkung der demokratischen Parteien begegnen sollte. Als dann etwa 1930/31 die NSDAP aufs Land ging und überall Ortsgruppen gründete und radikale Nazis bei Wahlen die Veranstaltungen bürgerlicher Parteien störten und randalierten, wurde von Mitgliedern des KKV (kath. kaufm. Verein) und der sonstigen christlichen Vereine, insbesondere der Arbeitervereine, in Münster die „katholische Liga" gegründet, die versuchen wollte, ein Gegengewicht gegen die nationalsozialistische Weltanschauung zu bilden und mit zu bildenden paramilitärischen Gruppen Saalschutz in Wahlversammlungen zu stellen als Gegengewicht gegen die störenden SA-Männer. Von der „Liga" wurden Gruppen im Münsterland gebildet. So auch mit einem Kapuzinerpater als Redner über die materialistische Weltanschauung des Nationalsozialismus in Kinderhaus. In dieser Versammlung wurde ich gebeten, die Organisation und Führung der Gruppe Kinderhaus der „Kath. Liga" zu übernehmen. Ich habe zugesagt. Die Gruppe war stark religiös ausgerichtet und hat zusammen mit der Gruppe Münster und anderer Ortschaften um Münster in vielen Wahlveranstaltungen besonders in Münster Saalschutz gestellt und Schlägereien mit randalierenden Nazis in Zusammenhang mit diesen Veranstaltungen gehabt. In Veranstaltungen, die der Machtübernahme vorausgingen, sah die Polizei solchen Störungen und Schlägereien bereits untätig zu.

Durch diese meine Position in der „Liga" und mein Auftreten als Gegner der Nazis in deren Veranstaltungen in unserem Dorf war ich diesen, besonders dem Ortsgruppenleiter, besonders verhaßt. Ich war damals Referendar in Münster und wohnte in Kinderhaus. Nach der Machtübernahme wurde die „Liga" aufgelöst. Im Sommer 33 hatte ich nach Abgabe meiner großen Prüfungsarbeiten für das Assessorexamen am Kammergericht Klausuren zu schreiben. Unmittelbar nach diesen wurden sämtliche Referendare von SS nach Jüterbog in ein Referendarlage[r] gefahren und mußten dort 6 Wochen eine Wehrertüchtigung mit nationalsozialistischem Unterricht mitmachen. Zur mündlichen Prüfung wurden sie dann am Tag vor den Prüfungsterminen jeweils entlassen.

Die Prüfung habe ich damals nicht bestanden.

Ich wurde in den Vorbereitungsdienst auf 6 Monate zurückverwiesen und kam im Sommer 34 wieder in das Lager nach Jüterbog. Die Klausuren wurden dort geschrieben und die Prüflinge jeweils am Tag vor der mündlichen Prüfung zum Prüfungsamt in Berlin entlassen.

Die Prüfung habe ich wieder nicht bestanden.

Auf eine persönliche Rücksprache, um die ich den Vorsitzenden der Kommission gebeten hatte, wurde mir dann gesagt, daß meine wissenschaftlichen Leistungen zwar so gewesen seien, daß ich die Prüfung hätte bestehen können, die Prüfungskommission aber der Überzeugung gewesen sei, daß ich nicht die Gewähr dafür biete, dem Führer und dem nationalsozialistischen Staat in Treue und Ergebenheit zu dienen. Das sei Wesenserfordernis für den Dienst als Richter, Staatsanwalt und Rechtsanwalt. Nach den Ermittlungen der Kommission hätte ich nur gegen den Nationalsozialismus gekämpft und sei bis heute weder der SA oder einer sonstigen NS-Organisation beigetreten. Hinterher habe ich dann erfahren, daß der Ortsgruppenleiter über meine Einstellung zum Nationalsozialismus ein vernichtendes Urteil abgegeben hatte.

Bereits vorher hatte ich von einem Leidensgenossen erfahren, daß hinter unserm Rücken durch die Ortsgruppe genaue Berichte abgegeben würden zu den Prüfungsakten, ohne daß uns Gelegenheit gegeben sei, uns zu wehren.

Ich bin dann trotz allem auf besonderes Verwenden des Landgerichtspräsidenten in Münster im gehobenen („oberen")

Justizdienst untergekommen, nachdem ich ab Herbst 34 bis Sommer 36 aushilfsweise Inspektoren vertreten hatte.

Nach einem halbjährigen weiteren Vorbereitungsdienst mit theoretischen und schriftlichen Arbeiten habe ich dann im Sommer 1936 in Hamm die Inspektorenprüfung abgelegt.

Einem Mitprüfling wurde in der Prüfung mißbilligend vorgehalten: Es sei aufgefallen, daß er weder Parteigenosse noch Mitglied der SA sei. Wie das komme? Er entgegnete, er sei Weltkriegsteilnehmer und Inhaber des EK (Eisernes Kreuz). Er glaube, damit seine Staatszuverlässigkeit dargetan zu haben. Dem Mann wurde erklärt, er habe die Inspektorenprüfung nicht bestanden, wohl aber die Sekretärsprüfung. Mich hat das merkwürdig berührt. Ich selber hatte inzwischen in Kinderhaus die Führung der Untergruppe im Reichs-N-S-Luftschutzbund übernommen und eifrig geschult. Darüber hatte ich ein hervorragendes Zeugnis bekommen, das jetzt bei meinen Prüfungsakten lag.

Nach kurzem Dienst bei den Gerichten in Rietberg und Lippstadt kam ich 1937 nach Meschede.

Hier erlebte ich die „Reichskristallnacht" 1938.

Am Morgen des 9./10. November sah ich beim Gang zur Messe, daß die Schaufenster des jüdischen Kaufmanns (Ickenberg) am Stiftsplatz zerschlagen waren. Später sah ich, wie im Haus der jüdischen Familie Kahn, die eine kleine Pension betrieb, jemand durch das geöffnete Fenster die Federn eines Bettes aus dem Bezug in den Wind schüttete.

In meinem Bekanntenkreis wurde das im Stillen und im Gespräch unter vier Augen als unerhört mißbilligt und verurteilt, aber öffentlich wagte keiner dagegen aufzutreten. Die Polizei unternahm nichts. Jeder fühlte instinktiv, daß es nutzlos und gefährlich für ihn selber war, dagegen aufzutreten.

Schon 1934, als ich in Rheine tätig war, erfuhr ich zuverlässig, daß Leute, insbesondere Kommunisten und andere Widerständler gegen das Regime, im Emsland (KZ Esterwegen) im Moor arbeiten mußten und dort einzelne von Hunden der SS-Bewacher gehetzt und dann beim Fortlaufen vor diesen erschossen worden waren. So etwas erfuhr man nur unter vier Augen.

In lebhaftester Erinnerung geblieben ist mir der Fall des Rechtsanwalts [Aloys] E (Entrup) in Meschede, der nach der [„]Kristallnacht["] aus seiner Praxis geholt und von SA- und SS-Männern unter lebhaftem Gejohle – mit „Judenknecht" – zum

Amtsgericht gebracht wurde. Ein Schwarm neugieriger Kinder begleitete den Zug. Ein Polizeibeamter begleitete stumm und mit undurchdringlicher Miene den Zug. Der Anwalt wurde am Gericht abgeliefert. Der Aufzug verlief sich. Der Amtsrichter, dem E. nun gegenüberstand, klopfte ihm wohlwollend auf die Schulter und sagte ihm: „Mein lieber E., freuen Sie sich, daß Sie bei uns sind. Hier tut Ihnen niemand mehr was. Bleiben Sie ½ Stunde bei uns, bis sich der Schwarm verlaufen hat, und dann gehen Sie wieder nach Hause." E. war bei den Worten „Judenknecht" auch in den Hintern getreten worden. Man warf ihm vor, daß er für einen ihm gegenüber liegenden Kaufmann dessen Forderungen bei Gericht eintrieb und auch andere Juden vor Gericht vertrat.

Bürger, die im Gegensatz zum Nationalsozialismus standen, ballten oft die Faust in der Tasche, hielten sich aber zurück, das zu äußern. Sie kauften sich eine Fahne mit Hakenkreuz, wenn geflaggt werden mußte, und hängten sie aus. Wer beamtet war, besuchte die NS-Versammlungen, sammelte für den „Eintopf" und verkaufte Blümchen bei den vielen Sammlungen. Die meisten hofften so auch diese Zeit zu überstehen.

In der [„]Reichskristallnacht[“] wurde auch die Mescheder Synagoge angesteckt und brannte aus. Nach dem Täter forschte niemand. Das Grundstück wurde in Reichseigentum überführt und später an den Schreiner Eigemeier verkauft, der die Rundbogen der Fenster ausbaute und in dem Gebäude eine Schreinerei einrichtete. Die jüdischen Geschäftsleute verkauften ihren Besitz und wanderten aus, um sich und ihre Habe zu retten.

Auch die jüdischen Anwaltsfamilie Cohn in Münster flüchtete nach den USA bzw. nach Paris.

Nach Ausbruch des Polenkrieges 1939 wurde es noch gefährlicher, Mißfallen gegenüber der Regierung zu äußern. Abhören von Auslandssendern war äußerst gefährlich. Ich wurde kurz vor Kriegsausbruch nach Arnsberg versetzt und von dort an das Amtsgericht Fredeburg abgeordnet. Dort hatte ich einem mir als zuverlässig bekannten Flüchtling gegenüber geäußert, daß nach einer Äußerung des englischen Premierministers Churchill der Weltkrieg noch vermieden werden könne. Unvorsichtigerweise hatte der alte Herr meine Äußerung im Gespräch bei Tisch erwähnt, worauf ein eingefleischter nationalsozialistischer Gast einhakte: Das könne ich nur durch Abhören eines Auslandssenders wissen. Ich wurde daraufhin von der Gestapo vernommen, konnte aber den Verdacht ausräumen.

In meinem engsten Familienkreis hatte ein pazifistischer Schulleiter sich bereitgefunden, dem NS-Ortsgruppenleiter auf dessen Drängen eine größere Geldsumme geliehen, weil er diesen fürchtete. Da Pazifisten von den Nationalsozialisten wie Kommunisten behandelt wurden, wagte der Schulleiter nicht gegen seinen Schuldner vorzugehen, bzw. seine Forderung gerichtlich geltend zu machen. Dieser hat sein Geld nie wieder bekommen. Die Frau des Schulleiters hatte eine testamentarisch gesicherte Abfindungsforderung auf ein Grundstück. Sie wagte nicht gegen ihren Bruder, der NS-Ortsgruppenleiter war, vorzugehen, weil sie Angst hatte, er könne ihren Mann und sie selbst als erklärte Pazifisten verraten. Als die Kinder nach dem Tode der Eltern den Abfindungsanspruch gegen Erben des Bruders geltend machen wollten, wurde ihre Klage wegen Verschweigens (Verjährung) abgewiesen.

Im Winter 1940/41 wurde ich an die Deutsche Justizverwaltung in Litzmannstadt (Lodz) abgeordnet und dort im Frühsommer 1944 zur Wehrmacht eingezogen. Im Frühjahr 1945 geriet ich im Schwarzwald in französische Gefangenschaft und kam [von] dort nach 2 Jahren Kriegsgefangenschaft nach Meschede zurück. Nach einigen Monaten konnte ich meinen Dienst beim Amtsgericht Meschede antreten.

Rode 1947 = *Rode*, Alfons: „Erinnerungen an das Aufkommen des Nationalsozialismus". Geschrieben 1947. [Maschinenskript; 5 Seiten: Archiv Prof. Irmgard Rode, Köln]

Dr. Alfons Rode, 1946 als Kriegsgefangener

2.
IRMGARD RODES GEDICHT
„DER MUTTER RUF NACH FRIEDEN" (1950)

Der Mutter Ruf nach Frieden

Das Kind, das du, Mutter, in Schmerzen geboren,
Du fühlst es wohl lebend, es geht dir verloren.
Dein Sohn, der das Licht deiner mühsamen Tage,
Einst musst du ihn lassen in hilfloser Klage.
Es greift ja die Welt in Habsucht und Gier
nach deinem Kinde – sie reisst es von dir.
Die Welt, so beladen mit Jammer und Fluch,
Hat niemals blutige Beute genug.
Auf den Feldern der Schlacht, voll Qual und voll Not,
Schreitet harten Schrittes der bittere Tod.
Geht niemals dies Morden, dies Schlachten zu Ende?
Kommt niemals des Hasses, des Haders Wende?

Schaut, alle, die dort in Qualen gestorben sind,
War jeder nicht einer Mutter Kind?
Und wessen Volkes Sohn er auch sei –
Galt nicht seiner Mutter der letzte Schrei!?
Und ist nicht jeder des himmlischen Vaters Kind?
Mit kostbarem Blut sie erlöset sind.
O Brudermord, o uralter Fluch, –
O Welt, hast' immer noch Leid nicht genug?
Muss das Bruderblut immer noch tränken die Erde,
Dass der Bruder des Bruders Mörder werde?
Auf blutigem Feld, verstümmelt und bleich –
Wie sehr doch ein jeder dem andern gleicht!
Vor Gott gibt es dann keinen bittern Feind –
Im Sterben sind sie ja alle vereint. –
Und um jeden eine Mutter weint.

Vor Gottes Antlitz der Hass wird vergeh'n.
Die Liebe der Mutter bleibt ewig besteh'n. –
Schau Mutter, jetzt im dunklen Advent
Eine Kerze des Friedens ist es, die brennt.
Mögen die Mütter der ganzen Welt
Hüten dies Licht, das die Erde erhellt!

Von Euren Lippen vielstimmiger Schall
Soll dringen zum Herrn durch das dunkle All:
„Lass sie, die wir geboren in Leid und Wehen,
Lass sie, o Gott, nicht zugrunde gehen!
Den Hass, den Hader, die Machtgier wende!
Sieh, wir Mütter heben die Hände.
Im Osten und Westen, im Süden und Norden
Sind wir Gefährten des Leides geworden."
Ihr Mütter, von allen Grenzen der Erde
Reichet die Hände, dass Frieden werde!
Mütter, durch euch kommt ein neuer Advent,
Darin das Zeichen der Liebe brennt.
Geprüft in Schmerzen, in grausamem Leid,
Sind nun eure Seelen der Liebe bereit?

Wird man wieder uns zwingen zum Hassen und Morden,
Euch, Mütter, ist Gottes Auftrag geworden:
Ihr geht wie Maria durch dunklen Advent,
Nicht Hass, nein, die Liebe im Herzen euch brennt.
Nicht Kanonendonner und blutige Waffen –
Nein, Gott allein kann Hilfe schaffen!
Hoch über der dunkel erbrausenden Welt
Die Mutter das Kindlein des Friedens hält.
Sein Blick ist nicht Rache und Feuer und Brand –
Ist auf alle Menschen in Liebe gewandt.
Ihr Mütter, ihr könnt mit Maria erfleh'n:
Weihnachten – Weihnachten
Lass in Frieden ersteh'n.

Rode 1950 = *Rode*, Irmgard: Gedicht „Der Mutter Ruf nach Frieden", 1950. (Archiv Angelika Rode, Soest). – Vgl. zu diesem Gedicht den Brief des Vaters J. Beckmann vom 18.12.1950 →II.19)

3.
IRMGARD RODE:
BRIEF AN EINE KATHOLISCHE PUBLIZISTIN (20.09.1956)

Meschede, 20.9.56
Sehr verehrtes Fräulein Vielhaber!

Obwohl ich Ihre Ansicht kenne, bin ich doch aufs Neue überrascht und erschüttert..., Musterung des Jahrgangs 1927... ,
Volksfest..., Warum ist bei uns der Widerstand so gross? ..... Ja,
diese Frage zu beantworten wird Ihnen wohl sehr schwer
fallen.... Natürlich, Wahlpropaganda, das ist Ihnen die einzige
Erklärung. Eine andere gibt es ja nicht, – nein, wir Frauen und
Mütter müssen unsern Männern und Söhnen gratulieren und sie
bekränzen und Freudenfeste mit Hilfe von reichlichem Alkohol
feiern, – endlich schlägt ja wieder die glorreiche Stunde, wo sie
das Ehrenkleid der Nation tragen dürfen, wo sie erzogen
werden zu edlen Rittern und Helden, und wo wir stolze
Heldenmütter werden dürfen. O welche erhebende Zeit, da
unter der Führung und Mitwirkung der bewährten SS unsere
Söhne den prächtigen Charakterschliff bekommen und alle
Feigheit und Weichheit ablegen. O herrliche „Freiheit" sich
mustern lassen zu dürfen, in Massen gedrillt zu werden zu dem
edlen Handwerk des Tötens unschuldiger Menschen. Oder werden irgendwo Schuldige getötet? Werden die Schuldigen be-
langt, die den Krieg entfachen? Oder werden etwa Millionen-
heere unschuldiger gezwungener Menschen niedergemetzelt?
   Aber das macht Ihnen ja nichts, wenn nur Ihr kostbares
Leben und Ihre kostbare „Freiheit" gerettet werden.
   Wenn auch Millionen Unschuldige zugrunde gehen....
Aber nein, sie gehen ja nicht zugrunde.... Sie werden ja beschützt, so wie wir im vorigen Kriege beschützt wurden, als
unsere Kinder im Keller wimmerten, als unsere Männer an den
verschiedensten Fronten und Kriegsschauplätzen verendeten....
Ein herrlicher Schutz...... Wir freuen uns und sind stolz darauf....
   Aber sollen wir uns denn nicht wehren? ...... Gewiss, gewiss,
nur, da wir kein anderes Mittel wissen, nur weiter mit den
Kriegsvorbereitungen und dem Anlernen zum Massenmord,
wenn auch Millionen Unschuldige sterben, wir haben uns aber
wenigstens heldenhaft gewehrt. Eine andere Lösung gibt es ja
nicht, nicht wahr! Sollte jemand eine andere Lösung wissen, so

wird er verspottet, und es heisst erklärend: Nein so etwas ist bei uns nicht möglich ......

Also bei uns gibt's nur das eine....ewig dasselbe...Kaserne, Tötungsausbildung....herrliches Sterben auf dem Felde der Ehre.

Hurra, so weit sind wir wieder! Aber halt, Sie sagen ja: Krieg gibt es nicht.... Atombomben fallen auch nicht.....

Vielleicht erlauben Sie uns, dass wir Sie in einiger Zeit an Ihre verheissungsvollen Worte erinnern.... Deutlich erinnern... wenn die Flugplätze und Bomber da sind, wenn unsere Söhne und wir verbluten, dann haben Sie den Triumph, an der imposanten Entwicklung mitgewirkt zu haben, Sie haben nicht geschwiegen, tapfer und treu haben Sie sich immer wieder eingesetzt für die Rechtfertigung des Militärs und des „Volksfestes", wenn unsere Söhne das Töten ihrer Brüder wieder lernen müssen. Und wir Mütter können wieder stolz sein und triumphieren, zu beneiden sind wir um die Ehre und die Kränze unserer Söhne, die sich einsetzen für die „Freiheit" unseres Volkes – nicht für die Freiheit des Gewissens – denn dann wären wir ja Dummköpfe oder Verräter nach den Worten des Führers, denn ein Gewissen, das sich gegen die herrliche Freiheit der Kasernen und des Tötenlernens aufbäumt, ein solches Gewissen ist ein elendes irrendes Gewissen.

Wie gut, dass Sie als katholische Publizistin kein solches irrendes Gewissen haben, wie gut, dass Sie den Frauen und Müttern den rechten Weg zeigen zu den jubelnden Volksfesten.

Endlich sind wir wieder auf der richtigen Linie, alte traute Erinnerungen werden wach.... Wir haben das ja alles schon einmal erlebt, – – – oder schon öfter.....?

Und immer wurde die Freiheit geschützt, und immer wurde der Friede gewonnen! Und jetzt wird sogar noch unsere abendländische christliche Überzeugung geschützt..... Nicht wahr, Sie sorgen doch, dass unsere Kinder christlich bleiben ...... Unsere Bundeswehr behütet uns vor der kommunistischen Unterwanderung der Betriebe, und ferner vor dem Überfall der Russen, und dann Gott sei Dank! ist die Religion unserer Kinder gerettet ...

Die Stärke und die Macht müssen wir haben durch unsere herrliche Bundeswehr, und dann kann das Christentum sich als gesichert betrachten.

So ganz passen kann das alles nicht zum Christentum, und mit der Nachfolge Christi ist das Tötenlernen von unschuldigen

Menschen nicht zu vereinbaren, oder doch? Ja, ich glaube, Sie werden den Segen Gottes auf Kanonen und Flugzeuge herabrufen, und dann wird Gott sie natürlich gegen die „Feinde" lenken, um diese zu zerschmettern. Ja das ist ein tröstlicher Gedanke, ich erinnere mich noch, wie damals Hitler ihn aussprach. Gut, dass dieses kostbare Gedankengut nicht verloren geht. Mögen also unsere Priester unsere Kanonen segnen, und in der Ostzone die Priester die ostzonalen Kanonen und Flugzeuge segnen, und dann, Frisch auf!

So war es immer und zu allen Zeiten. Wie gut kann ich mich noch erinnern, als man uns immer wieder auf die Gottlosigkeit der Engländer und Amerikaner aufmerksam machte und auf deren Schlechtigkeit, und daran erinnere ich mich gut, dass meine Brüder zur allgemeinen Wehrpflicht antreten mussten um gegen diese Menschen zu Felde zu ziehen. Die Engländer seien unsere Verderber und Feinde, hiess es. – – – – Und jetzt – – – ? Und morgen...? Nur immer so weiter! Feinde sind immer irgendwo. Und immer müssen wir beschützt werden. So gut beschützt, dass uns der Atem ausgeht und wir uns im andern Leben wiederfinden.

Es ist ja auch nicht möglich, dass die Menschen daran denken, dass alle von Gott erschaffen und zur Seligkeit berufen sind. Oder macht Gott einen Unterschied zwischen den Nationen?

Sie stellen sich doch Christus auch gewiss vor an der Spitze unseres siegreichen Heeres? Die Fahne schwingend, usw. Oder wie? Die Kommunisten zertretend und im Blute watend? Ein erhebendes Bild! Wie dumm, dass wir bisher andere Vorstellungen hatten ...

Aber wir werden auch schon umlernen. Ich werde es auch noch lernen. Bisher lebte ich in den primitiven Vorstellungen der Bergpredigt usw. Gut, dass ich zu einer besseren Einsicht komme. Man muss ja mit beiden Füssen im Leben stehen, man muss den Glauben verteidigen, und zwar mittels der Bundeswehr, und darüber wollen wir uns freuen.

Es lebe die Freiheit, lasst uns die Verteidiger in jubelnden und von Alkohol strömenden Volksfesten feiern! Es lebe die Freiheit (die Freiheit der Kaserne)! Nieder mit den Feiglingen und Dummköpfen, die es wagen sich dem Staate entgegenzustellen und tun, als ob sie ein „Gewissen" hätten ...

Im Namen unserer ganzen Familie, die alle diese Freiheiten dankbar in Empfang nehmen darf, nachdem wir sie einige Jahre, entbehrten,
Frau Irmgard Rode
(Unterschrift)

Rode 1956 = *Rode*, Irmgard: Brief an eine katholische Publizistin [„Fräulein Vielhaber"]. Meschede, 20.09.1956. (Archiv Angelika Rode). – Zu diesem Zeugnis schreibt Angelika Rode am 18.11.2014, sie wisse „nicht, ob es jemals abgeschickt und wo-möglich gedruckt wurde, und auch der Referenzartikel ist nicht da. Es scheint ja ein Leserbrief zu sein. Er ist ein Paradestück ihrer ironischen Angriffe, die ihre Gegner so auf die Palme brin-gen konnten" (Email an P. Bürger).

Die vier Kinder von Irmgard und Alfons Rode im Jahr 1952

4.
KINDERSCHICKSALE –
ERLEBNISBERICHTE EINER PFLEGEFAMILIE (1974)

Von Irmgard Rode

Der Vorstand der AGJ hat der nachfolgend abgedruckten Arbeit eine Anerkennung im Rahmen des Hermine-Albers-Preises 1974 ausgesprochen. Dieser Bericht unterscheidet sich von allen übrigen, jemals für den Hermine-Albers-Preis eingereichten Arbeiten dadurch, daß hier nicht über professionelle Erfahrungen berichtet wird, sondern über die Erfahrungen einer Familie, die in einem Zeitraum von mehr als 30 Jahren neben eigenen Kindern mehr als 40 sozialbenachteiligte, schwierige Kinder und Jugendliche über Monate oder Jahre aus eigener Initiative bei sich aufgenommen hat. Obschon ein derartiger Bericht vielleicht nicht ganz der Zielsetzung des Hermine-Albers-Preises entsprechen mag, schien er der Jury so wichtig und mitteilenswert, daß sie einstimmig eine Anerkennung vorschlug, um damit die Lebensleistung und das Durchstehvermögen der auf vielerlei Gebieten sozial engagierten Verfasserin zu honorieren. Die Jury hat es als erfreulich bewertet, daß die Ausschreibung zum Hermine-Albers-Preis es vermocht hat, eine so ausgesprochen praktisch tätige Pädagogin wie die Verfasserin „zum Schreiben zu bringen". Die Verfasserin dokumentiert mit ihren kurzen anschaulichen Beschreibungen einzelner Lebensschicksale höchst eindrucksvoll, daß gesellschaftspolitisches Engagement allein keine echte Hilfe für benachteiligte Kinder und Jugendliche begründet. Erschütternd ist, was unbewußt durch die Arbeit sichtbar gemacht wird, von welchen Zufälligkeiten das Schicksal von Kindern auch innerhalb der Jugendhilfevollzüge bestimmt wird und was man wohlwollenden Idealisten immer noch zumutet. Die Veröffentlichung könnte potentielle Pflegeeltern oder Pflegemütter ermutigen, ein oder zwei Kinder bei sich aufzunehmen, was allerdings heute nicht mehr ohne regelmäßige fachliche Begleitung erfolgen sollte. Den Fachmann weist der ungeschminkte, offene Bericht hin auf heute weitgehend vernachlässigte Probleme der pädagogischen Diskussion innerhalb von Sozialpädagogik und Sozialarbeit (z.B. Grenzen der Arbeitszeitregelung, Bedeutung des pädagogischen Engagements, die Vernachlässigung pädagogischer Probleme hier und jetzt gegenüber theoretischen Modellen und Ursachenfor-schung).

Scherenschnitte von Irmgard Rode geb. Beckmann (1930er Jahre)

Hier ist die Geschichte einer Familie, die vierzig Kinder hatte, vielleicht auch fünfzig – und zwar in den letzten dreißig Jahren –, nicht alle gemeinsam zu gleicher Zeit, sondern nach und nach, einzeln und in Gruppen. Die Kinder blieben eine Zeitlang, bis sie anderswo Aufnahme fanden oder bis sie sich selbst helfen konnten. Es handelte sich um Kinder und Jugendliche, die Hilfe brauchten, die allein standen. Meistens fehlte Ihnen der Rück-halt einer Familie, oft hatten sie schon Schäden erlitten, bis-weilen fehlte ihnen auch nur eine Hilfe, die ihnen einen guten Beruf ermöglichte. Die Kinder kamen aus Heimen oder Heilan-stalten, sie kamen von den Straßen, waren ziellos umhergeirrt, sie kamen aus Baracken oder Randsiedlungen ... es waren be-nachteiligte, vergessene und ausgestoßene Kinder.

Ich fühlte mich gedrängt, solchen Kindern und Jugendlichen zu helfen. Ich wünschte, meine Familie sollte offen sein und die-jenigen aufnehmen, die nicht das Glück hatten, geliebt und behütet zu werden. Soweit es möglich war, wollten wir für diese jungen Menschen etwas tun. Auch wollte ich herausfinden, ob das Leben in einer Familie die Kinder günstig beeinflussen kann, ob sie gefestigt werden und sich Begabungen entwickeln. Ich glaube, dies durch meine Erfahrungen belegen zu können. Zwar mußte ich im Laufe der Zeit lernen, wie man mit solchen Kin-

115

dern umgeht, was man alles berücksichtigen und bedenken muß und daß man auch viele Enttäuschungen und Rückschläge als selbstverständlich hinnehmen muß.

Eine gute Hilfe zur Festigung des jugendlichen Charakters, so habe ich herausgefunden, ist eine gute Ausbildung und die Ermöglichung des beruflichen Fortkommens. Für manche Kinder ist die Erlangung der „Mittleren Reife" oder des Abiturs möglich, wenn sie früh genug In die Pflegefamilie kommen und dort Hilfe zu einer guten Schulbildung erhalten. Auf die Förderung der Ausbildung habe ich deshalb immer den größten Wert gelegt. Aus Sitzenbleibern, gestörten, aggressiven Kindern können durch Liebe, Zuwendung und Förderung lebenstüchtige Menschen werden, die besondere Fähigkeiten entwickeln.

Ich habe Kinder gern. Nach dem Abitur zog ich in eine Familie, um deren acht Kinder zu betreuen. Ich stellte ihnen fast meine ganze Zeit zur Verfügung. Als ich heiratete, ging eines der Kinder noch mit in meinen Haushalt, ebenfalls ein zweites Kind, ein Nachbarkind, das begabt war und dem ich helfen konnte, zwei Klassen zu überspringen. Wir nahmen noch zwei Jungen aus ländlichen Betrieben auf, die Schwierigkeiten in der Schule hatten, da die Familien mit Arbeit überlastet waren und sich nicht um die Kinder kümmern konnten. Beide Jungen erreichten die „Mittlere Reife". Später hatten wir dann selbst vier Kinder, aber es gab keinen Unterschied. Alle Gast- und Pflegekinder bildeten mit den eigenen eine Familie. Als mein Mann nach Ende des Krieges aus der Gefangenschaft zurückkommt, nimmt er die neuen Familienverhältnisse mit immer neuen Sorgenkindern gelassen hin. Er ist gut zu jedem Kind. Wenn eins das Haus verläßt, so kann es vorkommen, daß er sich Sorgen darum macht, daß er es einlädt, wiederzukommen.

In der Nachkriegszeit wird ein dringendes Kinderproblem an mich herangetragen: in unserer Stadt Meschede gibt es keinen Kindergarten. Oft hörte ich die Klagen der Mütter darüber. Doch nichts rührt sich. Da denke ich an Selbsthilfe. Ich kenne eine ostvertriebene Kindergärtnerin, biete ihr unentgeltlich Kost und Logis bei uns an, damit sie ihre Kraft dem Kindergarten zur Verfügung stellen kann. Zunächst erhalten wir einen Barackenraum, dann einen Raum in der Schützenhalle. Neben der katholischen Kindergärtnerin wird eine evangelische Helferin eingesetzt – damals noch eine „unmögliche" Sache. Mit anderen Helfern wird der Raum gestrichen, werden Möbel gesammelt und bemalt, ein Spielplatz angelegt. Natürlich haben wir immer wieder Schwierigkeiten: zeitweise kann man keine Kohlen bekommen, Zuschüsse gibt es in den ersten Jahren nicht.

Nach etwa acht Jahren entschließt sich die Stadt zu einem Neubau, die Kirchengemeinde übernimmt die Trägerschaft. Nun gibt es nach und nach mehrere konfessionelle Kindergärten. Aber es hat lange gedauert, bis endlich etwas geschah.

Wir haben im Kriege – trotz Bombardierung der Stadt – unsere Wohnung behalten. Flüchtlingszüge treffen ein. Die Baracken an der Ruhr, ehemalige Gefangenenlager, füllen sich mit immer mehr Menschen. Bekannte erzählen mir von einem 14jährigen Jungen, der seine Eltern auf der Flucht verloren hat und ziellos umherirrt. Schließlich holen wir ihn zu uns. Glücklicherweise bekommt er weiter seine Suppe aus der Lagerküche, denn auch wir haben in der Familie unter der Lebensmittelknappheit zu leiden. Heinz[64] ist bescheiden und anspruchslos. Er will sich eine Arbeitsstelle suchen. Vielleicht kann er Müller werden; er

---

[64] Die Namen in diesem Bericht wurden von der Redaktion geändert. [= Anmerkung im Original; Angelika Rode, Tochter der Verfasserin, hat aus Gründen des Persönlichkeitsschutzes noch zusätzlich Kürzungen am Text im Dezember 2014 vorgenommen.]

hat sich schon um einen Betrieb bemüht. Ich merke aber bald, daß er sehr intelligent ist. Ich rede ihm zu, das Gymnasium zu besuchen – er wagt es nach vielem Sträuben. Er macht ohne Schwierigkeiten das Abitur, und jetzt ist er Studienrat in einer größeren Stadt, hat seine Eltern wiedergefunden und eine eigene Familie gegründet.

Da ich Mitglied der Caritas bin, meinen viele Leute. Ich hätte wohl größere Möglichkeiten zu helfen, und immer wieder kommen Bitten um Hilfe. Eine Mutter kommt mit zwei Kindern zu mir, Petra und Klaus. Sie leidet an schwerem Asthma und muß für einige Wochen ins Krankenhaus. Sie bittet mich, die Kinder (8 und 12 Jahre alt) aufzunehmen. Wir können es ermöglichen, und so leben sie in unserer Familie. Es macht keine Schwierigkeiten, sie laufen so mit, wir verstehen uns gut. Wenig später, bei einer neuen Erkrankung der Mutter, vermittelt eine Fürsorgerin die Kinder in ein Heim nach P. Ich erfahre dann, daß man sich dort sehr über die Kinder beklagt, sie wären ungezogen, schwer erziehbar, nicht tragbar für das Heim. Ich bin schockiert, kann das nicht begreifen. Ich kenne sie als „normale, liebe" Kinder. Sie waren genau wie unsere eigenen auch, nichts Störendes wer zu bemerken. Vielleicht war es so, daß sie sich in dem Heim nicht einleben konnten, ihnen fehlte die Familienatmosphäre. Dies ist mir in Erinnerung geblieben als Beweis, daß Kinder eine Familie brauchen.

Fritz ist Lehrling in einem Betrieb. Die Mutter ist gestorben, der Vater schwer kriegsbeschädigt. Ich kenne Fritz von einer Jugendgruppe her. Er möchte sich uns anschließen und ein Zimmer bei uns haben. Schließlich gebe ich nach. Er ist bereits 17, und es ist nicht leicht mit ihm. Er ist etwas labil, leichtsinnig, schnell abgelenkt von der Arbeit und vom Lernen. Wenn ein junger Mensch schon 17 ist, ist eine Änderung nur sehr schwer möglich. Man müßte eher mit der Hilfe beginnen. Mit der Gesellenprüfung klappt es bei Fritz nicht. Schließlich zieht er wieder aus, versucht es mit einem anderen Zimmer. Auch hier klappt es nicht. Er verlobt sich und heiratet. in kurzer Zeit ist schon die Scheidung da. Fritz hätte in früherer Jugend Halt gebraucht, dann wäre eine Hilfe vielleicht fruchtbringender gewesen.

Ähnlich geht es mir mit Jürgen, 17 Jahre, den ich ebenfalls aus einer Jugendgruppe kenne. Er hat Eltern, aber ein gespanntes Verhältnis zu ihnen. In einem Gerichtsverfahren wird er unter Bewährungsaufsicht gestellt. Er kommt fast jeden Tag zu uns, zwei Jahre lang. Er ist labil und schwänzt auch gern die Arbeit (als Hilfsarbeiter). Er möchte auch gern etwas lernen, aber er sieht keine Möglichkeit dazu. Sein Interesse gilt der Musik, dem Zeichnen und dem Ballett. Schließlich macht er eine Ballettausbildung durch und kommt nach [... X = Großstadt]. Aber immer steckt er in Geldschwierigkeiten. Ein winziges Stipendium langt nicht hin und nicht her. So verläßt er [Großstadt X] wieder. Nach Heirat und Scheidung taucht er irgendwo unter. Wäre ihm in der Kindheit eine bessere Ausbildung gegeben worden, so wäre er ein anderer Mensch geworden. Er hatte Talente, die er in Verbindung mit einer guten Schulbildung hätte nützen können.

Dieter ist [...]lehrling. Er wohnt bei seinem Meister, wohin ihn das Heim in W. vermittelt hatte. Dort war er aufgewachsen, hatte auch leidlich die Schule geschafft und macht jetzt die Gesellenprüfung. Dann möchte er ein anderes Zimmer und eine andere Stelle haben. Ich kann seine Bitte um Aufnahme nicht abschlagen. Als er bei uns ist, möchte ich ihm noch etwas weiterhelfen, er hat eine gewisse Intelligenz. Aber er ist auch nervös [...]. Nachts schlägt er mit dem Kopf – ein typisches Verhaltensmerkmal bei Heimkindern. Dann wieder gibt es Zornausbrüche, wenn etwas nicht klappt. Er möchte eine Technikerschule besuchen. Aber die Nerven gehen ihm durch, die Bücher und Instrumente liegen zerstört am Boden. Dieter kommt zum Militär, obwohl es eine Abmachung für Heimkinder geben soll, daß sie später von diesem Dienst befreit werden können. Er merkt, daß Verheiratete mehr Sold bekommen und heiratet schleunigst. Dieter arbeitet jetzt in einer größeren Stadt, und hin und wieder kommt ein Lebenszeichen von ihm. Es war für ihn schon sehr wichtig, daß er den Gesellenbrief bekommen hat. Nun kann er sich besser helfen. Er hat seinen Beruf und sein Auskommen. Wäre er in einer Familie aufgewachsen, so hätte seinen Fähigkeiten nach noch mehr aus ihm werden können. Aber die Umstände haben das verhindert.

Eine Frau besucht mich. Mutter von zwei Kindern. Sie muß für Wochen ins Krankenhaus. Sie hat niemanden. der die Kinder versorgen könnte. Sie will es mir bezahlen, wenn ich die Kinder nehme. Aber ich weiß, der Mann hat nur ein kleines Einkommen und sie haben gebaut, um aus der Baracke herauszukommen, und stecken nun sehr in Schulden. Bärbel und Hans bleiben also bei uns. Bärbel freundet sich sehr mit unserer jüngsten Tochter Brigitte an. Sie hängt an ihr. Immer möchten die Kinder zusammen sein, in demselben Zimmer schlafen. Gemeinsam füttern sie die kleine Katze, die ums Haus streicht, in der Schule holt Bärbel jetzt tüchtig auf. Bisher hatte sich niemand um die Hausaufgaben gekümmert. Hans tut sich schwer im Lernen. Ihm fehlen die Grundbegriffe vom Lesen, Rechnen und Schreiben. [...] Die Mutter ist sehr froh, daß die Kinder gut versorgt sind. Durch kleine Geschenke versucht sie, ihren Dank auszusprechen. Noch niemand habe sich so um ihre Kinder gekümmert. Sie ist noch lange krank und geschwächt, und die Kinder sind vier Monate bei uns. Bärbel und Brigitte besuchen sich noch oft. Sie können sich nur schwer voneinander trennen. Zu Hause ist dann wieder niemand, der beim Lernen helfen kann, denn die Mutter schafft es nicht. Der kleine Hans bleibt sitzen. Schade um die Kinder, daß man nicht mehr für sie tun kann! Ich meine, daß alle Kinder unbedingt so gefördert werden müßten, daß eigentlich keins ein Sitzenbleiber zu sein brauchte.

Anschließend habe ich zwei Schützlinge, mit denen sich besondere Probleme ergeben. Bei dem Jungen bin ich ratlos. Die Kinder kommen aus den Baracken am Stadtrand, die Mutter ist im Krankenhaus, die Kinder sind sich selbst überlassen. Lina ist 12, Erich 10 Jahre alt. Lina ist gern bei uns, sie ist anhänglich. Erich geht seine eigenen Wege. Er verachtet die Schule und sieht sich lieber auf dem Markt um, statt zu lernen. So etwas ist mir neu. Ich bin gewohnt, daß Kinder ganz selbstverständlich zur Schule gehen. Hier bin ich ratlos. Aber ich meine, ich dürfte dies dem Jungen doch nicht durchgehen lassen. Hausaufgaben zu machen, erscheint ihm ebenfalls sehr überflüssig. Ich bestrafe ihn, wenn er spät am Nachmittag nach Hause kommt, ich möchte unbedingt durchsetzen, daß er in die Schule geht. Ich fange an, in der Behandlung des Jungen Fehler zu machen. Ich wußte damals noch nicht, daß solche Kinder sich langsam an ihre Pflichten gewöhnen müssen, daß man die Lage nicht einfach sofort ändern kann. Erich hätte gewiß fast ein Jahr gebraucht, bis er sich an regelmäßigen Schulbesuch gewöhnt hätte und nur sehr langsam hätte man ihn nach und nach mit Hausaufgaben vertraut machen können. So aber bin ich böse und streng mit ihm, strafe ihn einmal auch mit Schlägen. Schließlich läuft er zu seinem Vater zurück, und der holt ihn bald darauf ganz wieder nach Hause in die Baracke. Lina möchte so gerne hier bleiben. Wir hätten sie auch für längere Zeit behalten, aber der Vater wollte es nicht. Das Mädchen weinte bitterlich und sträubte sich, in die kalte, düstere Baracke zurückzugehen [...]. Erich ist später Hilfsarbeiter auf einem Bauernhof geworden. [...] Diese beiden Kinder gehören zu denen, die ihr Recht auf Erziehung und Bildung nicht in Anspruch nehmen können. Sie blieben am Rande der Gesellschaft – benachteiligt – niemand konnte ihnen helfen. Für solche Kinder hat unsere Gesellschaft keine Möglichkeiten der frühzeitigen Förderung geschaffen.

Eine große Kinderschar um den Wohnzimmertisch der Familie Rode,
ein Schattenspiel wird gebastelt.

Wir haben in unserer Familie einige Wochen Ruhepause. Da trägt uns Vikar E. bei einem Hausbesuch seine Sorgen vor: Eine schwerkranke Frau weiß ihre beiden jüngsten Kinder unversorgt. Monika 13 und Achim 10 Jahre alt. Durch die lange Krankheit der Mutter [...] konnten die Kinder oft lange Zeit nicht zu Hause leben; sie wohnten bei verschiedenen Pflegeeltern, bei Verwandten und Freunden. [...] Monika kommt zu uns [...]. Nach dem Tode der Mutter kommt auch der kleine Achim zu uns. [...]; nachts ist er unruhig und auch bei ihm beobachte ich das Schlagen mit dem Kopf [...]. Monika zeigt sich bald als mißtrauisch, eifersüchtig und aggressiv. Zunächst rege ich mich sehr darüber auf. Manchmal scheint mir alles unerträglich. Die beiden Kinder sind langsam im Lernen, Achim [...] schafft schließlich auch die „Mittlere Reife". Ich habe ihn ein paarmal zu Bekannten ins Ausland geschickt und dadurch hat er sich in den Sprachen verbessert und konnte dies als Ausgleich für andere Lücken ausweisen. Seine Schwester Monika machte das Abitur und studiert jetzt Pädagogik. Ihr Verhalten ist jetzt ausgeglichener, und sie hat sich zu ihrem Vorteil entwickelt. Für Achim konnten wir ein gutes Internat finden, und da er Ausbildungsbeihilfe erhält, kann er die Ausbildung weiter durchführen, vielleicht bis zum Abitur. Die Versorgung und Betreuung dieser Kinder war schwierig. Zunächst (1965) erhielten sie im Monat nur je 100 DM Pflegegeld. Die Fürsorgerin erklärte mir: Die Pflegeeltern sollen ja auch nicht an den Kindern verdienen. Aber, daß die Pflegeeltern Geld dazu legen, das war anscheinend erwünscht. Zu aller Arbeit und Mühe mußte man damals noch Geldbeträge beisteuern. um die Kinder durchzubringen.

In die gleiche Zeit [...] fallen auch die Erlebnisse mit zwei Jungen aus einem Heim in N. Rudolf und Robert waren seit frühester Kindheit in diesem Heim für geistig Behinderte. Robert ist unehelich geboren, die Mutter [...] konnte das Kind nicht allein durchbringen und mußte es abgeben. Wieso es in ein Heim für geistig Behinderte kam, kann ich nicht verstehen. – Rudolfs Vater ist früh gestorben. Die Mutter war hysterisch und schlug das Kind so, daß sie mit Gefängnis bestraft wurde. Rudolf kam dann in verschiedene Heime. Er galt als aggressiv und schwer erziehbar. Im Heim N. war er auf der „geschlossenen Abteilung".

Rudolf und Robert rückten aus dem Heim N. aus, als Rudolf 15 und Robert 17 Jahre alt waren. In [...] fanden sie bei Studenten Aufnahme. Aber es nützte ihnen nichts; sie hatten keine Papiere, und so wurde überlegt, daß sie ins Heim zurückkehren sollten. Die Studenten setzten sich mit dem Heim in Verbindung, damit die Jungen keine Strafe bekommen sollten, da sie doch freiwillig zurückkamen. Auf der Rückfahrt von [...] zum Heim kehrten sie bei uns ein, und wir besprachen die Hilfemöglichkeiten. Aber es kam anders, als wir gedacht hatten: Robert wird überhaupt nicht angenommen. Der Direktor des Heims setzt ihn ohne Geld und ohne Papiere auf die Straße. Er läßt sich nicht herbei, überhaupt mit den Studenten zu sprechen. Rudolf kommt sofort in die Arrestzelle. Er wird auch sogleich kahlgeschoren. Ich habe das selbst gesehen, als ich ihn zwei Wochen später besuchte. In der Arrestzelle ist nur eine Pritsche und ein Eimer; das Fenster ist hoch. Beschäftigung gibt es nicht. Ich verspreche Rudolf, ihn herauszuholen und stelle einen Antrag an das Landesjugendamt. Die Ärzte des Heimes raten mir sehr ab, der Junge sei äußerst schwierig, verstockt und aggressiv. Ich lasse mich nicht beirren, obwohl ich ja selbst mit großen Schwierigkeiten rechne.

Für Robert hatte ich inzwischen eine Stelle als [...]lehrling gefunden. Rudolf wohnte dann auch bei uns – zunächst vier Wochen zur Probe, dann durfte er bleiben. Mit dem Landesjugendamt führte ich einen Briefwechsel über Verbesserungen im Heim. Die Ärzte hatten mir gegenüber selbst geäußert, daß es an vielen notwendigen Einrichtungen fehle, für die kein Geld da sei. Damals hatte das Heim auch keine Fürsorgerin für die Hunderte von verlassenen Jungen, die meist aus gestörten Familien kamen. Niemand kümmerte sich um sie. Sie bekamen auch keine Ferien, weil man einfach nicht wußte, wohin sie dann gehen sollten. Das Landesjugendamt antwortete mir, ich könne mir das Heim ansehen und Vorschläge machen, aber es war mir leider unmöglich, irgendetwas zu tun. Das Heim ist weit von uns entfernt, und die beiden schwierigen Jungen nahmen meine ganze Zeit und Kraft in Anspruch. Als ich für 8 Tage verreiste und Rudolf zwischendurch zu einem Bauern brachte, schickte dieser ihn nach drei Tagen zurück, weil er untragbar sei. ich nahm Rudolf mit auf Reisen und Fahrten und zeitweise war er umgänglich. Oft aber kamen seine Aggressionen zum Ausbruch, und er wurde handgreiflich. Einmal mußte ich ihn sogar für sechs Wochen in das Heim zurückbringen lassen. Aber er reißt wieder aus und steht eines Tages wieder vor unserer Tür. Jetzt beginnt wieder eine schwere Zeit. Rudolf findet Arbeit als Dachdecker, doch er ist sehr gereizt und hat häufig Wutanfälle. Schließlich merkt er selbst, daß es so nicht weitergeht und fährt nach B. zu den Studenten. Ein Jahr lang lebt er dort, arbeitet wenig, schlägt sich durch mit Hilfe und Unterstützung des Studentenpfarrers. Dann allmählich merkt er, daß er ohne Geld nicht weiterkommt, und er fängt an, regelmäßig zu arbeiten. Oft gibt es Streit mit den Vermietern; er muß oft das Zimmer wechseln. Dann lernt er ein nettes Mädchen kennen. Sie verliebt sich in den hübschen Jungen und hält zu ihm trotz der Schläge, die sie bekommt. Nach einiger Zeit heiraten sie. Jetzt scheint Rudolf sich gefangen zu haben. Er arbeitet und verdient, hat eine Wohnung und hat sogar seine kleine Schwester aus einem Heim zu sich genommen. Es scheint, daß er ins Leben zurückfindet.

Für Robert gibt es für mich keine Lösung. Er arbeitet zwar in einer [...], doch er kommt in die Gesellschaft von leichtlebigen jungen Leuten. In der Berufsschule tut er sich schwer. Auch die Arbeit scheint ihn zu überfordern. Ich will ihm beim Lernen helfen und studiere mit ihm die Fachbücher durch. Nach und nach lerne ich zwar die Theorie des [...]handwerks [...] – aber Robert gibt auf. Er will zu seiner Mutter nach [...]. Die Sache klappt auch dort nicht, es gibt Streit. Er hat außerdem ein Gerichtsverfahren wegen Unterschlagung. Er betrinkt sich und wird in einen schweren Unfall verwickelt, von dem er bis heute nicht genesen ist. Robert ist ein typisches Beispiel für junge Leute, die lange in einem Heim leben mußten und keine Kontaktpersonen hatten; [...].[65]

Ein Anruf aus [...]: Der Leiter einer Spezialstelle für Resozialisierung von Jugendlichen fragt an, ob ich Hilfe für einen Jungen wüßte, der eine schwere Kindheit gehabt habe und nun Hilfe brauche, um nicht abzusinken. Die Familie hatte den Kontakt zu dem Jungen abgebrochen, als er mit 14 Jahren in Untersuchungshaft saß. In B. wollte man ihm dadurch helfen, daß er in einem Kollektiv von entlaufenen Fürsorgezöglingen wohnte. Aber es gab Streit und Schlägereien, und er hatte wohl auch mit Rauschgift zu tun. Zwar hatte das Kollektiv ihm etwas wie Geborgenheit gegeben, und er hatte eine Art Ersatz für sein Elternhaus. Aber seine Nerven waren überstrapaziert und es kam zu Konflikten. Als er gewalttätig wurde, brachte man ihn in die heilpädagogische Abteilung einer Klinik. Nun will der Leiter der Sozialstelle in B. eine Familie für ihn finden. Schweren Herzens erkläre ich mich bereit – wenn ich nein sage, erscheint es mir immer, als hätte ich jemandem eine Tür verschlossen und er würde durch meine Schuld ins Unglück kommen. Ich spreche also mit dem Arzt der Klinik. Er erklärt, es sei aussichtslos, diesem Jungen zu helfen, weil er verstockt und nicht ansprechbar wäre. Aber ich erreiche, daß Ralf bei uns wohnen kann, allerdings unter der Bedingung, daß er eine Zeitlang zur Beobachtung in ein Fürsorgeheim kommt. Das entmutigt mich nicht.

---

[65] [Anmerkung Angelika Rode, Dezember 2014: „Viele Jahre später, als Irmgard Rode wegen eines Schlaganfalls pflegebedürftig war und einige Wochen in einem Altenheim leben musste, hat ,Robert' sie täglich besucht."]

Ich hoffe, daß dort alles glatt geht. Ralf kommt also zu uns – ein blasser, schmächtiger Junge, lächelnd und zurückhaltend. Neugierig betrachtet er das Leben in unserer Familie. Er verhält sich ganz unauffällig. Man kann sich gar nicht vorstellen, daß Ralf aggressiv und gewalttätig sein soll. Als ich ihm erklären will, daß er zur Beobachtung wieder in ein Fürsorgeheim muß, hole ich aber doch lieber einen evangelischen Pfarrer zur Hilfe, damit er evtl. noch beruhigend auf den Jungen einwirken möge. Doch es gibt gar keine Schwierigkeiten. Ralf vertraut meinen Worten, obwohl ihn die Kameraden im Heim deshalb verspotten. Ich schicke ihm Briefe und Päckchen, und nach vier Wochen frage ich im Heim an, ob er sich gut geführt habe. Da nichts vorgefallen ist, kann ich also einen Antrag stellen und ihn zu uns holen. Ich lasse dem Jungen hier viel Freiheit. Er kann sich morgens ausschlafen, Hobbies betreiben – er zeichnet gern und hört Musik. Allmählich muß er sich daran gewöhnen, jeden Tag etwas zu lernen, denn er möchte den Volksschulabschluß erreichen. Ich rechne mit ihm jeden Morgen, gebe ihm Fragen zu beantworten. Ich fasse die Stoffe Erdkunde, Biologie usw. in Fragen zusammen, dann muß er Bücher lesen, um die Fragen beantworten zu können. Ralf macht das bereitwillig. Er ist daran interessiert, zu seinem Schulabschluß zu kommen. Drei Monate hat er noch Zeit zur Vorbereitung, dann kann er einen Abendkursus an der Volks[hoch?]schule mitmachen, und er kann dort den Schulabschluß erreichen. Nach einigen Monaten bekomme ich sogar Pflegegeld für ihn, und zwar gutes Pflegegeld vom Landesjugendamt. Ich bin überrascht. Es ist das erste Mal, daß man wirklich die Unkosten decken kann, mit allen anderen Gastkindern war es nicht so.

Es geht alles gut mit Ralf, bis er das Mädchen kennenlernt. Er verliebt sich in sie, und sie läuft von zu Hause fort zu einem anderen. Ralf geht jetzt abends aus, er kommt spät zurück, immer später, ein Uhr, zwei Uhr. Ich bin ärgerlich und mache ihm so spät nicht mehr auf. Aber er kennt Tricks, wie man Garagentüren öffnet, und er findet sein Bett. Schließlich merke ich, daß er wieder Rauschgift nimmt. Er sagt mir, daß er und seine Freunde „ganz arme Schweine" wären. Lernen kann er jetzt nicht mehr. Er liegt bis mittags im Bett und nachmittags geht er wieder. Ich versuche ihm zu erklären, daß er jetzt die einzige Chance vertut, einen guten Beruf zu bekommen. Es nützt nichts. Er packt seinen Koffer und trampt nach [... (Großstadt)]. Dort hat er einen Bekannten, einen Sozialarbeiter. Dieser möchte gern, daß er zu uns zurückkommt – aber es ist nichts zu machen. Ralf kommt unter in einer Art Kommune, fliegt auch dort wieder heraus, bummelt. Aber er ist nicht kriminell geworden, und wie ich erfahre, soll er schließlich eine bescheidene Arbeit gefunden haben. Es scheint mir, daß er sich etwas gefestigt hat und daß die Zeit in der Familie nicht ganz ohne Einfluß war. Er hat jetzt das Rauschgift aufgegeben und arbeitet. Hin und wieder höre ich durch Bekannte von ihm. – Eine andere Umgebung für Ralf, und zwar von klein auf (sein Vater war Trinker), hätte den Jungen gewiß etwas anderes werden lassen. Er ist labil, aber zum Guten zu beeinflussen, und er hätte einen starken Halt gebraucht, den er in seiner Kindheit nicht bekommen hat. Seinen Eltern war er entfremdet, und sie kümmerten sich nicht um ihn. Es ist wohl fast immer so, daß die Jugendlichen dann abgleiten.

Zwischendurch hatte ich für zwei Monate nochmals einen Schützling. Michael, einen Friseurlehrling. Eltern hatte er nicht, war in Heimen aufgewachsen, dann zu Pflegeeltern nach Meschede vermittelt worden, aber erst mit 17 Jahren – viel zu spät. Er konnte sich nicht in die Gesellschaft eingewöhnen, [...]. Als seine Pflegemutter erkrankte, war er eine Zeitlang bei uns. Dann holte die Pflegefamilie ihn zurück, aber sie hatte viel Sorgen mit ihm, obwohl sie sich sehr große Mühe gegeben hat. Sie hatte selbst nicht viel Geld und wie mir schien, bekam sie nur ein kleines Pflegegeld für den Jungen, was dann alles doppelt schwierig macht. Michael ist später Hilfsarbeiter geworden, wie es oft das Schicksal der Heimkinder ist. Ich denke noch manchmal an Michael mit den braunen Locken und den glänzenden Augen. Er schien immer irgendwo auf der Suche nach etwas Schönem zu sein, aber das Leben hat ihm keine Chance gegeben, sich wirklich heimisch zu fühlen, einen Beruf zu finden, der ihn ausfüllen konnte.

Ich bekomme Besuch von zwei Damen, die eine kommt vom Gesundheitsamt, die andere von der Caritas. Sie müssen fünf Kinder unterbringen. Der Vater ist Trinker, die Mutter in der Nervenheilanstalt. Ich bekomme einen Schreck, da ich glaube, man würde uns gern alle fünf Kinder bringen. Aber nein, doch nur eins oder zwei, wenn es möglich wäre ... Wir haben zu diesem Zeitpunkt nur einen afrikanischen Studenten bei uns, und so kann ich dann zusagen. Die fünf Kinder sind schon bisher von einer Pflegestelle zur anderen geschickt worden – aber ich nehme mir vor, diese beiden sollen letztendlich zur Ruhe kommen und bei uns bleiben. Die Fürsorgerin hatte die Kinder gefragt, ob sie lieber bei dem Vater bleiben oder lieber in andere Familien gehen wollten. Alle Kinder wollten lieber vom Vater fort. Zu uns kommen also Fritz (14) und Michael (8). Der Kleine macht mir viel zu schaffen, ist bockig, aggressiv, schreit und tobt. Auch ist er sehr beleidigt, daß er hier nun regelmäßig lernen soll. Glücklicherweise bietet eine andere Familie diesem Jungen Unterkunft. Es ist ein kinderloses Ehepaar, und sie haben mehr Zeit, sich um den Jungen zu kümmern. Nach einem Jahr ist Michael dort schon ein ganz anderes Kind geworden: gepflegt, freundlich, mit guten Leistungen in der Sonderschule. Wäre er als Kleinkind schon in diese Familie gekommen, hätte er nie die Sonderschule besuchen müssen; aber es ist gut, daß er jetzt wenigstens gefördert wird. – Man bittet mich nun, im Tausch für den kleinen Michael doch seine große Schwester Renate aufzunehmen. Sie ist 15 Jahre alt; keiner will sie haben, alle fürchten Schwierigkeiten mit heranwachsenden Kindern. Man zieht es vor, die Kleineren zu nehmen, falls man sich überhaupt dazu entschließt. Renate ist glücklich, daß sie zu uns kommen kann. Jahrelang war sie in Heimen und zwischendurch auch in verschiedenen Pflegestellen. Von dem Kinderheim in O. erzählen sie und ihr Bruder Fritz unerfreuliche Dinge: es muß wohl eine strenge und autoritäre Erziehung gewesen sein. Renate ist bereitwillig und fleißig, in der Schule ist sie strebsam. Sie schafft das neunte Schuljahr der Hauptschule, danach das zehnte – und sie möchte Ingenieur werden. Wir werden alles tun, ihr dies zu ermöglichen. [...] Sie schreit und schimpft wie die Mutter – sie hat es jahrelang so gehört. Fritz ist dagegen abgestumpft. Er reagiert wenig, hält sich zurück. Er riecht nach Stall und Tieren. (Sein Vater hatte eine [...].) Beide Kinder sind [...] immer ängstlich, man wolle ihnen etwas wegnehmen. Fritz baut nachts die Spielsachen um sein Kopfkissen auf, preßt den kleinen Bär fest an sich und schreit auf, wenn ein anderes Kind zufällig in sein Zimmer kommt. Er hat Angst, es nehme seine Sachen weg. Er möchte auch nichts hergeben oder verleihen. [...] Beide Kinder haben einen unruhigen Schlaf, rufen und stöhnen nachts oft. Fritz ist in der Schule apathisch. Er bemüht sich nicht einmal, die Schulbücher aus der Tasche zu nehmen. Da er sich aber ruhig verhält, lassen die Lehrer ihn gewähren. Sie können nichts ändern. Ich lasse Fritz eine Anlaufzeit, dann allmählich dränge ich ihn zu den Hausarbeiten. Er ist beleidigt, geht aus dem Haus. Nach zwei Stunden ist er zurück. Es wird verhandelt: Es gibt gutes Taschengeld, aber nur, wenn regelmäßig gelernt wird, und dann ist auch Fernsehen erlaubt, sonst nicht. Fritz ist klug genug, dies zu verstehen. Jetzt lernt er regelmäßig. Von acht „mangelhaft" auf dem Zeugnis bleibt nur noch eins zurück. In Mathematik und Englisch ist er in Gruppe B, die Nebenfächer sind teilweise „gut". – Fritz hat allerhand Hobbies. Er ist technisch veranlagt, geht in Elektro- und Fotokurse der Volkshochschule. Die Lehrer sind verdutzt über seine Umwandlung – und nachdem gerade rechtzeitig die gesetzliche Grundlage geschaffen wurde, darf er nun auf der Schule bleiben und seinen Abschluß machen. Ohne das neue Gesetz hätte er trotz seiner enormen Leistungsverbesserung die Schule verlassen müssen.

Jeden Abend muß ich Zeit haben für Fritz. Zwischen 9 und 10 Uhr erzählt er mir seine Erlebnisse aus der Schule, von seinen Hobbies, von den Tierfilmen im Fernsehen. Er erklärt mir alles, manchmal aufgeregt und begeistert. Ich bin oft müde [...], aber ich muß zuhören und mich bemühen, einiges zu verstehen. Er braucht jemanden, der ihm zuhört, das ist wichtig für seine ganze Entwicklung. Fritz ist ein netter kluger Junge geworden. Er wäscht sich, er riecht nicht mehr nach Stall, er ist anstellig und hilfsbereit. Beide Kinder bleiben bei uns, bis sie ihre Ausbildung beendet haben und sich selbst helfen können. Zum Glück gibt es für sie Pflegegeld; man kann Kleidung für sie kaufen und Taschengeld geben, was auch sehr wichtig ist.

Jan kam aus Afrika, mit unvollständigen Papieren. Einige seiner Freunde, Studenten, baten uns um Hilfe. Ich wollte zuerst nicht, schließlich bin ich über 60 Jahre alt. Aber dann habe ich den Kampf für ihn begonnen: es war ein langdauernder Kampf mit den verschiedenen Ämtern. Schließlich glückte es, daß er eine Lehrstelle erhielt, und er kann nun Facharbeiter werden. Sein Meister lobt ihn, aber Jan selbst hat Komplexe, ist mißtrauisch, oft niedergedrückt oder aggressiv. Er glaubt häufig, man wolle ihn diskriminieren. Vielleicht hat er zu viele schlechte Erfahrungen hinter sich und traut deshalb niemandem. Nachdem er im dritten Jahr bei uns ist, muß er sich endlich ein anderes Zimmer suchen. Er ist erwachsen und kann jetzt selbst fertig werden.

Weihnachten 1973: Herr R. begegnet mir im Dezember auf der Straße. Er ist der evangelische Jugendreferent, der mit seinem dunklen Bart und den ausdrucksvollen Augen aussieht wie der Apostel Johannes. Er hält mich an; er hat etwas Besonderes: ob ich jemanden weiß, der über Weihnachten einen Jugendlichen aus dem [Untersuchungs-]Gefängnis holen würde, [...]. Darauf weiß ich keine Antwort. Wir selbst haben zwei Pflegekinder und den Afrikaner, der noch kein Zimmer gefunden hat, und außerdem als Weihnachtsgäste vier schwer körperbehinderte Franzosen. Udo R. sieht das ein, aber es bedrückt ihn so, daß dieser Junge, der noch zum Guten zu beeinflussen wäre, nun im Gefängnis sitzt, für längere Zeit in Untersuchungshaft.

Wenn mein Sohn im Gefängnis wäre, denke ich jetzt, würde ich ihn ja wohl herausholen. Und ich würde Platz für ihn finden – irgendwie! Ergebnis: Es steht fest, daß ich den Lutz zu Weihnachten einlade. Unsere eigenen Kinder schlafen dann bei den Nachbarn. Diese sind alle hilfsbereit, als sie die Körperbehinderten in unserer Familie sehen. So können mit einiger Überlegung alle Gäste bei uns untergebracht werden, Lutz zusammen mit dem Afrikaner im Kellerraum. Der Richter läßt Lutz sofort frei, als ihm der Familienaufenthalt zugesichert wird. Und Lutz wird nach Weihnachten nicht zurückgeschickt. Er hat eine schwierige Jugend gehabt: die Eltern sind geschieden, er hat 12 Geschwister. Niemand wollte ihn haben. Er wechselte die Arbeitsstellen, glitt ab. [...] Die älteren Freunde verführten ihn mehr und mehr. Ich finde zunächst für Lutz hier keine Arbeit; der Kreis Meschede hat viele Arbeitslose. Er besucht die Abendschule, kann im Oktober den Hauptschulabschluß machen. Zum 1. April findet er dann tatsächlich eine Arbeitsstelle [...], wie er es sich gewünscht hat. Jetzt wird ihm die Anklageschrift zugesandt. Am 9. April ist Termin. Ich bin sehr bedrückt. Natürlich, er ist jetzt gesichert, in unserer Familie ist er „normal" – zwar auch gelegentlich aggressiv, egoistisch, zeitweise nervös und zerfahren. Aber er gibt sich Mühe. Die Anforderungen der Abendschule erfüllt er mit Leichtigkeit. [...] Die finanzielle Lage ist schlecht. Es gibt wohl keine Stelle, die für entlassene Untersuchungsgefangene etwas tut? Also verpflegen und kleiden wir ihn, geben ihm Taschengeld und bezahlen 250 DM für die Schule. Wenn wir dies nicht tun würden, so würde ein solcher Junge ja unbedingt wieder in die Versuchung hineingestoßen. Wenn wir ihn aufgenommen haben, so müssen wir ihm ja auch die Möglichkeit geben, das zu erhalten, was lebensnotwendig ist. Wir haben nachgeforscht, ob es Hilfemöglichkeiten für Lutz gibt, aber anscheinend ist da nichts zu machen, niemand wußte einen Rat. Ob die Gesellschaft ihren gefährdeten Mitgliedern wohl keine Stütze zu geben weiß?

Kinderschar um den Wohnzimmertisch der Familie Rode, ein Schattenspiel wird gebastelt.

Wieder etwas Unvorhergesehenes: Ein neuer Schützling, die 17jährige Ursel, braucht Halt. Sie wurde von den Eltern verstoßen, schon als kleines Kind. Die Mutter ist zum zweiten Mal verheiratet und will das Kind nicht sehen. Ursels Gemüt ist belastet. Sie kommt in die Nervenklinik, hat Tobsuchtsanfälle. Allmählich bessert sich das. Aber mit 17 Jahren ist sie, wenn auch nicht unintelligent, so doch kindisch, unerfahren und zeitweise verhaltensgestört. Eine Psychologin vermittelt sie auf einen Bauernhof, denn Ursel ist sehr tierlieb. Der Hof liegt in unserer Nähe, und wir kümmern uns etwas um Ursel. Sie wird krank, hat eine Fußverletzung, die Gelenke und Gelenkbänder

131

sind zu schwach. Die Leute auf dem Hof sind mit Landarbeit überlastet, dort kann Ursel nicht bleiben. Das Elternhaus ist ihr verschlossen. Also kommt Ursel zu uns, wenigstens vorläufig, bis sie wieder gesund ist. Sie bringt ihre vier Vögel mit, denn sie muß immer Tiere um sich haben. Ursel ist bei uns freundlich und umgänglich. Von Verhaltensstörungen ist hier nichts zu bemerken. Hätte man für sie in frühester Jugend gute Pflegeeltern gefunden, so hätte sie sich vielleicht normal entwickelt. Doch jetzt ist nicht klar, wovon Ursel eigentlich leben soll. Eine Rückkehr in die Nervenklinik wäre keine Lösung, sie muß sich vielmehr an die normale Umwelt gewöhnen. Arbeiten kann sie nicht wegen des kranken Fußes. Für sie wäre eine Pflegestelle gut, wo sie eine leichte Beschäftigung hätte, etwas angelernt würde und sich an die Wirklichkeit gewöhnen könnte. Solche Übergangslösungen müßten für geschädigte junge Menschen gefunden werden. Ursel könnte ganz gesund werden – wenn es auch vielleicht einige Jahre dauern würde. Und es müßte ein Pflegegeld gezahlt werden für die Übergangszeit, bis sie selbständig geworden ist und auf eigenen Füßen stehen kann.[66]

In unserer Familie leben nun zur Zeit: Ursel aus der Nervenklinik, Lutz aus dem Gefängnis, Renate und Fritz aus einer zerrütteten Familie, für die Zeit der Semesterferien unsere jüngste Tochter Brigitte, dann mein Mann (73) und ich (63) – und jeden Nachmittag kommt seit Jahren eine Schar Kinder aus der Nachbarschaft, um bei uns ihre Schularbeiten zu machen. Es sind zumeist Schlüsselkinder oder andere benachteiligte Kinder. An unserem großen Wohnzimmertisch werden Schularbeiten erledigt, auch in der Küche und im Eßzimmer. Aus Sitzenbleibern werden so zumeist gute Schüler, einige rücken sogar an die Spitze der Klasse. Andere versagen auch wieder teilweise – das

---

[66] Nachtrag im Januar 1975: Ursel war eine Zeitlang einigermaßen gesund; dann kamen hin und wieder Rückfälle. Sie war aggressiv. Aber die Störungen ließen nach. In der Klinik in D. hatte Ursel schon einen großen Vorzug gehabt: dort hatten einige Ärzte und Psychologen Patenschaften über Patienten übernommen – diese wirkten sich günstig aus. So wurde es Ursel auch jetzt leichter und schneller möglich, sich in die neue Umwelt hineinzufinden. Dazu kam eine Gruppe junger Leute aus Meschede, die Ursel durch nette Kameradschaft halfen. Jetzt hat sie eine Arbeitsstelle für halbe Tage und es scheint, daß sie demnächst auf eigenen Füßen stehen wird.

kommt dann, wenn sie zu viel Zeit zum Herumstromern haben und zu viel unterwegs sind.

Ich will einige unserer „Schularbeitenkinder" vorstellen: Da ist Uwe, der schon mit fünf Jahren „kleine" Einbrüche verübte, und jetzt mit 12 Jahren stiehlt er Motorräder. Er ist ein interessanter, pfiffiger, gewitzter Junge. In der Schule pendelt er zwischen gut und mangelhaft. Der Vater interessiert sich nicht für seine Kinder; sie sind ihm völlig gleichgültig. Die Mutter hat sieben Putzstellen und ist deshalb immer aus dem Haus, Uwe natürlich auch. Er macht seine Schularbeiten bei uns, aber dann ist er unterwegs, den ganzen Nachmittag, oft bis 10 Uhr abends. Er kennt alle Scheunen, alle Ruinen, alle Höhlen und Löcher. So ist er ein kleiner Halbwilder geworden. Schade um ihn! Hätte er Beschäftigung, so würden seine Energien richtig gelenkt und verwertet. Für solche gefährdeten Kinder müßte man einen Bauernhof einrichten und Spielzimmer und Werkstätten. Sie würden dann brauchbare, tüchtige Menschen, und die Gefährdung wäre behoben.

Uwes älterer Schwester Bettina konnte ich besser helfen. Ihre Mutter [...] erzählte mir eines Tages traurig, daß ihre drei Kinder alle sitzengeblieben seien. Ich verspreche zu helfen und von nun an machen sie ihre Hausaufgaben bei uns. Ich merke bald, daß Bettina nicht dumm ist, sondern schnell begreift, was man ihr erklärt. Einmal wird sie in der Schule geschlagen. Ich spreche daraufhin mit dem Lehrer. Er erklärt mir, Bettina sei frech und bockig, es sei völlig unmöglich, das Mädchen zu ändern. Sie würde doch nie bessere Leistungen erbringen als bisher. Meine Bitte, Bettina doch zu versetzen, weil ich ihr helfen würde, ihre schlechten Noten „auszubügeln", schlägt er ab, obwohl die Direktorin der Schule gegen diesen Versuch nichts einzuwenden hat. Bettina muß also das 6. Schuljahr wiederholen. Zum Glück läßt sie sich dadurch nicht entmutigen. Innerhalb eines Jahres ist sie Klassenbeste, ein nettes, selbstbewußtes und selbständiges Mädchen. Ihr großes Hobby ist der Sport. Sie möchte gerne Sportlehrerin werden. Leider, kann aus diesem Traum nichts werden, weil in der Familie neben der Mutter ein zweiter Verdiener gebraucht wird. Weil Bettina ein gutes Abschlußzeugnis vorweisen konnte, war es wenigstens nicht schwierig, eine Lehrstelle für sie zu finden.

Jeden Nachmittag kommen auch Käthe und Margot. Die Mutter ist berufstätig, die Kinder sind sich selbst überlassen. Sie waren Sitzenbleiber und sind jetzt gut in ihren Zensuren. Sie kommen schon sechs Jahre zu uns; man kann mit ihnen diskutieren, sie denken nach, sie helfen bei sozialen Aufgaben.

Heinz ist voller Hemmungen, unsicher. Er hat schon dreimal die Schule gewechselt und zweimal einen neuen Vater bekommen. Er ist normal begabt, und doch stand er schlecht in der Schule. Gemeinsam haben wir geübt, er besserte sich bald. Aber die Lehrer glaubten es ihm nicht. Er mußte sitzenbleiben wegen einiger unwichtiger Fächer, obschon er in den Hauptfächern gut war. Es war eine große Enttäuschung für Heinz. Ich hatte Mühe zu erreichen, daß der Junge sein Selbstvertrauen nicht verlor.

Annis Mutter arbeitet. Sie ist geschieden. Sie bittet mich, der kleinen Tochter zu helfen. Anni schafft es leicht. Mit etwas Nachhilfe ist sie bald von den Fünfer-Noten befreit; und das ist wichtig, sonst kann sie die Krankenpflege-Ausbildung nicht beginnen.

Plötzlich kommt Gitta mit ihrer Schulmappe. Vor zwei Jahren galt sie als „blöd", da waren nur Fünfer und Sechser im Zeugnis. Ihre Mutter hat das Kind unglaublich vernachlässigt; sie war Trinkerin. Jetzt ist Gitta bei der Großmutter, wird mit Liebe betreut und entwickelt gute Ansätze und Leistungen. Das zeigt, daß auch scheinbar behinderte Kinder sich gut entwickeln können, abhängig von der Umgebung.

Es kommt noch Helma, die im 9. Schuljahr ist. Die Mutter arbeitet und ist in Sorge um das Kind. Helma hat große Lücken, aber diese werden bald behoben sein.

Zusammen mit unseren Pflegekindern sitzen also noch sechs bis acht Kinder täglich hinter den Büchern. Der große Tisch ist verkratzt und bekleckst, die Stühle werden nach und nach brüchig. Acht Paar Kinderfüße klappern jeden Tag hinein ins Zimmer. Ich helfe beim Lernen, und sie helfen sich gegenseitig. Keiner bleibt jetzt noch „hängen". Gerade die Kinder aus gestörten Familien sollen bei uns eine Hilfe haben. Sie sollen auch etwas leisten können und einen guten Beruf bekommen. Die Eltern, die es

134

können, zahlen mir monatlich einen bescheidenen Beitrag, die anderen Kinder kommen umsonst.

Es wäre so wichtig, noch mehr solcher Einrichtungen zu schaffen. Mit gezielter Werbung könnten Helfer dafür gefunden werden. Kein Kind dürfte noch sitzenbleiben! Jedes hat ein Recht auf eine gute Ausbildung und Erziehung. Aber wie sieht die Praxis aus?

Es sind viele Kinderschicksale, die ich hier beschrieben habe. Manchen Kindern konnte in etwa geholfen werden – ich habe erlebt und weiß, daß aus gestörten, unglücklichen, geschädigten Kindern zufriedene und lebenstüchtige Menschen werden können. Aber es macht zunächst Mühe, die Schäden zu beheben, die eine grausame oder verständnislose Umwelt den Kindern zugefügt hat. Ich wünsche mir sehr, daß einige Erkenntnisse und Erfahrungen von der Öffentlichkeit angenommen werden: daß nämlich einiges geschehen kann und muß, um Kinder aus dem Schatten herauszuholen, sie auf die Sonnenseite des Lebens zu bringen. Eines wird mir im Laufe der Jahre immer deutlicher: Nicht die Kinder sind verantwortlich zu machen, wenn sie versagen und abgleiten – es ist die Gesellschaft, es ist die Gesellschaft. Gibt es genug gute Spielplätze. Spielhäuser, Spielstuben, Bastelräume, Schularbeitenhelfer? Genug Familien, die ein Pflegekind aufnehmen, genug Beratung für die Familien? Familienberatung für junge Eltern? Gute Pädagogen in den Heimen? Können nicht die Kinder aus den Heimen in Familien geholt werden?

Hier ist noch ein ganz großes Arbeitsfeld, hier werden viele Helfer gebraucht, und diese Tatsachen müßten mehr und mehr ins Bewußtsein der Öffentlichkeit gerückt werden. Darum habe ich geglaubt, diesen Bericht schreiben zu müssen; er soll ein Anruf sein, ein Aufruf, die Sache der Kinder zu vertreten. Dringlich und wichtig scheint mir vor allem folgendes:

- Man sollte viel mehr Pflegefamilien suchen und diese auch unterstützen; finanzielle Sicherung und pädagogische Beratung der Pflegeeltern müssen gegeben werden.
- Die Kinder sollten möglichst als Kleinkinder aus den Heimen geholt werden.

- Die Ausbildung der Kinder ist wichtig; ihre Talente müssen entdeckt und gefördert werden. Das gibt ihnen Halt und Sicherheit.
- Kinder aus sozialen Brennpunkten, die meistens sich selbst überlassen sind, müssen besonders betreut werden. Regelmäßig müßten sie nachmittags Lernhilfen haben. Es gibt genug Möglichkeiten, dafür Einrichtungen zu schaffen.
- Jede Gemeinde sollte an erster Stelle Einrichtungen für Kinder schaffen: Gute, phantasievolle Spielplätze, Spiel- und Lernstuben, an sozialen Brennpunkten Schularbeitenhilfe, Zentren für Beschäftigungsmöglichkeiten verschiedener Art.
- Kindergärtnerinnen, die verheiratet sind und sich einige Stunden freimachen können, Sozialpädagogen in der Ausbildung, Zivildienstleistende und viele freiwillige Helfer könnten stundenweise eingesetzt werden.

Die jahrelangen Bemühungen um meine Schützlinge haben mir gezeigt, daß schon durch eine Einzelperson verschiedenes erreicht werden kann – was würde erst möglich sein durch eine gezielte Organisation, Planung und Finanzierung? Zur Zeit (März 1974) sind wir in unserer Stadt dabei, die Organisationen zu gemeinsamer Arbeit zusammen zu holen, denen das Schicksal der Kinder etwas bedeutet: Wohlfahrtsverbände, Kirchen, Terre des Hommes, Freunde der Völkerbegegnung, Internationale Kinderhilfe – auch Eltern, Lehrer und Erzieher. Anträge an die Stadt sind in Vorbereitung, damit ein ausreichender Betrag für notwendige Maßnahmen zur Verfügung gestellt wird. Die Hilfsaktionen sollen gemeinsam geplant und besprochen werden. Jede Stadt müßte zunächst einen größeren Betrag für die Förderung der Kinder einsetzen – dann erst dürften die übrigen Probleme berücksichtigt werden. So könnte die Zahl der Heimplätze reduziert werden, die Gefängnisse könnten sich leeren – sie könnten „umfunktioniert" werden in beschützende Entwicklungseinrichtungen.

Natürlich müßte in alle Arbeit etwas mit einbezogen werden, was man nicht organisieren kann: Hingabe, Zuwendung, Liebe und Verständnis für alle Kinder, besonders für die benachteiligten und geschädigten.

Rode 1975 = *Rode*, Irmgard: Kinderschicksale – Erlebnis-berichte einer Pflegefamilie. [= Einreichung zum Hermine-Albers-Preis zur Förderung der Jugendhilfe 1974]. In: Arbeitsge-meinschaft für Jugendhilfe, Mitglied der Internationalen Jugend-hilfe Genf (Hg.): AGJ-Mitteilungen 74 (Mai 1975), S. 66-73.

Alle Scherenschnitte von Irmgard Rode geb. Beckmann (1930er Jahre)

5.
INTERNATIONALES KINDERHAUS – DAS ZUSAMMENLEBEN
DER KINDER VERSCHIEDENER NATIONEN (1981)

Von Irmgard Rode

Wie eh und je ist das Kind in unserer „hochzivilisierten Gesellschaft" benachteiligt. Zwar haben sich gewisse Formen der Kindererziehung geändert; Kinderarbeit ist untersagt, Stock und Rute dürfen in der Öffentlichkeit nicht mehr in Erscheinung treten (privat nach wie vor) – jedoch gewisse Menschenrechte sind vielen Kindern vorenthalten.

Daß ein Kind besonders in den ersten Lebensjahren Nestwärme und herzliche Betreuung nötig hat, feste Bezugspersonen, Geborgenheit, Zuwendung und Zärtlichkeit, das ist zwar teilweise bekannt, aber bei weitem nicht überall verwirklicht. Die Einflüsse und Umstände der ersten Lebensjahre bestimmen ganz entscheidend die Entwicklung und Zukunft des Kindes. Erforscht man den Werdegang der Jugendlichen in Heimen und Strafanstalten, so ergibt sich, daß diese jungen Menschen in frühester Jugend wesentliche Dinge und Rechte entbehren mußten. Die Folge ist meistens ein auffallendes, ungewöhnliches Verhalten, das oft in Kriminalität übergeht. Die jungen Menschen müssen büßen für das Fehlverhalten der Erwachsenen, für eine lieblose und liebeleere Umwelt.

Bei manchen Kindern sind schon die äußeren Umstände, Wohnung, Umgebung, nicht für eine gesunde Entwicklung ausreichend. Das Auto hat durchweg den Platz, den es benötigt, Kinder haben ihn oft bei weitem nicht. Die Wohnungen sind oft eng, die Kinderzimmer klein, die Spielfläche besteht aus ein paar Quadratmetern auf dem Bürgersteig. Katastrophal ist die Lage in den Hochhäusern der Städte- und Steinwüsten, die zu Brutstätten der Kriminalität für Kinder und Jugendliche werden. Kein Wunder, daß man diese „Gefängnisblöcke", wie in Amerika, dann tatsächlich wieder abreißen muß.

Ebenso wichtig ist für Kinder auch die geistige Entwicklung und Förderung. Die Seele des Kindes ist empfänglich für gute und schlechte Einflüsse, sie wird dadurch geprägt. Jeder, der eine pädagogische Funktion hat, jeder, der dem Kind geistig oder charakterlich bestimmte Einflüsse vermittelt, hat eine ungewöhnlich große Verantwortung. Sein Verhalten, sein Charakter, seine Ausstrahlung – ob positiv oder negativ – prägen den Charakter und das Verhalten des Kindes mit.

Leider hat die Öffentlichkeit mit ihren verschiedenen Auswirkungen häufig einen schlechten und verderblichen Einfluß. Kinder und Jugendliche – natürlich auch Erwachsene – sind täglich Vergiftungserscheinungen verschiedener Art ausgesetzt: Brutalität, Sensationen, Gewaltdarstellungen, Wettbewerbsdenken, Mißgunst und Neid, Feindbildern – alles dies wird ihnen täglich nahegebracht durch die Medien und durch primitive Literatur. Wenn sie den Beispielen und Leitbildern folgen, ist den Jugendlichen Heimunterbringung und Strafanstalt sicher.

Diese Erkenntnisse sind bedrückend und deprimierend.

Vor zehn Jahren haben sich in Meschede Schüler und Studenten mit einigen Erwachsenen zusammengetan, um etwas für die Kinder zu tun, die benachteiligt sind – weil ihre Eltern arbeiten müssen, weil sie aus unvollständigen Familien kommen, nur Vater oder Mutter haben, und besonders auch für die ausländischen Kinder, die oft allein und sich selbst überlassen sind.

Obwohl von Kirchen und von der Stadtverwaltung bereitwillig Räume zur Verfügung gestellt wurden, waren die Aufgaben oft mühsam zu bewältigen. Die Kinder mußten Angebote verschiedener Art haben, vor allem auch die Grundlagen einer normalen Bildung erhalten, um jedem einen Schulabschluß zu sichern. In der Stadt gab es zuerst etwa 7 Treffpunkte, schließlich aber konnte in der alten Berufsschule ein Kinderzentrum eingerichtet werden, das man dann mutig als „Internationales Kinderhaus" bezeichnete.

Die alte Berufsschule ist ein weitläufiges, solides Gebäude, das den verschiedenen Gruppen viel Platz bietet. Unbezahlbar ist der herrlich große, mit Bäumen bewachsene Spielplatz, der an Wiesen grenzt und worauf sich die Kinder tummeln können. Der Bach im Hintergrund, Wiesen und Bäume, Abhänge und Hügel, das alles bietet ein herrliches Panorama, ganz in der Nähe der Stadt und doch abgesichert gegen Lärm und Verkehr.

Auf dem Platz selbst können die Kinder Rollschuh- und Radfahren, Seilchen springen, Fangen und Verstecken spielen, auf Wiesen oder zum Sandkasten laufen, ein Zelt aufbauen und vieles mehr. Die Möglichkeit, sich zu bewegen, ist für Kinder enorm wichtig, für ihre Gesundheit, Regsamkeit, Wendigkeit und natürliche Ausgeglichenheit.

Unsere Einrichtung nennt sich „Internationale Kinderhilfe" und ist den Freunden der Völkerbegegnung e.V. angeschlossen.

Das Landesjugendamt besuchte uns einige Male, gab Ratschläge und regte an, für einen Teil der Kinder einen Hort einzurichten, wo sie von zwei Erzieherinnen betreut werden sollten. Diese Hortgruppe ist dann für 15 Kinder gegründet worden. Das Landesjugendamt gab eine spürbare Hilfe zu den Personalkosten, ebenfalls beteiligten sich Stadt und Kreis, natürlich auch die Eltern sowie einzelne Firmen. Die übrigen Kinder werden in freien, sogenannten „offenen Gruppen" betreut. Sie lernen und spielen in kleinen Gruppen und bleiben zwei bis drei Stunden.

In den offenen Gruppen arbeiten seit Jahren freiwillige Helfer mit, sowohl Jugendliche wie auch Erwachsene. Dankenswerterweise stellte das Arbeitsamt auch arbeitslose Erzieher bereit, jedoch war deren Tätigkeit befristet. Immerhin konnten wir dadurch die Arbeit ausweiten und viele Kinder betreuen, mußten allerdings aber auch sorgen für Koordinierung und Planung, geregelten Einsatz, Betreuung und Weiterbildung der Erzieher. Ebenfalls mußten wir auch selbst einiges an finanziellen Mitteln bereitstellen, was natürlich belastend war und viele Sorgen verursachte.

Sowohl die deutschen wie auch die ausländischen Kinder, die unsere Einrichtung besuchen, sind schulpflichtig. Kindergärten gibt es ja in der Stadt Meschede genug, so daß wir uns um Kinder in diesem vorschulpflichtigen Alter nicht bemühen müssen. Für Kinder im Schulalter aber gab es bisher keinerlei Einrichtung, wo ihnen tägliche Betreuung und spürbare und intensive Lernhilfe gegeben wird. Auch eine Mittagsmahlzeit ist bei uns möglich.

Manche Kinder lernen gut, sind aufgeschlossen, geistig regsam – andere wiederum sind übernervös, unruhig, abgelenkt, fahrig; einzelne sind aggressiv und nicht ansprechbar, zerstören die Einrichtung, stehlen und betrügen. Dies sind für uns die Anzeichen, daß das Kind Hilfe braucht, daß es gestört ist, seelische Mangelerscheinungen hat. Auf vielfache Weise kann man solchen Kindern helfen: durch Geduld, Zuwendung, Gespräche, vor allem durch Einzelbetreuung und verschiedene Angebote zur Betätigung, z.B. Spiel und Sport, Werken und Basteln, Musik, Wandern, Ausflüge, Erkundungen. Alles dies macht sehr viel Arbeit und Mühe, muß geplant und vorbereitet werden. Leider reicht die Zahl der Helfer nicht aus, um alle Kinder so intensiv zu betreuen, wie es sein müßte. Immer wieder fehlen uns Helfer, und ohne die zusätzlichen ehrenamtlichen Helfer könnten wir die Arbeit nicht durchhalten.

Ziel unserer Arbeit ist es, den Kindern eine glückliche Zeit der Entwicklung zu vermitteln, wie auch ihre kleinen Pflichten zu betonen und einen Schulabschluß zu realisieren. Im allgemeinen bekommen 60% aller ausländischen Kinder keinen Schulabschluß, jedoch wir konnten beobachten, daß alle Kinder, die regelmäßig zu uns kommen, auch das Klassenziel erreichen, was sie dann zufrieden und unbeschwert macht und ihnen Selbstbestätigung, Sicherheit und Ausgeglichenheit vermittelt.

Weitere Ziele unserer Arbeit: Die Kinder sollen guten Kontakt zur Familie haben. Wir bemühen uns um Gespräche und Besuche bei den Eltern; wir unterstützen die kulturellen Eigenarten der verschiedenen Nationen. Die Portugiesen haben bei uns ihre Sing- und Tanzstunden und wir gehen mit ihnen in die Altenclubs und Heime, um Behinderten Freude zu bringen. Die Türken spielen auf ihren Zass-Instrumenten und singen Lieder ihrer Heimat. Auch die Griechen haben ihre volkstümliche Musik. Vor allem sollen die Kinder gutes Sozialverhalten in den eigenen sowie in den internationalen Gruppen lernen. Natürlich gibt es viele Vorurteile, viele Streitigkeiten unter den Nationen. Uns Deutsche akzeptieren sie als Bewohner des Gastlandes, also haben wir die Aufgabe, auf vielfältige Art zu vermitteln und auszugleichen. Schon bei den Kindern ist diese Notwendigkeit der Vermittlung dringend spürbar.

Die Erzieher sind von der Schule her durchweg nicht für diese vielfältigen Aufgaben ausgebildet. Manchen ist das internationale Denken ganz neu, einzelne sind gleichgültig, andere aber wieder sehr engagiert und talentiert für den Umgang mit verschiedenartigen Kindern. Die Praktikanten, die von der Fachoberschule kommen, arbeiten meistens intensiv und spontan nach den Regeln des Miteinander – Füreinander, ohne daß ihnen dies im Unterricht vermittelt worden wäre.

Zur Zeit haben wir einen Gruppenraum für die erste Hortgruppe, einen Raum für die zweite Hortgruppe, die im Aufbau begriffen ist, einen Raum für die „offene Gruppe", einen Spielraum für alle Gruppen gemeinsam, ein Büro für die Arbeit des Vereins und die Arbeit der Kindergruppen zusammen, in welchem sich auch die Bücherei und Fachliteratur befinden und der auch als Raum für Konferenzen und Teamgespräche dient.

Die Reinigung der Räume besorgt zeitweilig eine Putzfrau, öfter nehmen aber auch die Mitarbeiter und Helfer gemeinsam mit den Kindern einiges in die Hand. Reparaturen und Verbesserungen werden durchweg in eigener Regie gemacht.

An dieser Stelle möchten wir auch den freiwilligen Helfern für ihr Verständnis, ihre Ausdauer und ihren Einsatz danken, den Jugendlichen wie auch den Erwachsenen, denn oft ist die Arbeit mühsam und geht auch wohl mal an die Nerven.

Wenn wir die Erfolge sehen, bringt diese Arbeit aber auch Freude. Durchweg sind die Kinder keine Sitzenbleiber mehr. Die kleinen Türken sind anhänglich, bringen uns ihre Wiesenblumensträuße, malen mit uns zusammen Halbmond und Sterne auf selbstgebastelte Fähnchen und stellen sie ans Fenster zur Straßenseite hinaus. Die Erzieher und Helfer, die sich um die Kinder kümmern, werden oft umdrängt, umarmt, umjubelt, umlagert. Leider ist oft nicht genug Zeit da für die Freundschaftsbeweise, denn jede Minute muß ausgenutzt werden für die notwendigen schulischen Aufgaben und Übungen.

Es ist sehr wichtig, daß wir den negativen Einflüssen unserer Zeit entgegenwirken: der Gewalt und Brutalität sowohl im Fernsehen wie auch teilweise in Spielen, Märchenbüchern und Spielzeugwaffen – Revolver, Pistolen, Comics, Krimis. Dies alles ist ein Verderbnis für die Seelen der Kinder, dem die Persönlichkeit des Erziehers und Helfers durch eine Haltung der Freundschaft, der Mitmenschlichkeit, der klärenden Gespräche und Beispiele entgegenwirken müssen.

Weihnachtsfeier mit dem Kindern, am Tisch Irmgard Rode

Im allgemeinen verspüren wir für unsere Arbeit das Wohlwollen unserer Mitmenschen. Die Kirchen zeigten schon vor Jahren ihr Verständnis, die Behörden waren zeitweise beobachtend und mißtrauisch, die politischen Gremien lassen aber durchweg meistens ihr Wohlwollen für die Kinder spüren, so daß wir für unsere Aufgaben ermutigt wurden. Für Teile der Bevölkerung war es neu, daß man internationale Gruppen und Freundschaften hatte, hin und wieder erfuhren wir grobe Beschimpfungen und Angriffe. Daraus ergab sich, daß kein Verständnis für die Lage der ausländischen Mitbürger bestand. Man wußte nicht, mit welchen Problemen sie zu kämpfen hatten: der Unsicherheit und Ungewißheit, dem Isoliert- und Ausgeschlossensein, der Fremdheit und Angst. Für die Eltern kommt dazu die Entfremdung ihrer Kinder, denn diese passen sich der neuen Kultur und der neuen Sprache des Gastlandes an, entfernen sich aber dadurch von ihren Eltern. Umso mehr bemühen wir uns, unseren neuen Mitbürgern bei der Unterstützung ihrer heimatlichen Kulturen behilflich zu sein. Wir machen seit Jahren internationale Feste und Treffen. Anfänglich beteiligten sich daran nur etwa 6 bis 8 Deutsche, doch seitdem die Kirchen den Tag des ausländischen Mitbürgers eingeführt haben, ist die Motivation zum Erleben eines gemeinsamen Festes stärker (dieses Jahr am 27.September).

Die meisten unserer Mitarbeiter und Helfer sind von der Notwendigkeit überzeugt, die Sache der Kinder vertreten zu müssen, von denen eine große Anzahl auf der Schattenseite des Lebens steht und die keine Lobby haben. Die Eltern dieser Kinder übernehmen oft schwere und gefährliche Arbeiten, einige erkranken. Manche Kinder vermissen den Vater oder die Mutter.

Die Arbeit muß weiterhin getan werden, um den Kindern die Menschenrechte zu ermöglichen: das Recht auf gesunde Entwicklung, auf Förderung der Talente, auf Kontakte und Freundschaft, auf das was sie benötigen, um gesund aufwachsen zu können.

Wir danken denen, die bisher in verschiedenartigster Weise geholfen haben. Zwar konnten wir einige Arbeitsplätze schaffen, jedoch fehlt es weiterhin an Helfern.

Einrichtung und Materialien sind durchweg aus gebrauchten Gegenständen geschaffen worden; alte Tische, Stühle, Schränke, gebrauchte Spielsachen, Bücher, Bastelmaterial, Bälle, Rollschuhe, Fahrräder. Doch bitten wir weiterhin wohlwollende Menschen um gebrauchte Dinge, die den Kindern zugutekommen können. Das ist uns eine große Hilfe.

Allen Freunden und Helfern herzlichen Dank!

Es ist zu wünschen, daß ein „Internationales Kinderhaus" in der Gesellschaft einen Platz findet, denn die Kinder verschiedener Nationen fangen an, sich zu verstehen, miteinander zu leben, und die Vorurteile zu überwinden. Es ist eine ganz besondere Aufgabe unserer Gesellschaft, in jedem Menschen den gleichberechtigten Partner zu erkennen und die Mitmenschlichkeit fest zu fundamentieren. Die Kinder werden sich so entwickeln, wie die Erwachsenen es ihnen vorleben. Geben wir ihnen also die Chance einer gesunden seelischen und körperlichen Entwicklung, geben wir ihnen die Möglichkeiten und Grundbedingungen dafür, seien wir ihnen Freunde und Helfer und bestärken wir sie darin, sich zu verstehen und füreinander da zu sein.

Angefügt folgender Absatz von Dieter Obluda: Einige Räume der ehemaligen Berufsschule in der Steinstraße 31 [Meschede] wurden eingerichtet als Internationale Begegnungsstätte. Hier treffen sich jeden Tag Kinder und Jugendliche aller Nationalitäten zum gemeinsamen Lernen und Spielen. Unter der Leitung von Frau Rode betreuen einige Angestellte und auch freiwillige Helfer die Kinder einzeln oder in Gruppen. Hierbei wird besonderer Wert auf die Erledigung der Hausaufgaben und schulische Förderung gelegt. Es wird aber auch die spielerische Entfaltung nicht vernachlässigt. Daß es bei ca. 50 Kindern auch mal turbulent zugeht, ist fast unvermeidbar. Aber dank der unermüdlichen und stets die Ruhe bewahrenden Frau Rode ist es bisher immer noch gelungen, die Kinder, die meistens aus sozial schwächeren Familien sind, zu fördern, und ihnen eine sinnvolle Nachmittagsgestaltung zu ermöglichen.

Rode 1981 = *Rode*, Irmgard: Internationales Kinderhaus. Das Zusammenleben der Kinder verschiedener Nationen. In: FdV-Jahresheft (Freunde der Völkerbegegnung – Meschede) Oktober 1981, S. 5-13.

6.
"ALLE KINDER DIESER WELT, ALLE WOLLEN FREUNDE SEIN".
Freunde der Völkerbegegnung e.V., Meschede –
Internationale Kinderhilfe (1982)

Von Irmgard Rode

Der Anfang

Der Verein wurde kurz nach dem Krieg ins Leben gerufen, zunächst als „Internationaler Arbeitskreis", der Austausch- und Kontaktfahrten in die Nachbarländer unternahm. Zunächst stand die Bevölkerung diesen Fahrten zögernd und misstrauisch gegenüber. Aber nach und nach wuchs das Interesse und das Vertrauen, und so gab es ab 1950 regelmäßige Austausch- und Jugendfahrten in andere Länder. Durch die ehrenamtliche Organisationstätigkeit hielten sich die Preise in Grenzen und waren auch für Minderbemittelte erschwinglich. Zugleich bildeten sich auf Grund dieser Bemühungen auch Städtepartnerschaften, z.B. mit Le Puy in Frankreich und Coventry in England. Coventry, die zerstörte Stadt, Symbol des neuen Lebens, des Wiederaufbaus, Symbol der Versöhnung, ist seit über [30] Jahren zwar nicht offiziell, aber ganz besonders herzlich mit unserer Stadt und uns befreundet; ebenso auch das französische Behindertenheim Montebourg (Manche) an der Nordküste Frankreichs.

Als die heimische Industrie sich um Arbeitskräfte aus dem Ausland bemühte, konnten die damit verbundenen Probleme nicht verborgen bleiben. Besonders das Los der Kinder beeindruckte uns. Schüler und Studenten aus Meschede erkannten, daß es mit Austauschfahrten nicht getan war, sondern daß man auch den Fremden und Alleinstehenden im eigenen Land berücksichtigen müsse. Damals standen die ausländischen Kinder am Straßenrand oder kauerten auf den Treppenstufen, bis die Eltern von der Arbeit zurückkamen. In der für sie fremdsprachigen Schule waren sie hilflos. Schüler und Studenten traten an mich heran, und wir fanden gemeinsam mehrere Treffpunkte in der Stadt, in Schulen und Jugendheimen. Ehrenamtliche Helfer bemühten sich etwa 2 mal in der Woche um jede Gruppe. Wir organisierten Schränke, Bücher, Spielsachen. Zunächst kamen portugiesische griechische, spanische, jugoslawische, später auch türkische Kinder. Von Zeit zu Zeit richteten wir Schulungen für unsere Mitarbeiter ein. Natürlich war unsere Arbeit neu und ungewohnt. Wir mußten erst Erfahrungen sammeln. Die Schulen zeigten sich uns gegenüber durchweg verständnisvoll, besonders der Rektor einer Hauptschule war hilfsbereit und interessiert. Wir sahen wohl ein, daß die Schulen auch überfordert waren durch die Tatsache des Beisammenseins mehrerer Nationalitäten in einer Klasse. Die ausländischen Kinder bewiesen ein besonders lebhaftes Temperament. Im Sport wiesen ihre Zeugnisse oft gut und sehr gut auf. Aber um alles andere mußten sie sich sehr mühen. Wir stellen auch mehrere Freizeitangebote zur Verfügung, obwohl es wiederum mühsam war, uns um den Lernbereich und auch um die Freizeit zu kümmern. Das Lernen stand an erster Stelle. Wir wissen, daß auch die geistige Entwicklung für die Entwicklung jedes Kindes enorm wichtig ist und daß alle Kinder eine Chance haben sollten. Uns scheint, daß manche Kinder in ihren Menschenrechten eingeschränkt sind. Zu unserer Freude konnten wir bei Kindern, die regelmäßig zu uns kamen, gute Fortschritte beobachten. Sie wurden dann auch ausgeglichener und zeigten ein besseres Sozialverhalten.

Fortschritte

So arbeiteten wir 5 Jahre, aber es fehlten uns feste Mitarbeiter, damit die Arbeit kontinuierlicher wurde. Die Unterkunftsmöglichkeit wurde verbessert: durch unsere langdauernde Zähigkeit erweicht, stellte uns die Stadt die untere Etage einer alten großen Schule zur Verfügung. Einzelne leerstehende Räume hatten wir bereits friedlich „besetzt" und freundlich hergerichtet. Zunächst gab es Stirnrunzeln und strafende Blicke, dann lockerte sich die Situation: die Kinder durften bleiben. Wir hatten nun ein geräumiges, zentral gelegenes Zentrum, die Stadtväter waren freundlich, die Helfer übernahmen zum Teil die Pflege- und Reinigungsarbeiten.
Äußerst wichtig war der große Schulplatz hinter dem Hause, umsäumt von Wiesen, Bäumen und Büschen, verschönt durch den plätschernden Wiesenbach. Wir sammelten „alte" Schätze für die Kinder: nun konnten sie Rollschuh fahren, Rad fahren,

Federball und Tennis spielen, springen, hüpfen, schaukeln, klettern, Seilchen schlagen. Die Stadt stiftete uns sogar eine Blockhütte und einen Kletterturm. Also hatten wir ein Paradies für Kinder.

Natürlich ergab sich weiterhin die Frage einer guten Betreuung. Endlich bekamen wir einen städtischen Zuschuß von 150,- DM monatlich, der Kreis blieb reserviert. 1 Jahr später gab es monatlich 500,- DM, so daß wir eine Helferin für 6 Stunden täglich einsetzen konnten. Wir mußten aber selbst noch allerhand Finanzen dazu erbetteln.

Irmgard Rode und ein ehrenamtlicher Mitarbeiter des Internationalen Kinderhauses, 29.06.1984. *Foto: Andreas Evers*

Der „Kinderhort"

Eigentlich hatten wir etwas Unerlaubtes getan: Kinder betreut ohne Genehmigung. Und so erschien auch das Landesjugendamt nebst Gesundheitsamt, nebst Direktor der Berufsschule (verantwortlich für Praktikanten), nebst Kreisjugendamt. Würde man uns an die Luft setzen? – Aber das Landesjugendamt präsentierte sich in Gestalt einer netten jungen Dame, die uns freundlicherweise Tips und gute Ratschläge gab und unserer Arbeit positiv gegenüberstand. Große Erleichterung! Die Folge war, daß wir einen „Kinderhort" einrichteten, daß wir dafür einen Zuschuß erhielten, als wir eine feste Kraft angestellt hatten mit staatlichem Examen, und daß nun die Stadt im Monat 1.000,- DM gab und der Kreis im Jahr 6.000,- DM. Außer dieser Hortgruppe hatten wir noch mehrere offene Gruppen, denn der Andrang hielt weiter an. Schließlich zeigte sich auch das Arbeitsamt hilfsbereit und stellte uns 4 arbeitslose pädagogische Kräfte zur Verfügung!

Ich selbst übernahm die Koordination der Mitarbeiter, was na-türlich nicht leicht ist – sie müssen angelernt werden auf diesem neuen Gebiet, die Arbeit muß verteilt werden, jedes Kind muß berücksichtigt werden und Förderung erhalten. Immer mehr neue Kinder kommen hinzu, vor allem auch deutsche. Täglich sind es ca. 50 Kinder. Es handelt sich um Kinder aus getrennten Familien, um Kinder, die bei einem Elternteil oder bei den Groß-eltern aufwachsen, um kinderreiche Familien (7 und 9 Kinder), um Kinder aus Randgruppen, um sehr unruhige und überner-vöse Kinder, Stotterer, aggressive Kinder, gehemmte und ängst-liche Kinder ... Sie sind alle begabt und lernfähig, aber ihre Ta-lente sind zum Teil nicht entwickelt. Wenn diese Kinder täglich zu uns kommen, werden sie ausgeglichener, gefestigter, und sie bleiben nicht mehr sitzen. Die Eltern sind erfreut, besuchen uns, sprechen mit uns. Unsere Therapie für die Schützlinge heißt: Liebe und Zuwendung, Geduld, Verständnis, Beispiel sein. Die Kinder, die den größten Teil des Tages in unserer Einrichtung sind, gleichen sich den Erziehern an. Also ist dies eine beson-dere Aufgabe.

Das Freizeitprogramm

Auflockerung in der täglichen Arbeit sind kleine Feste, Musik, Folklore, Laienspiel, Basteln und Werken, Töpfern, Modellieren, Gesellschaftsspiele, Elternnachmittage, in den Ferien Schwimmen, Wanderungen und Ausflüge. Dies alles erfordert unsere ganze Kraft und Anspannung, viel Vorbereitung, viel Überlegung. Aber es ist eine Therapie für die Kinder, denn es gibt unter den vielen Ausgeglichenen und Sympathischen auch Aggressive, Zerstörungswillige, kleine Diebe. Aber im Laufe der Zeit schleift sich das ab durch kreative und vielseitige Betätigung. Hin und wieder besuchen wir Altenklubs, das Blindenheim und das Altersheim mit unseren kleinen Künstlern. Das bringt den Menschen Freude, die Kinder zu hören und zu erleben in ihren Aktivitäten, Gedichten, Liedern und Tänzen. Zu Weihnachten lud uns eine Kirchengemeinde ein. Wir sollten an den 4 Adventssonntagen die Messe gestalten mit Liedern und Gebeten. Portugiesen, Jugoslawen und Griechen beteiligten sich. Die Beteiligung der Türken ist noch ein Problem für uns (obgleich z.B. eine Lehrerin in Recklinghausen mit der ganzen Klasse und mit Türken als Maria und Josef in der Kirche eine Weihnachtsfeier gestaltete).

Das „Internationale Fest"

Seit 10 Jahren veranstalten wir jährlich ein „Internationales Fest" mit unseren ausländischen Freunden. Zunächst nahmen nur 6 Deutsche teil, jetzt sind es Hunderte. Termin: Tag des ausländischen Mitbürgers (im September). Stadt und Kreis haben uns etwas unterstützt. Deutsche und ausländische Gruppen wurden aktiv: Sportvereine, Musikgruppen, Falken, Amnesty International, Kreisjugendamt, Aktivspielplatz und andere Gruppen. Es wurden ausländische Spezialitäten geboten, Folkloredarbietungen, besonders auch Werken und Malen für Kinder, Glücksrad und Ähnliches mehr. Der Arbeitskreis „Ausländer und Deutsche" hielt einen besonderen Appell zur Unterschriftensammlung gegen Ausländerfeindlichkeit bereit. Gewisse Gruppen machten sich in bekannter Weise auch in Meschede breit. Sie verteilten Flugblätter „Ausländer raus", sie schreiben Drohbriefe an Redakteure, die positiv über unsere Arbeit berichten, sie halten hin und wieder Treffen ab, um die Gutwilligkeit und Ausländerfreundlichkeit zu unterminieren. Bei einem solchen versteckten Treffen gab es eine plötzliche Reaktion: 200 Jugendliche hatten den Ort herausgefunden, versammelten sich mit Plakaten und hielten friedliche Wache, bis die letzten dunklen Gestalten eiligst die Kneipe verließen und das Weite suchten. Wir hatten Achtung vor der Einsatzbereitschaft der friedlichen Demonstranten, die sich auf die Seite der ausländischen Bürger stellten.

Sie wissen, daß man sie herbeigeholt hat, daß sie schwere Arbeit tun, unter Heimweh leiden, diskriminiert sind, daß sie unseren Wohlstand mit aufgebaut haben und daß nun – wie auch die Bischöfe immer betonen – sie unsere Solidarität und Freundschaft brauchen.

Unsere Erfahrungen

So ergeben sich vielfache Probleme und Mühen in unserer Arbeit, aber wir wollen nicht die Augen vor den Tatsachen verschließen und daran denken, daß diese unsere Mitmenschen auch Anspruch auf Menschenrechte haben.

Ein guter Partner unserer Arbeit ist „Terre des Hommes", die sich in umfangreicher Weise um das Ausländerproblem bemühen, die auch unseren Kinderhort in etwa unterstützen. Dafür sind wir dankbar, und wir sind entschlossen, diese Kinderbetreuung auf jeden Fall weiter durchzuführen. Es kostet uns Mühe, Geduld, manchmal harte Arbeit, immer Finanzierungsbemühungen, immer rote Zahlen, immer neue Ideen, um bestehen zu können.

Werden wir unsere Kinder – die deutschen, die ausländischen – je im Stich lassen? Die 25, die täglich an unserem Mittagstisch sind, die 50 bis 60, die täglich zum Lernen und Spielen kommen? Wir denken wie die jugendlichen Demonstranten, die auf die Straße gehen: „Lieber 1000 Erzieher, als ein Tornado ..." Lieber ein neues Gemeinschaftsbewußtsein, als Feindseligkeit und Diskriminierung.

Und was unsere Kinder meinen:

„Kinder wollen keinen Krieg,
auch nicht Kampf und Streit und Sieg.
Niemand will den anderen kränken,
jeder will ihm Freundschaft schenken.
Alle Kinder dieser Welt,
alle wollen Freunde sein,
auf der großen weiten Welt
ist dann keiner mehr allein."

Meschede, den 10.11.1982, Irmgard Rode

Rode 1982a = *Rode*, Irmgard: Freunde der Völkerbegegnung e.V. Meschede – Internationale Kinderhilfe. Meschede, 10.11.1982. [4 Seiten; Maschinenskript: Kopie im Archiv Peter Bürger]

7.
Jugendliche in einer Erwachsenenwelt (1982)

Von Irmgard Rode

Sind Erwachsene für die Jugendlichen noch Vertraute, Wegweisende für die eigene und gesellschaftliche Zukunft?

Es ist nicht mehr so selbstverständlich wie einst, wer eigentlich von wem etwas zu lernen habe, wer den Lebensstil, der nachahmenswert ist, verkörpert.

Es gibt viele Jugendliche, die Erwachsene als Fremde, Übermächtige erleben, die Erwachsenen mißtrauen, sich von ihnen diskriminiert fühlen.

In jüngeren Jahren streben sie danach, sich möglichst rasch aus der (über)behüteten Familiensituation zu lösen, verweigern häufig die Übernahme von traditionellen Elternrollen, sind aber bereit, sich Gruppen von Jugendlichen anzuschließen.

In einer Untersuchung wurden Jugendliche gefragt, wo sie leben wollen. Die Antworten:

- 65 % in einem Fischerdorf ganz ohne Industrie,
- 55 % in einem einsamen Blockhaus am Wald,
- 54 % in einem uralten Bauernhaus.

Dies sind die Wünsche von Jugendlichen, die sich engagierten Protestgruppen zurechnen. Sie glauben nicht mehr an den schicksalhaften Gang der Geschichte in Richtung auf ein besseres Leben. Die industrielle Zivilisation hat ihre Attraktivität für sie verloren. Oft handelt es sich dabei um Gruppen, die Bildung erworben und eigenes Denken gelernt haben. Doch trotz aller Resignation sind sie auch gleichzeitig zur Aktivität bereit: sie nehmen an Protestbewegungen teil (Hausbesetzer Kernkraftgegner, Rock gegen Rechtsgruppen, Unterstützer von Amnesty und der Friedensbewegung). Sie bemühen sich um eine alternative Lebensgestaltung, zeigen auch zum Teil ein neues Engagement im religiösen Bereich. Sie haben Widerstand eingeübt, sind offen für Kritik, für den Einsatz im sozialen Bereich.

Im anderen Teil der Jugend, der sich vor allem aus Werktätigen zusammensetzt, sind bestimmte andere Interessen mehr verbreitet. Es besteht der Wunsch nach Abwechslung, Erlebnissen, Vergnügen, Spannung als Gegenpole zur monotonen Arbeitswelt (Motorräder, Großstadtleben, Fußball-Fans, Disco-Fans usw.). Teilweise besteht eine größere Tendenz zum Autoritarismus, zur Ausländerfeindlichkeit, zum Gesetz- und Ordnungs-Denken. Viele von ihnen sind in etwa konservativ eingestellt, passen sich an, sind nicht gegen Militärdienst und nicht gegen nationale Traditionen. „Teilweise wenden sie sich gegen engagierte Protestgruppen („die sollen erst mal arbeiten").

Natürlich kann man die Gruppen nicht immer scharf trennen. Häufig verwischen sich die Unterschiede. Selbstverständlich gibt es viele engagierte und kritische Arbeiterjugendliche. Außer diesen, idealtypisch gezeichneten Gruppen gibt es noch die Menge der Uninteressierten, Apathischen, die zermürbt oder gleichgültig gemacht durch tägliche belastende Arbeit, zu keinem Schwung fähig sind und sich treiben lassen.

Nikotin und Alkohol spielen dann oft eine besondere Rolle. Eine immer deutlicher werdende Abhängigkeit, inszeniert von einer Gesellschaft, die auf Materialismus, Genußsucht, Profitdenken eingestellt ist, prägt diese Menschen. Die Industriegesellschaft zermürbt sie, nimmt ihnen das Gefühl für einen sinnvollen Lebensinhalt. Unnatur und Unkultur, Einflüsse der Medien mit Hang zur Brutalität, zerstören ihren Charakter. Und immer mehr bestimmt auch die Arbeitslosigkeit die Ursachen für Abstumpfung und Desinteresse. Da zur Zeit alles Geld für die Spirale der Aufrüstung eingesetzt wird, bietet die Zukunft diesen Jugendlichen auch keinen Ausblick auf eine Wende.

Rode 1982b = *Rode*, Irmgard: Jugendliche in der Erwachsenenwelt. In: FdV-aktuell (Freunde der Völkerbegegnung – Meschede) April 1982, S. 9-11.

8.
ESKALATION DER GEWALT (1982)

Von Irmgard Rode

„Das brauch ich", sagt der junge Arbeiter, der erschöpft vom Streß nach Hause kommt, „ich muß schwer arbeiten, da will ich etwas haben!"

Damit meint er den Krimi, den Thriller, Science fiction – je brutaler, desto besser.

Die Kindergärtnerin, die deutsche Hausmärchen von der bösen Hexe erzählt, die verbrannt wird, – von glühenden Schuhen, vergifteten Äpfeln, eisengespickten Fässern, verhelfen zu einem wohligen Gefühl des Sadismus auch schon für die lieben Kleinen, wenn sie diese Dinge in ihren jungen Seelen aufnehmen müssen. Atomblitz unterm Weihnachtsbaum, Schiffe versenken und Menschen ertränken gehören dazu. Wir kennen unsere Kinder wie sie mit imitiertem Revolver andere „bedrohen" – wir sehen die Jugendlichen in die Spielhöllen gehen, deren raffinierte Technik die Vernichtung praktiziert, wir hören brüllende Zuschauermengen beim Boxring und Fußball, wir lesen von jugendlichen Mördern und Sadisten, von Kindesmißhandlungen, von Gewalt auf der ganzen Linie. Wir erleben obrigkeitlich gesteuerte Vernichtungstechnik durch Tornados und Cruise Missiles, wir wissen von unvorstellbaren Geldsummen für Rüstungsbetriebe und für Erfinder der raffiniertesten und infamsten Mordwerkzeuge.

Wo ist der Protest der Erwachsenen, der Pädagogen, der Politiker, Theologen, Prediger und Würdenträger?

Wo sind diejenigen, die den Zerstörern in den Arm fallen? Nackte Gewalt des Alltags wird hingenommen, vergessen.

Das Geld für die Instrumente der Gewalt in Nord und Süd, Ost und West könnte verwendet werden zur Überwindung vielfacher Nöte in der Welt, zur Schaffung von Arbeitsplätzen, zur Sinngebung eines menschlichen Daseins, für eine glückliche Kinderwelt – ohne Gewalt – Bildungsangebote für jeden, für Helfen und Heilen, Ersetzen der Gewalt durch sinnvolle Aufbautätigkeit. Viele Jugendliche würden mit Begeisterung mitwirken, die Gewalt durch Aktivität in gutem Sinn zu ersetzen, durch Achtung und Pflege einer geheilten Umwelt, Hilfe gegen Seuchen und Krankheiten, Angebote zum Glück und zur Selbstlosigkeit,

Angebote zu einem alternativen und einfachen Leben. Wo sind die Leitbilder, die wir Erwachsenen den Jugendlichen geben? Wo ist die Zukunftsaussicht, die wir durch sinnloses Wettrüsten vertan haben?

Die Eskalation der Gewalt wurde bereits 1955 hervorgerufen, und sie strebt jetzt einem nie gekannten und unvorstellbaren Höhepunkt zu.

Wir sollten den jungen Menschen dankbar sein, die sich dieser Katastrophe entgegenstellen – in Erwartung der Solidarität der Erwachsenen, die auch vielleicht diese Energie aufbringen könnten.

Wo sind die Leitbilder, die wir ihnen geben können ...? Eine zerrissene und brutalisierte Welt braucht Leitbilder besonderer Art. Es genügt nicht, Richtersprüche zu verkünden und Gefängnisse zu füllen. Die Arbeit an der Basis muß getan werden, durch Schaffung einer glücklichen Kinderwelt, durch Aufbau von Berufen und Arbeitsplätzen. Das Geld könnte zur Verfügung stehen, wenn wir es der verschwenderischen Zerstörung wegnehmen würden. Kinder und Jugendliche brauchen Sicherheit und Zukunftserwartung. Sonst dürfen wir der Jugend keine Vorwürfe machen. Jeder von uns ist mitverantwortlich.

Rode 1982c = *Rode*, Irmgard: Eskalation der Gewalt. In: FdV-aktuell (Freunde der Völkerbegegnung – Meschede) April 1982, S. 12-13.

9. Jugendliche in Heimen (1982)

Von Irmgard Rode

Dies ist eines der traurigsten Kapitel im Bereich der Jugenderziehung. Hier handelt es sich um Kinder und Jugendliche, denen von Anfang an das fehlte, was sie brauchen zum Gedeihen: Geborgenheit, Zuwendung. In den großen Heimen kann dies kaum vermittelt werden. Da besteht Massenabfertigung, Anonymität, Unpersönlichkeit – trotz aller Bemühungen der meist überforderten Betreuer.

Kinder und Jugendliche werden eingeliefert wegen Problemen in ihrer Umwelt oder Krankheit – wohl kaum jedoch aus eigener Schuld. Das Tor schließt sich hinter ihnen und sie gehören zu den Vergessenen. Abgestumpftheit, Aggressionen, Labilität und Gefährdung durch Kriminalität sind die Folgen. Ihre Probleme werden nicht gelöst, sondern verschärfen sich eher, seelische Mangelkrankheiten entwickeln sich, und Hospitalismus prägt die Jugendlichen.

Natürlich fehlt es den Heimen auch an den notwendigen finanziellen Mitteln – natürlich spart man an den Randgruppen der Gesellschaft. Zwar bemüht man sich verstärkt um Alternativen: hier und da gibt es kleinere Heime, man bemüht sich mehr um Pflegefamilien. Aber für tatsächliche Verbesserungen fehlt geschultes Personal, fehlt das Geld. Vor allem aber fehlt größtenteils das Verständnis dafür, daß Kinder von frühester Jugend an Nestwärme, Geborgenheit und feste Bezugspersonen brauchen.

Viele Fehler und Mißstände sind noch zu beheben! Aber Heimbewohner sind in der Regel vergessen, man kennt sie nicht, man weiß nichts von ihnen! Über dieses Thema wäre daher noch sehr viel zu schreiben. Das ist hier bei dem beschränkten Platz nicht möglich. Aber zumindest sollen die Dinge beim Namen genannt werden und soll hingewiesen werden auf die Schicksale vieler Kinder und Jugendlicher, die der Hoffnungslosigkeit ausgeliefert sind.

Rode 1982d = *Rode*, Irmgard: Jugendliche in Heimen. In: FdV-aktuell (Freunde der Völkerbegegnung – Meschede) April 1982, S. 14.

10.
DIE MESCHEDER FRIEDENSWOCHE
[im November 1981]

Irmgard Rode

Diese Woche ist bundesweit eingerichtet worden als Angebot der evangelischen Kirche, und es haben sich Teilgruppen der Katholiken zum Mitwirken bereit erklärt.

Es gab Gottesdienste, Diskussionen, Markt der Möglichkeiten, einen Liederabend, Friedenswege von verschiedenen Gedenkstätten der Stadt aus, z.B. vom Soldatenfriedhof, jüdischen Friedhof und Franzosenfriedhof, der auch den russischen Gefangenen als Ruhestätte dient. Den Abschluß bildete ein Besinnungsnachmittag mit Berichten aus den verschiedenen Aktionen im kath. Jugendheim St. Walburga. Evgl. und kath. Pfarrer haben sich beteiligt. Ebenfalls die Mitglieder der verschiedenen Konfessionen. Man hätte sich mehr Beteiligung der Bevölkerung erwünscht, aber der Weg des Friedens ist ein mühsamer und ungewöhnlicher Weg, ohne Marschmusik und Heldenehrung, ohne Kommandos und lautstarke Töne. Aber er ist ein neuer Aufbruch in eine neue Richtung. Bisher ging alles in Richtung Stärke und Macht. Der Friedensweg geht in Richtung Verständigung, Selbstlosigkeit und Brüderlichkeit im Sinne des Evangeliums.

Rode 1982e = *Rode*, Irmgard: Die Mescheder Friedenswoche [November 1981]. In: FdV-aktuell (Freunde der Völkerbegegnung – Meschede) April 1982, S. 20.

11.
„AUSLÄNDERFEINDLICHKEIT" (1982)

Von Christa Schröter, Irmgard Rode, Christian Cordt

Unter diesem Motto veranstaltete die kath. Akademie Klausenhof ein Seminar (Febr. '82). Die evgl. Akademie Mühlheim hat ebenfalls dieses Thema aufgegriffen (April '82). Drei unserer Mitarbeiter nahmen teil an dem Seminar im Klausenhof, bei dem

Vertreter des öffentlichen Lebens und auch die Ministerin a.D Lieselotte Funcke anwesend waren, ebenfalls Vertreter der Ausländer. Hans Schueler, „Zeit"-Redakteur, brandmarkte die wachsende Ausländerfeindlichkeit, geschürt durch die Machenschaften der NPD.

Durch junge Leute ist es in Meschede gelungen, gegen die NPD-Veranstaltung im März einen öffentlichen Protest einzulegen. Im Klausenhof bemühten sich etablierte Parteien und Verbände, Lösungen zu finden, aber in unbefriedigender Weise. Erfreulich war allerdings die Reaktion von der Basis her (Mitarbeiter, Sozialarbeiter, Pädagogen usw.), die ihre Solidarität für die ausländischen Mitbürger bekundeten und ihr Verständnis für deren Lage zum Ausdruck brachten.

Schröter/Rode/Cordt 1982 = *Schröter*, Christa / *Rode*, Irmgard / *Cordt*, Christian: „Ausländerfeindlichkeit". In: FdV-aktuell (Freunde der Völkerbegegnung – Meschede) April 1982, S. 26.

12.
MENSCHEN JENSEITS DER GRENZEN (1984)

Von Irmgard Rode

Nachdem unsere Gruppen einen regen Austausch hatten mit England und Frankreich, Coventry und Montebourg und Le Puy, gab es natürlich auch Versuche, die UDSSR kennenzulernen.

Ab 1970 fuhren wir dreimal dorthin; organisiert wurde die Fahrt durch den CVJM Kassel. Wir fuhren in Gruppen von je 50 jungen Leuten und einigen Erwachsenen, bekamen Hotelquartiere, und einmal wohnten wir auch in einer Jugendherberge in Rostov am Don. Besonders beeindruckten uns in Moskau und Leningrad die Kunstausstellungen, wir besuchten auch Theater und Ballett. Die Russen sind sehr feinfühlend und kunstliebend. Einige Male gelang es uns auch, mit Gruppen von Jugendlichen Gesprächsabende einzurichten, – da einige unserer Leute sprachkundig waren, ging alles leichter.

Natürlich gibt es auch in der UDSSR Dinge, die man gewiß nicht gutheißen kann – im Gegenteil – aber das bedeutet für uns, daß man ein gutes Beispiel geben sollte, und daß wir zeigen, wie man einiges besser machen könnte ...

Mit Besuchergruppen aus Polen und Ungarn hatten wir auch einige aufmunternde Erfahrungen; als unsere Gäste waren sie unsere Freunde, z.B. die „Gruppen des gemeinsamen Weges" aus Polen, und der ungarische Professor Tomka, und unser russischer Besuch, ein herzensguter und freundlicher Mensch, den wir – trotz gewisser Unterschiede in unserm Denken herzlich gern immer wieder einladen möchten ...

‚Ich möchte nicht zum Mond gelangen, Jedoch an meines Feindes Tür. / Ich möchte keinen Streit anfangen, ob Frieden wird, das liegt bei mir.

Herr, gib mir Mut zum Brückenbauen, gib mir den Mut zum ersten Schritt. / Laß mich auf Deine Brücken trauen, und wenn ich gehe, geh Du mit!'

Rode 1984 = *Rode*, Irmgard: Menschen jenseits der Grenze. In: FdV-aktuell (Freunde der Völkerbegegnung – Meschede) Oktober 1984, S. 10.

Mr. John und Irmgard Rode, Meschede 15.2.1985 (Foto: Andreas Evers)

13.
„DIE INTEGRATION DER VERTRIEBENEN IN MESCHEDE 1945-1955".
Schülerwettbewerb
Deutsche Geschichte 1984/85:
Interview von Claudia Bartmann mit Irmgard Rode

Interviewpartner: Frau Rode [F.R.];
Reporterin: C. Bartmann [C.B.]

C.B.: Frau Rode, wie Sie wissen, nimmt unsere Klasse, das heißt, die 11b des Städtischen Gymnasiums Meschede, am Schülerwettbewerb „Deutsche Geschichte" teil. Unser Thema sind besonders Flüchtlinge und Vertriebene. Was wir jetzt gerne von Ihnen wissen möchten und was für unsere Arbeit bestimmt nicht uninteressant ist, wäre, daß Sie uns ein wenig von Ihrer Aufgabe damals erzählen. Was hatten Sie also in der Nachkriegszeit hier in Meschede für eine Arbeit?

F.R.: Ich fühlte mich menschlich angesprochen durch das Schicksal dieser Menschen, die ihre Heimat verlassen mußten und also in eine ganz neue, ihnen unbekannte Umgebung kamen. Das war für diese Menschen nicht leicht. Sie waren entwurzelt, herausgerissen; alles, was ihnen lieb und wert war, mußten sie verlassen, ihre Freunde, ihre Heimat. Und sie kamen nun hierhin, wo sie fremd, im fremden Land waren.

Ich fühlte mich da angetrieben, etwas zu tun. Irgendwie erschütterte mich das Schicksal dieser Menschen, und ich war sozusagen eine freiwillige Helferin, die sich bemühte, ihnen zu helfen, ihre Situation zu bewältigen. Ich erinnere mich, daß eines späten Abends ein Zug eine Menge Schlesier nach Meschede brachte. Sie sollten hier unterkommen, obwohl es ja auch schwer war. Wir alle hatten eine schwere Zeit, wir lebten in einer gewissen Not, wir wußten oft nicht aus noch ein, alles war knapp. Wir hatten auch keine Unterkunft, wir konnten auch nicht bauen, das war unmöglich. Diese Leute standen vor dem Nichts und wir hatten nichts.

Aber doch bemühte sich die Stadt, so gut es ging, etwas zu tun. Auf den Wiesen bei der Ruhr standen große Baracken, und diese waren leer, und dann brachte man die Leute dorthin. Ich erinnere mich, wie sie spät abends kamen, es war dunkel, sie wurden dahin gefahren, und sie kamen dann in die großen Räume. Ich kann mich noch sehr gut erinnern: ein Mann hatte seine Tasche mit seinen wichtigsten Habseligkeiten verloren. Er war ganz verzweifelt. Sie war bei der Fahrt irgendwie abhanden gekommen, und er konnte sie nicht wiederfinden. Dann hat man versucht, den Leuten etwas an Hausrat zu besorgen, die wichtigsten Dinge. Ein Bett vielleicht, aber ich glaube, im Anfang waren es nur Matratzen, und der Raum war leer; es waren keine abgeteilten Zimmer, und das war auch hart, wenn man, wie in einer großen Menge, in einem großen Raum leben, schlafen, essen, alles zusammen tun muß. Dann bekamen die Leute Decken, um sich eine Schlafstatt herzurichten. Und sie nahmen dann diese Decken und teilten sich dann nach und nach so eine Art Zimmer ab, so daß wenigstens die Familien ein abgeschlossenes Zimmer hatten.

Ich kann mich erinnern, daß die Lieferung der Mahlzeiten sehr schwierig war. Es wurde ein großes, gemeinsames Essen jeden Tag hergestellt und eine gemeinsame Mahlzeit, und die wurde dann verteilt. Da standen große Töpfe, und man schöpfte dann daraus, und die Leute kamen mit ihren Tellern. Ich fühlte mich so hilflos, aber ich wollte doch etwas tun. Und ich ging dann hin und half wenigstens beim Essenverteilen und kam mit den Leuten ins Gespräch und wollte ihnen so menschlich etwas näher kommen. Ich ging dann öfter dahin und besuchte diese Menschen. Es waren ältere Menschen, es waren auch jüngere Menschen da. Sie mußten also zunächst dort wohnen bleiben. Dann versuchte ich einige Zeit lang, ob ich wenigstens einige Tage einige bei uns unterbringen konnte. Aber es nützte eigentlich nichts, wir hatten ja auch nichts an Verpflegung zu bieten, sie waren auf ihre gemeinsame Verpflegung angewiesen.

Aber nach und nach konnte man doch etwas tun: Ich sprach andere Menschen an, die ich kannte; ich sprach auch fremde Menschen an, um diesen fremden Zugezogenen, die nun unsere Freunde werden sollten, etwas Arbeit zu vermitteln. Ich kannte einen Jungen, der war auf dem Gymnasium gewesen und wollte jetzt auch eigentlich weiterlernen, aber er sagte: „Ist ja ganz unmöglich. Ich werde Müller. Es ist ja ganz unmöglich, wie soll ich denn lernen?" Und ich hatte Schwierigkeiten, ihm einzureden, daß er doch weiterlernen sollte. Es gelang mir auch, daß er und einige seiner Freunde hier auf das Gymnasium vermittelt wurden, und daß er später also, es war einige Zeit, nachdem sie hier angekommen waren, auch lernen konnte. Er machte dann hier das Abitur, und ich hab' mich auch bemüht, ihn weiter zu vermitteln, so daß er auch einen Beruf ergreifen konnte. Er ist später Lehrer geworden. So versuchte ich es auch mit anderen Menschen. Es war natürlich sehr mühsam.

Zufällig hatte ich in Meschede einen Kindergarten eingerichtet und zwar in der Schützenhalle, denn nirgendwo sonst war ein Raum, eine Möglichkeit, einen Kindergarten einzurichten. Und ich konnte dann nacheinander zwei schlesische Mädchen einstellen als Kindergärtnerinnen. Eine war zwar Krankenschwester, aber sie war so geschickt und tüchtig, sie schaffte das gut, mit den Kindern fertig zu werden; und die zweite ebenfalls. Sie waren beide sehr verantwortungsbewußt und konnten gut mit Kindern umgehen. Die bekamen aber ein ganz kümmerliches Gehalt, nur ein paar Mark, die die Eltern der Kinder bezahlten. Zuschüsse gab es nicht.

Manches andere habe ich vergessen, aber hin und wieder erzählt mir jemand: „Ach, damals, da haben Sie sich doch gesorgt, daß wir da und da unterkommen konnten." – Die bekamen dann eine Wohnung irgendwo außerhalb. In Meschede direkt war es schwer, aber man konnte sie manchmal außerhalb aufs Land vermitteln, wenn auch in einer abgelegenen Gegend, aber wo sie wenigstens eine eigene Wohnung hatten. Später hat dann die Stadt versucht zu bauen, es gab Siedlungshäuser, die sogenannte Bauernsiedlung, wo die Leute dann ein Stück Land bekamen und ein Haus, wo sie dann das Land bebauen konnten. Wer wollte, konnte sich auch Vieh anschaffen. Dafür war gesorgt.

An diese Dinge habe ich noch schwache Erinnerungen, aber es hat mich damals sehr beeindruckt; und was mir auch zu denken gab und was mir Eindruck machte, war besonders auch die Kultur der Schlesier. Sie hatten eine besondere Kultur. Ich empfand das als etwas, was irgendwie uns ansprach. Die hatten ihre guten, schönen Lieder; sie hatten ihre besondere Mundart; sie waren musikalisch, die Leute; sie hatten ihre Erzählungen, ihre Gedichte, ihre Poesie, und sie waren begabt in dieser Hinsicht. Mit anderen zusammen richteten wir dann Heimatabende ein, und wenn es hieß, es wird ein Heimatabend sein, dann kamen die Menschen gerne, dann freuten sie sich, dann trafen sie sich. Und dann haben wir zusammen gesungen; es waren ein paar Gitarrenspieler da, und das war uns allen ein besonderes Erlebnis. Es waren gemütvolle, lebendige Lieder. Und die Kultur, Musik und Lied und Poesie, beeindruckten mich und auch andere Freunde sehr, besonders, wenn dies echt und sehr eindrucksvoll vorgetragen wurden.

Allmählich sind dann die Schlesier integriert worden bei uns, aber das war für die Menschen eine harte Zeit; eine mühsame Zeit, eine leidvolle Zeit. Die Hilfsmöglichkeiten waren sehr beschränkt. Solange sie in ihrer Gemeinschaftsunterkunft waren, hatten sie ja auch nicht die Möglichkeit, uns einzuladen. Alles war sehr beengt und sehr schwierig. Aber nach und nach hat sich die Lage gebessert, und ich meine, jetzt sind sie ganz in der Bevölkerung aufgegangen und sie gehören zu uns, sie sind nicht mehr Fremde. Sie haben zwar noch ein eigenes Kulturgut, was sie auch pflegen, und diese kulturelle Berührung kann für alle nur sehr wertvoll sein. Das sind die Erinnerungen, die mir am eindrucksvollsten geblieben sind.

C.B.: Ja, dann hätte ich noch ein paar Fragen. Sie haben uns ja eben von den Versorgungsproblemen erzählt, aber wie war das mit den Unterbringungsproblemen? Es gab ja auch Zwangsein-quartierungen in Wohnungen der Einheimischen, nehme ich an. Wie reagierten denn die Einheimischen darauf, daß sie die Flüchtlinge bei sich aufnehmen mußten?

F.R.: Ja, alles, was zwangsweise vorgenommen wird, ist ja natürlich für die Leute nicht angenehm, und innerlich waren sie dann damit nicht einverstanden, weil sie zum Teil auch selber sehr beengt wohnten. Also das waren besondere Probleme. Ich habe das beobachtet, wie schwer es war, die Leute unterzubringen, und bei Zwangseinweisungen, da gibt's natürlich besondere Schwierigkeiten.

C.B.: Und die Lösung der sozialen Probleme? Wie war das Verhältnis zur neuen Umgebung für die Flüchtlinge? Haben die sich sofort hier eingelebt oder wußten sie erst nicht, wie sie sich hier verhalten sollten? Oder wie war das?

F.R.: Sie fühlten sich hier eben fremd und sie hatten auch einige Sitten und Gewohnheiten, die anders waren. Sie haben sich aber große Mühe gegeben, sich einzugewöhnen, aber es ging natürlich nicht alles so leicht ab. Wenn sie ihre heimischen Sitten und Kulturen noch bewahrten und liebten; nun waren sie fremd da, ich merkte, wie ihnen das öfter schwer wurde.

C.B.: Waren Sie auch nach dem Krieg noch politisch aktiv?

F.R.: Ja, ja, ich fühlte mich immer getrieben, politisch aktiv zu sein, nicht parteipolitisch, sondern in dem Sinne, das heißt, Politik ist eine Verpflichtung, das Leben zum Guten zu wenden und in diesem Sinne etwas zu tun. Natürlich lebte in der Folgezeit manches von dem Nazi-Gut noch auf in unserer Umgebung. Ich war einmal ganz erschüttert. Ich war einmal tieftraurig, als mir ein einflußreicher Mensch sagte, den ich bat, mir doch zu helfen, den Leuten Arbeit zu verschaffen, er sagte: „Hier müssen wir ganz vorsichtig sein, wenn Menschen aus anderer Umgebung zu uns kommen. Wir müssen so aufpassen, ob sie auch arisch sind. Passen Sie gut auf. Sehen Sie mal, da sind auch einige, die dunkelhaarig sind, und da müssen wir vorsichtig sein. Das geht nicht. Die arische Herkunft ist uns äußerst wichtig." Ich war erschüttert über diese Worte, aber das war eben noch, was noch hier und da lebte. Und wenn ein Mensch aus einer anderen Umgebung zu uns kam, dann gab es einzelne hier, die ihn mißtrauisch beobachteten, aber ich glaube doch wohl, daß das Ausnahmen waren.

C.B.: Worauf wir jetzt noch gar nicht zu sprechen gekommen sind, sind die Kinder, die damals, in der Nachkriegszeit, hier lebten, also die Kinder der Flüchtlinge. Was machten die in der Nachkriegszeit? Gingen die in Kindergärten oder Schulen?

F.R.: Da kann ich mich nicht so genau erinnern. Ich weiß nur, daß wir eben einen Jungen aus dem Lager herausgeholt hatten, der dann später Lehrer wurde. Ich kann mich aber erinnern, daß die anderen Kinder ... – dieser Junge hatte seine Familie verloren –, daß die anderen Kinder bei ihren Eltern lebten. Ich meine, sie hätten in der Schule auch erst Anpassungsschwierigkeiten gehabt, wie jeder, der neu in die Klasse kommt.

C.B.: So, ich nehme an, mehr gibt's da nichts zu zu sagen, das heißt, man könnte noch viel mehr dazu sagen. Aber in der kurzen Zeit reicht das wohl aus.

F.R.: Ja, das sind die menschlichen Dinge, die mir aufgefallen sind, und daß es Menschen gab, die sich Mühe gegeben haben, z.b. Schwester Mathilde war ja eine Schwester, die sehr viel auf dem Gebiet der Caritas tat, sie gehörte zu den Schulschwestern. Sie war täglich unterwegs, um etwas zusammen zu holen und diesen Menschen zu helfen, die es besonders dringend brauchten. Ja, das war erst mal das wichtigste, was mir so im Gedächtnis geblieben ist.

C.B.: Ja, dann würde ich sagen, hören wir auf. Also, wenn Ihnen noch was einfällt, können Sie mir das so sagen, ich bringe das dann noch mit da rein. Okay.

Quelle: Richter 1988 = *Richter*, Erika (Tutorin) / *Klasse 11b des Gymnasiums der Stadt Meschede*: Die Integration der Vertriebenen in Meschede 1945-1955. = Einreichung zum Schülerwettbewerb Deutsche Geschichte 1984/85. Meschede: Selbstverlag der Stadt Meschede 1988, S. 66-73. [Handschriftlich darin: Interview mit Irmgard Rode] [BBW Druck Josefsheim Bigge 5787 Olsberg]

14.
DIE TAMILEN (1985)

Von Irmgard Rode

Die Tamilen sind eine Volksgruppe aus Sri Lanka. Sie sind eine Minderheit, die von einer gewalttätigen Mehrheit unterdrückt wird.

Die Singhalesen haben die Vorherrschaft, die Übermacht, sie unterdrücken die Tamilen, die eine außerordentlich sympathische, intelligente Bevölkerungsgruppe bilden, und die geeignet waren für höhere Stellen in verschiedenen Berufen. Das erregte die Eifersucht der Singhalesen und sie machten den Tamilen das Leben zur Qual, die dort zur Zeit ihres Lebens nicht mehr sicher sind. Nachts werden Kontrollen und Überfälle gemacht, wahllos werden die Tamilen niedergeschossen. Augenzeugen, auch aus unserer Gegend, haben in Sri Lanka Beobachtungen gemacht und können die grausamen Taten bezeugen. Besonders die jungen Männer fühlen sich stets Verfolgungen und Bedrohungen ausgesetzt.

Deshalb ist zu erklären, dass manche ihre Heimat verließen. Hier gewährt man ihnen Asylrecht, da es erwiesen ist, daß sie nicht zurückkönnen. Es gibt jedoch viele Beschränkungen: sie müssen an ihrem Wohnort bleiben, haben keine Freizügigkeit. Das Recht des Zusammenkommens von Eheleuten wurde ihnen lange Zeit verweigert. Sie leben von der Sozialhilfe, dürfen durchweg nicht arbeiten, von Ausnahmen abgesehen. Diese dunkelhäutigen Menschen sind aber angenehm im Umgang, höflich, gebildet, freundlich und bescheiden, von ruhiger, stiller Art. In Arnsberg hat ein junger Arzt – aus der Pax Christi Gemeinschaft – einen Arbeitskreis von Deutschen und Tamilen gebildet, hat ihnen eine Wohngemeinschaft besorgt und verhilft ihnen zu Kontakten.

In Meschede haben die Tamilen Deutschunterricht durch den freundlichen Lehrer, Herrn Bernzen, und durch einige andere Helfer. Dies geschieht in den Räumen der Brückenstraße, etwa zweimal in der Woche, Helfer sind noch sehr willkommen.

Es sollte für uns eine Aufgabe sein, zu diesen vereinsamten Menschen einige Kontakte herzustellen.

Rode 1985a = *Rode*, Irmgard: Die Tamilen. In: FdV-aktuell (Freunde der Völkerbegegnung – Meschede) Oktober 1985, S. 26-27.

Irmgard Rode auf einer Weihnachtsfeier mit Asylbewerbern im Jugendheim St. Walburga Meschede, 26.12.1984. *Foto: Andreas Evers*

15.
SO ENTSTAND UNSER
INTERNATIONALES KINDERHAUS (1985)

Von Irmgard Rode

Etwa ab 1970 kam eine größere Anzahl von Ausländern in die BRD, man hatte ihnen guten Verdienst und feste, lohnende Arbeitsplätze zugesagt, und sie arbeiteten mit allen Kräften mit an unserem Wohlstand.

Aber die Kinder der neuen Mitbürger waren oft sich selbst überlassen – am Straßenrand warteten sie täglich bis nachmittags, bis die Eltern von der Arbeit kamen. In den Schulen waren sie verschüchtert und hilflos – die Lehrer waren durch die verschiedenen Nationalitäten überfordert.

Die kleine Elke Biebris, 4. Schuljahr, ergreift die Initiative: „Wir müssen uns um die ausländischen Kinder kümmern! Sie sind so allein. Wo können wir uns mit ihnen treffen?"
Eine kleine Initiative wird gegründet; Schüler höherer Klassen und auch Studenten schlossen sich an. Elke und Ulrike Biebris waren weiter mit aktiv.

Mit Gleichgesinnten mühten sie sich ab, Räume, Bücher und Spiele zu beschaffen. Es wurde dann bereitwillig Unterkunft für nachmittags zur Verfügung gestellt, in Schulen und Jugendheimen. 30 Helfer wechselten sich ab, so dass täglich 2 Stunden Betreuung durchgeführt werden konnten, und zwar an den einzelnen Treffpunkten zweimal in der Woche. Auch einzelne Eltern und Lehrer halfen mit. Schließlich gab es einen zentralen Treffpunkt: in der alten Berufsschule, Steinstraße.

Zeitweise hatte man nachmittags über 50 Kinder zu betreuen, mit ihnen zu lernen, was den Eltern besonders wichtig war, und auch Freizeitangebote zu machen. Man sammelte Fahrräder, Rollschuhe und vieles andere. Als eine feste Helferin angestellt wurde, gab die Stadt eine Beihilfe. Das Landesjugendamt bestand auf Einrichtung eines Kinderhortes, das brachte aber enorme Kosten, und ewig war man in schwersten Sorgen. Wohl gab es Freunde und Gönner, aber der Fehlbetrag war belastend.

Immerhin kamen viele Kinder, und es mussten noch „Offene Gruppen" (Lern- und Spielstuben) eingerichtet werden, mit freiwilligen Helfern und einem Zivildienstleistenden. Die Eltern waren glücklich, dass die Kinder schulischen Erfolg hatten. Ohne

Hilfe wäre dies nicht möglich gewesen wegen der Sprachschwierigkeiten. So aber entwickelten die Kinder ihre Talente; das kleine Paradies wuchs und blühte für die Kinder. „Dies ist wohl eine Mini-Uno!" meinte ein netter Reporter.

Im Jahre 1984 hat die Gruppe des Kinderhortes ein wohlwollendes Kuratorium gefunden; dies gründete den Förderverein für Internationale Kinderhilfe Meschede e.V. Die Leiterin des Kinderhortes ist Frau Jacobi, und als Mitarbeiterin ist Frau Hineraski tätig – nun schon 4 Jahre in der Betreuung. Beide sind aktiv und einsatzbereit. Die Kinder, für die im Hort kein Platz mehr war, kommen nun regelmäßig in die „Lern- und Spielstuben", etwa 30 Kinder von 8 bis 16 Jahren. Besonders gute Hilfe leisten dort Frau Ebert, Dipl. Pädagogin, ehrenamtlich und stundenweise, und Wolfgang, der freundliche Zivildienstleistende mit vielen Fähigkeiten; und eine ehrenamtliche Leiterin ist zur Stelle.

Es herrscht eine Atmosphäre der Herzlichkeit, der Zuneigung zu den Kindern – gedeihen kann diese Arbeit nur in einem Klima des Friedens und des harmonischen Gleichklangs. Dieser Zustand ist nun erreicht, die Kinder fühlen sich wohl, lernen gut – alle Kinder, die regelmäßig gekommen sind, erreichten das Klassenziel sowohl im Hort als auch in den Lern- und Spielstuben. Die Eltern sind natürlich sehr erfreut, denn die geistige Förderung der Kinder und die Entwicklung der Talente ist ihnen ein Hauptanliegen.

Nun besteht die Kinderbetreuung seit 15 Jahren, hatte viel Mühen und Schwierigkeiten und Sorgen zu verkraften, aber der Kinder wegen wurde durchgehalten. Dank sei gesagt an dieser Stelle den gutwilligen Menschen, die ihre Hilfe bezeigten, den Verbänden und Institutionen, und Stadt und Kreis. Nun ist daraus eine gute und einmalige Einrichtung geworden, nirgendwo sonst ist sie im HSK vorhanden. Herzlichen Dank allen Freunden und Helfern!

Rode 1985b = *Rode*, Irmgard: So entstand unser Internationales Kinderhaus. In: FdV-aktuell (Freunde der Völkerbegegnung – Meschede) Oktober 1985, S. 29-31.

16. Meschede im Sauerland

Gedicht
von Irmgard Rode

Meschede im Sauerland:
vielen Menschen wohlbekannt.
Kleine Stadt am Strand der Ruhr:
Berge, Wiesen, Wald und Flur.
Klause hoch am Bergesrand,
grüßt herab ins Sauerland.
Winde wehen, Bäume rauschen,
Wanderer dem Gruße lauschen.
Wege, Pfade bunt umsäumt,
wo die Tanne steht und träumt.
Roter Mohn grüßt still am Rain –
was kann da wohl schöner sein?

Straßen gibt es, die sich winden,
die zum Berge aufwärtsfinden,
führen hin zu manchem Hügel:
meine Wünsche haben Flügel,
möchte immer weiter gehen,
immer mehr der Schönheit sehen.
Rehweg gibt's und stille Ecken,
wo die Hasen sich verstecken,
wo der Kuckuck ruft im Wald,
weithin oft ein Echo hallt.
Heidekraut und Birken rauschen,
wo die Rehe steh'n und lauschen
und wo sich zu stiller Nacht
Has' und Fuchs sagt gute Nacht.

Und die Leute, nah und fern,
haben sich in Freundschaft gern.
Manchmal gibt es kleine Feste,
oftmals sieht man frohe Gäste.
Hoch am Drehberg war es schön,
so ein Fest sich anzusehn.
Kleines Zelt am netten Haus,
Gäste gingen ein und aus.

Kinder spielten hier und dort,
lachten, hüpften, liefen fort.
Mit den Rädern fuhren sie,
waren flink jetzt wie noch nie.
Preise gab's vor allen Dingen,
vieles konnte man gewinnen.
An der kleinen Tombola,
freute sich die ganze Schar.

Opapa und Omama
waren auch zum Feste da.
Für die Großen und die Kleinen
wollte auch die Sonne scheinen.
Froher Glanz im Sonnenlicht,
das durch alle Wolken bricht.
Blauer Himmel, schöne Welt,
Nachbarschaft im Festtagszelt.
Kaffee, Kuchen, Wein und Tee –
Freundschaft, Freude eh und je.
Spät, als alle Lichter aus,
ging man sehr vergnügt nach Haus,
dachte weiter noch im Traum:
„Ach, wie schön, man glaubt es kaum!"
Drehberg, Rehberg, Berg und Hang,
gerne sieht man dort entlang.
Immer ist es wunderschön,
Wald und Hügel anzusehen.

Und die Gärten, voller Pracht,
wie verzaubert sind gemacht,
Blumen nicken vor der Tür,
Rosen grüßen für und für,
grüne Hecken, rote Hecken,
wo die Käfer sich verstecken,
Birken, Kiefern, Tannen, Fichten –
wo die Wälder sich dann lichten,
hoch vom Berg zum tiefen Tal:
Grüß die Stadt mir tausendmal!
Gruß dem See und Gruß den Wäldern,
Gruß den Hügeln und den Feldern –
Schieferhäuser an der Ruhr, Gruß der herrlichen Natur ...

Immer hängt mein Herz an Dir,
Sauerland, du schöne Zier...

Der Text ist erhalten als Maschinenskript und mitgeteilt worden am 20.12.2014 von der Tochter Roswitha Büttner (geb. Rode), der zufolge es Ende der 1970er oder Anfang der 1980er Jahre entstanden ist.

„Möge stets echte Freude unter uns sein"

Meschedes SGV-Jugend lud zu Musik, Spiel und Tanz

Es waren wirklich gemütliche Stunden, welche die SGV-Familie am Samstagabend im Franz-Schweitzer-Haus verlebten. Nachdem der Vorsitzende Wilhelm K n a u f einen kurzen und knappen Tätigkeitsbericht gegeben und seinen Mitarbeitern, besonders aber Frau R o h d e , gedankt und Kassierer N o l t e die Mitglieder über die Kassenlage orientiert hatte, kam die Jugend zu Wort, denn sie sollte an diesem Abend einen Querschnitt durch ihre Arbeit — Gesang, Volkstanz, Laienspiel — geben. Und das taten die Jungen und Mädel mit einer so herzerfrischenden Natürlichkeit, daß die ältere Generation nicht mit Beifall sparte. Chorlieder, Gedichte und Musikstücke wechselten in bunter Folge. Bei dem Bühnenstück „Shakespeare hat nicht immer Recht" war das Zwerchfell der Zuschauer starken Belastungen ausgesetzt.

Horst E s s e r vermittelte in „420 Worten", wie er sagte, allen einen Einblick in die Tätigkeit des Jung-SGV. „Das Ziel unserer Arbeit ist, Höflichkeit und Achtung vor den Mitmenschen zu bewahren." Die SGV-Jugend benötige dringend ein eigenes Heim, allerdings ohne den üblichen Bierausschank, denn es „möge unter uns stets echte Freude sein". Vorsitzender Knauf ehrte anschließend zwei Wanderfreunde für 50jährige, fünf für 40jährige und zehn für 25jährige Mitgliedschaft.

Bei Volks- und Gesellschaftstänzen blieb die SGV-Familie noch einige Stunden in froher Gemeinschaft zusammen.

Dieser Zeitungsausschnitt aus dem Jahr 1952 oder 1953 (Archiv Angelika Rode) zeigt, dass Irmgard Rode ihr Engagement für Jugendliche sehr früh auch im Sauerländischen Gebirgsverein (SGV) verwirklicht hat.

Dr. Alfons Rode und Ehefrau Irmgard Rode im Juni 1984

IV.
Texte über das Ehepaar Irmgard und Alfons Rode,
die Freunde der Völkerbegegnung und das Internationale Kinderhaus Meschede

1.
HERZENSWUNSCH: WIEDERSEHEN MIT DER HEIMATSTADT.
„Völkerfreunde" bitten um Hilfe (1981)

Meschede. Einen außergewöhnlichen Hilferuf senden die „Freunde der Völkerbegegnung" an Meschedes Mitbürger: Sie möchten Frau Lore Hesse ein Wiedersehen mit ihrer Heimatstadt Meschede ermöglichen, aus der sie vor über 40 Jahren abrupt herausgerissen wurde, an die sie aber noch manche gute Erinnerung hat.

Viele, vor allem ältere Mescheder, werden sich der Familie Hesse, ihres gut florierenden Textilhauses am heutigen Kaiser-Otto-Platz und vor allem ihrer Mildtätigkeit erinnern.

1938, nach der sogenannten Kristallnacht, als sich die Situation für alle Juden gefährlich zuspitzte, konnte sich das Ehepaar Hesse mit einer großen Summe freikaufen und in aller Eile seinen nicht unerheblichen Besitz in Meschede veräußern. Über Italien, wo sie nach langem, bangem Warten einen Platz auf dem letzten Schiff nach Haifa ergatterte, flohen die Hesses in das unter britischer Oberhoheit stehende Palästina.

Den Erlös aus dem Verkauf verschlangen Reise, Wohnungskosten und Gründung einer neuen, sehr bescheidenen Existenz. Lore, die einzige Tochter, damals zehn Jahre, heute verheiratet und Mutter dreier erwachsener Söhne, hat nun nach all den

Jahren den nur allzu verständlichen Wunsch, einmal wieder zurückzukehren an die Stätte ihrer Kindheit. Da aber das Vermögen ihrer Eltern verloren war und sie schon gar nicht am Wirtschaftswunder teilnehmen konnte, fällt es ihr heute schwer, die Kosten für einen Flug nach Köln oder Düsseldorf aus eigenen Mitteln aufzubringen.

Für Unterbringung und Betreuung haben sich schon einige ihrer alten Freunde zur Verfügung gestellt. Wer mit zu den Reisekosten beitragen möchte, überweist seine Spende auf das Konto der „Freunde der Völkerbegegnung" Sparkasse Meschede Nummer 8698.

Da der Juni für die ehemalige Mitbürgerin der günstigste Termin ist, bitten die Völkerfreunde möglichst schnell und großzügig zu helfen.

Westfälische Rundschau 1981a = *Herzenswunsch: Wiedersehen mit der Heimatstadt.* – „Völkerfreunde" bitten um Hilfe. In: Westfälische Rundschau (Meschede), 14.05.1981.

2.
I. RODE GRÜNDETE DAS FRIEDENSWERK.
Feiert heute 70. Geburtstag

Meschede. Ihr 70. Lebensjahr vollendet am heutigen Montag Frau Irmgard Rode. Idealismus und Toleranz prägten ihr Leben. Eine Aufgabe sah sie darin, Freundschaft zu Nachbarvölkern zu pflegen und so einen aktiven Friedensbeitrag zu leisten.

Irmgard Rode wurde 1911 in Münster als Tochter eines Lehrers geboren. Sie kam vor dem letzten Krieg nach Meschede und heiratete Dr. jur. Alfons Rode, der viele Jahre am Amtsgericht Meschede tätig war.

Nach dem Krieg gehörte Irmgard Rode einer Delegation aus Nordrhein-Westfalen an, welche die Friedensstadt Coventry in England besuchte. Damals schon lernte sie Miss Barnes und Dr. William Rose aus Coventry kennen, die zu den Gründern des „Comitee for International Understanding" gehörten. Es folgten viele freundschaftliche Begegnungen in Coventry und Meschede bis zum heutigen Tag.

Am 1. Dezember 1968 gründete die Jubilarin mit Gleichgesinnten das Friedenswerk „Freunde der Völkerbegegnung", das heute über 500 Mitglieder zählt. Besseres Kennenlernen und Verstehenlernen der Nachbarvölker sollten die Grenzen zu Brücken werden lassen.

In der ehemaligen Berufsschule Meschede schuf Irmgard Rode die „Schulische Förderung deutscher und ausländischer Kinder". Ihr Motto: „Kinder haben keine Lobby, darum müssen wir ihnen helfen".

Darüber hinaus war Irmgard Rode in der „Pax Christi-Bewegung" tätig und arbeitet im „Deutschen Kinderschutzbund" mit.

Ihr großes, selbstloses Engagement hat ihr überall Achtung verschafft. Insbesondere die „Freunde der Völkerbegegnung" danken für ihr unermüdliches Wirken. Sie treffen sich heute, 18:30 Uhr, im Haus Steinstraße, um Irmgard Rode im Rahmen einer Dankesfeier zu gratulieren.

Westfälische Rundschau 1981b = *I. Rode gründete das Friedenswerk. Feiert heute 70. Geburtstag.* In: Westfälische Rundschau Meschede, 29.6.1981.

3.
IRMGARD RODE 70 JAHRE!

In körperlicher und geistiger Frische feierte Irmgard Rode am 29. Juni ihren 70. Geburtstag. Vormittags gratulierte Herr Bürgermeister Stahlmecke; abends trafen sich die „Freunde" im Haus an der Steinstraße, um *die* Frau zu ehren, die sich zeitlebens für Frieden und Gerechtigkeit eingesetzt hat.

Konrad Hengsbach erinnerte in seiner Ansprache an die vielen Jahre gemeinsamer Friedensarbeit. Gleich nach dem Kriege habe Irmgard Rode eine Brücke der Verständigung nach Coventry gebaut. Güte und Geduld seien ihre besonderen Eigenschaften. Er überreichte ihr ein Bild des Friedens-Altares von Coventry.

Rektor Josef Rath würdigte Irmgard Rode's Hilfe für die Ausländer-Kinder und zitierte den Dichter Ludwig Börne: „Man versteht die Kinder nicht, ist man nicht selbst kindlichen

Herzens; man weiß sie nicht zu behandeln, wenn man sie nicht liebt; und man liebt sie nicht, wenn man nicht liebenswürdig ist."

Alle „Freunde" wünschen dem Geburtstagskinde weiterhin Gesundheit und Gottes Segen. Thea Busch trug ein eigenes Gedicht vor. Der Volkstanzkreis erfreute durch eine gelungene Vorführung.

Auf viele Jahre noch, liebe Irmgard Rode!

FdV 1981 = *Irmgard Rode 70 Jahre!* In: FdV-Jahresheft (Freunde der Völkerbegegnung – Meschede) Oktober 1981, S. 29.

4.
BEGEGNUNG IN DER BRETAGNE (1982)

Meschede. Auf vielfachen Wunsch zeigen die Freunde der Völkerbegegnung noch einmal den Film über die Begegnung in der Bretagne im Oktober vorigen Jahres. Der Film wird gezeigt im Rahmen des Info-Gesprächs am morgigen Donnerstag um 17 Uhr in der alten Berufsschule an der Steinstraße. Auch Nichtmitglieder sind willkommen. Der Film ruft u.a. die gemeinsamen Fahrten mit den bretonischen Freunden auf der Halbinsel Quiberon in die Erinnerung zurück, zeigt stille Winkel am Meer, wo die Austern gezüchtet werden, aber auch französische Kultur in Kathedralen und Bürgerhäusern.

Westfälische Rundschau 1982a = *Begegnung in der Bretagne.* In: Westfälische Rundschau, 06.01.1982.

5.
NACHMITTAG MACHTE AUCH DEN ELTERN SPAß (1982)
„Alle Kinder dieser Welt, alle wollen Freunde sein!"

Meschede. In den Räumen des Kinderhortes, den die „Freunde der Völkerbegegnung" in der alten Berufsschule an der Steinstraße eingerichtet haben (eine wirklich segensreiche Einrichtung, für die den „Freunden" Lob und Anerkennung gebührt), herrschte buntes Leben und Treiben.

Hieß es für die Kinder in den vergangenen Monaten an jedem Tag, das Lernen zu üben, damit jeder das Klassenziel erreicht, gab es im Anschluß an die Lernstunden zur Entspannung immer allerhand interessante Dinge: Spiel und Sport, Malen, Zeichnen, Modellieren, Folklore, Musik, Theater.

Auf jedem dieser Gebiete gibt es kleine Künstler mit Fähigkeiten, die anscheinend erst richtig geweckt sein wollen.

Für einen Elternnachmittag im Kinderhort hatten die Kinder einige kleine Theaterstücke selbst eingeübt, und die Eltern erlebten nun das, was ihren Kindern anscheinend großen Spaß macht. Wer konnte da als Erwachsener ruhig auf seinem Stuhl sitzen bleiben? Die bunten Trachtentänze sorgten für den richtigen Schwung.

Auch in Zukunft sollen die Musen im Kinderhort eine Heimstatt behalten, damit sie etwas Licht in den grauen Alltag bringen. Die Kinder sangen gemeinsam mit den Eltern. Kaffee und Kuchen fehlten nicht, und zum Schluß sahen alle Dia.

Viele alleinstehende Väter und Mütter (Alleinerzieher) sind besonders froh, einen Ort zu haben, wo die Kinder auf vielfältige Weise gefördert werden. An diesem Nachmittag erhielten sie einen Einblick in die verschiedenen Aktivitäten des Hauses.

Zum Schluß klang es den Besuchern in den Ohren:

„Alle Kinder dieser Welt, alle wollen Freunde sein. In der großen weiten Welt ist dann keiner mehr allein ..."

Bildunterschrift: Irmgard Rode (links) und „alle Kinder dieser Welt", die ihre Schutzbefohlenen sind.

Westfälische Rundschau 1982b = *Nachmittag machte auch den Eltern Spaß. „Alle Kinder dieser Welt, alle wollen Freunde sein!"* In: Westfälische Rundschau – Mescheder Rundschau, 26.7.1982.

ERWARTUNGEN DES WERKKREISES KULTUR
WURDEN AM SAMSTAG VOLL ERFÜLLT:
Stadthalle – international (1983)

Meschede. (df [Dagmar Fliege]) Holger Detemeier, junger Dichter aus Unna, fand die treffende Beschreibung für das Ziel des Internationalen Nachmittags, den der werkkreis kultur meschede (wkm) am Samstag in der Stadthalle Meschede veranstaltete, in seinem Gedicht „Gehenlernen". Was er meinte, waren „aufeinander zugehen" und „miteinander umgehen".

Wie leicht das ist, ausländerfeindlichen Parolen und Türkenwitzen zum Trotz, zeigte dieser Nachmittag mit Ständen und folkloristischen Darbietungen, bei Kaffee und Kuchen oder Cacik und Kofte. Kaffee und Kuchen waren übrigens Spenden der drei Ratsfrauen und vieler Ratsherren des Mescheder Gremiums.

Als Schirmherr der Veranstaltung und für Rat und Verwaltung der Stadt Meschede gab Bürgermeister Franz Stahlmecke das Versprechen, nicht nur in Worten, sondern auch in Taten einen Beitrag zur Verständigung mit den ausländischen Mitbürgern leisten zu wollen. Angesichts seiner Begleitung – dem türkischen Ziehtöchterchen Lullefer (10) und deren portugiesischer Freundin Sandra – nahm ihm das jeder gerne ab.

In der fast unüberschaubaren Menschenmenge tauchte ein Gesicht immer wieder auf: Irmgard Rode, fast [72]jährig. Nach einer schweren Augenoperation war sie hier wieder dabei. Immer umringt von „ihren" Kindern aus dem Internationalen Kinderhaus.

Es fällt schwer, alle Akteure aufzuzählen, die der wkm für diesen kurzweiligen, bunten und in keiner Phase langweiligen Nachmittag verpflichten konnte. Alle verzichteten übrigens auf ihre Gage. Wir können nur einige nennen: Hans-Jürgen Flach (Schnuff) mit seiner Gitarre, die portugiesische Band „Saturno", die türkische Folklore- und die griechische Volkstanzgruppe, portugiesische und deutsche Kinder aus dem Kinderhaus, die gemeinsam sangen. Das Ehepaar Schulze-Bremer.

Erfreulich gegenüber ähnlichen Veranstaltungen bisher: Viele deutsche Familien und Jugendliche fanden den Weg in die Stadthalle. Und zwischen all der bunten Folklore und den kräftigen, fremdländischen instrumentalen Klängen schwebten im Walzertakt Ursula und Engelbert Brodling daher, das Deutsche

Meisterpaar im Amateur-Standard A. Schwer zu sagen, was mehr beeindruckte an diesem Nachmittag: der Reiz des Gegensätzlichen oder die Toleranz, mit der man sich begegnete.

Richtig traurig war nur Maria Freitas, Portugiesin, seit zehn Jahren in Deutschland lebend. Gemeinsam mit ihrer Mutter Betem Lemos hatte die 21jährige für diesen Tag gehäkelt, was das Zeug hielt. Wunderschöne cremefarbene Tagesdecken und Tischdecken in allen Größen. Und nun blieb der geschäftliche Erfolg aus. – Vielleicht tröstet ein Sprichwort: Was nicht ist, kann ja noch werden. Maria wohnt in der Nelkenstraße 10.

Bildunterschrift: „Trotz einer gerade überstanden schweren Augenoperation war Irmgard Rode in der Stadthalle dabei. Wie immer, wenn es um die Belange der Kinder oder die Verständigung der Völker geht."

Westfälische Rundschau 1983 = *Erwartungen des Werkkreises Kultur wurden am Samstag voll erfüllt: Stadthalle – international.* In: Westfälische Rundschau – Mescheder Rundschau, 10.10.1983.

Irmgard Rode, zum Geburtstag am 29.6.1984 gratulieren viele Freunde und ehrenamtliche Mitarbeiter. *Foto: Andreas Evers*

7.

MIT 72 JAHREN FÜR DEN FRIEDEN AUF DIE STRAßE
Eine Frau sieht die Zeichen der Zeit
(1983)

Von Michael Plöger

Ihr Mann muß es wissen: „Meine Frau wollte die Aktivierung der Christen im öffentlichen Leben erreichen." Tiefgründiger charakterisiert Dechant Kaspar Nübold sie: „Diese Frau hat immer die Zeichen der Zeit zu deuten gewußt und getan, was getan werden mußte." Irmgard Rode, der wir in Meschede im Sauerland begegneten, sieht alles viel nüchterner: „Aktuelle Probleme kann man nicht übergehen." Die Botschaft der 72jährigen ist schlicht und doch so umstritten: „Schluß mit dem Rüstungswahnsinn." Als Sprecherin der Pax-Christi-Ortsgruppe Meschede koordiniert sie Friedenswochen und –veranstaltungen, steht selbst hinter Info-Ständen und wirbt neue Mitglieder. „Es gibt derzeit nichts wichtigeres als den Kampf gegen immer neue Raketen", sagt sie. Diese Aussage klingt fast abgeklärt, wenn sie aus ihrem Mund kommt. Die Erfahrung zweier Weltkriege schwingt da mit.

Anstoß in Coventry

Nach dem zweiten Weltkrieg gehörte sie als einzige Frau zu einer Gruppe deutscher Stadtvertreter, die von der Stadt Coventry auf die Insel eingeladen worden waren. „Die haben uns, ihre alten Feinde, als Freunde behandelt", berichtet sie. Das gab den Anstoß, selbst völkerverbindende Initiativen ins Leben zu rufen, vor allem aber, mit allen Kräften für den Frieden zu arbeiten. Irmgard Rode trat bereits kurz nach der Gründung der Pax-Christi-Gruppe bei. Da „wieder einmal an der Rüstungsspirale gedreht werden soll", geht sie für ihre Meinung auch auf die Straße.

Die zerstörte Innenstadt von Coventry (England) nach dem deutschen Bombenangriff "Coventry-Blitz" vom 14./15.11.1940. Foto: Imperial War Museum – Wikimedia.org.

Bergpredigt für das Diesseits

Den Streit der Theologen und Politiker über die Frage, ob denn die Bergpredigt für das diesseitige oder das jenseitige Leben geschrieben sei, tut sie mit einer Handbewegung ab: „Für das

Jenseits? Dann brauchen wir sie nicht mehr!" Sie bezeichnet sich als Pazifistin, obwohl dieser Begriff fast schon als Schimpfwort gebraucht wird.

Dabei weiß sie um ihre Grenzen: „Ich kann nicht sagen, daß ich diese Einstellung auch von jedem anderen erwarte. Und schon lange kann ich dem Soldaten nicht seinen guten Willen absprechen." Ja, man müsse die Botschaft der Bergpredigt ernst nehmen und gemeinsam darüber reden, aufeinander hören. „Wer schweigt, macht sich mitschuldig", meint sie.

Die Not anderer macht sie mobil

Daß Irmgard Rode mit 72 Jahren hinter dem Friedensstand der Pax-Christi-Gruppe steht, ist kein spontaner Einfall. Ihr Leben ist stets bestimmt gewesen von der Verantwortung für Menschen und dem Einsatz für die Abwendung ihrer Not.

Die Mutter von vier Kindern sah in der Notzeit nach dem zweiten Weltkrieg, daß viele Familien dringend Hilfe brauchten, um über die Runden zu kommen. Daher verlieh sie ihre eigene Haushaltshilfe an Familien, die sie dringender benötigten. Bald schon sorgte Frau Rode dafür, daß Familienpflegerinnen in Meschede selbstverständlich wurden. Erst kürzlich konnte man dieses Jubiläum feiern.

Natürlich fehlte ein Kindergarten in der Nachkriegszeit. In der die meiste Zeit leerstehenden Schützenhalle konnte mit ihrer Unterstützung bald einer eingerichtet werden. Die katholische und evangelische Kindergärtnerin mußten nur von den Beiträgen der Eltern bezahlt werden.

Auch konnte Irmgard Rode die Augen nicht vor dem Flüchtlingslager auf den Ruhrwiesen verschließen. Ohne finanzielle Mittel, aber „mit menschlichem Kontakt" wollte sie mit einigen Mitarbeiterinnen ein „Zeichen der Freundschaft geben". Mit dem Abt der Benediktinerabtei fuhr sie nach Münster, um bei der Militärregierung die Öffnung des Gymnasiums zu erwirken. Daß man ohne eindeutige Zusage zurückkam, konnte sie nicht daran hindern, den Abt zur Wiederaufnahme des Schulbetriebes zu ermuntern. Zwar schlossen die Briten die Schule ob dieses Alleingangs noch einmal. Kurze Zeit später aber war das Ziel erreicht, und in der Schule durfte offiziell wieder unterrichtet werden.

Zuwendung hilft leben

Irmgard Rode rief die Caritaskonferenz wieder ins Leben und zog sich zurück, als die Arbeit lief, um sich ihrer Familie widmen zu können und natürlich neuen Aufgaben. „Entlaufene Zöglinge" aus dem Heim in Marsberg, fanden bei ihr Aufnahme und eine Atmosphäre der Geborgenheit. Sie verhandelte mit den Ärzten und führte mit den Erziehern pädagogische Diskussionen. Hinter Mauern eingesperrte Menschen, Erziehung mit der Strafzelle, das ging damals ebenso gegen ihr Menschenbild wie die Waffenarsenale der Großmächte heute. „Wenn die jungen Menschen Zuwendung spürten, waren sie ganz normal", erinnert sie sich und fühlt sich in ihrer Auffassung bestätigt, daß der „Mensch ein Produkt seiner Umwelt ist".

Seit 1970 gilt ihre Sorge den Kindern ausländischer Arbeitnehmer. Zunächst waren sieben Zentren eingerichtet worden, in denen die Kinder zweimal in der Woche für zwei Stunden zum Spielen und Lernen sich versammeln konnten. Heute kann sie mit dem Verein der Völkerbegegnung in der früheren Berufsschule täglich zwischen 8 Uhr morgens und 18 Uhr die Kinder betreuen. Ausgebildete Kräfte stehen inzwischen zur Verfügung, ihr obliegt nur noch die Koordination und die Sorge um die Finanzen. Um endlich ausreichende Arbeitsmöglichkeiten zu erhalten, mußten sie, wie sie schmunzelnd berichtet, „einige Räume friedlich besetzen". Eigentlich sollten sie als Lagerräume für Akten benutzt werden.

„Natürlich müssen wir um den Frieden, um mehr Gerechtigkeit in der Welt beten", sagt sie, „aber wir müssen auch etwas tun." Das ist ihr Leitfaden, ihr Verständnis eines in der Welt gelebten Christentums. Nein, eine Aktivistin ist Irmgard Rode nicht. Auf Schützenfesten und bei Kaffeekränzchen sieht sie niemand. Zu finden ist sie, wo der Wind den Menschen ins Gesicht bläst. „Konservativ sein, bewahren, was gut ist, ist wichtig", sagt sie, „aber man muß auch mit den Erfordernissen der Zeit gehen."

Plöger 1983 = *Plöger*, Michael: Mit 72 Jahren für den Frieden auf die Straße. Eine Frau sieht die Zeichen der Zeit. In: Der Dom Nr. 18 vom 18. September 1983.

8.
GEBURTSSTUNDE DER FREUNDE
DER VÖLKERBEGEGNUNG (1983)

Von K.H. [Konrad Hengsbach]

Am 30. Mai 1968 ging der erste „Aufruf an die Freunde der Völker-Begegnung" hinaus. Darin hieß es u.a.: *Durchdrungen von der Überzeugung, daß zur Beseitigung von Vorurteilen und Mißtrauen viel zu wenig getan wird, rufen wir alle Freunde der Völker-Begegnung auf, sich zu sammeln und so besser dem Frieden zu dienen ... Die Weltmächte verfügen über die schrecklichsten Waffen, die es je gab. Nach ihrem Einsatz würden die Lebenden nicht mehr ausreichen, um die Toten zu begraben ... Diese Gefahr erkennen und teilnahmslos zusehen, ist ein Verbrechen! Unsere Kinder werden eines Tages vor uns hintreten und sagen: „Was habt ihr getan, um das drohende Unheil abzuwenden?" Der Weg zur Beseitigung der Vorurteile führt über eine intensive Begegnung der Völker ... Die Begegnung sollte zur Erkenntnis des Gemeinsamen führen, vor allem: der gleichen Würde aller Menschen. Aus dieser Erkenntnis erwächst notwendig das Verlangen nach verstärktem politischem Zusammenschluß der Völker. Die Beseitigung der Grenzen wird ein entscheidender Schritt zum Frieden sein! ...*

Alles in allem: Wir könnten den mutlosen Völkern eine neue Hoffnung auf wahren Frieden geben! – Oder sollen wir den Politikern allein die Sorge für den Frieden überlassen???"

Soweit der Aufruf vom 30. Mai 1968! Diese Worte haben aktuelle Bedeutung! Sie könnten auch heute – nach 15 Jahren – geschrieben werden!

Der Aufruf von damals wurde gehört! Immer mehr „Freunde" sammelten sich um die Idee der Völker-Begegnung. Heute haben wir über 300 aktive Mitglieder. Ihre Zahl muß weiter wachsen – im Interesse unseres Volkes! Im Interesse aller Völker!

Hengsbach 1983 = H[engsbach], Konrad: Geburtsstunde der Freunde der Völkerbegegnung. In: FdV-aktuell (Freunde der Völkerbegegnung – Meschede) April 1983, S. 5.

9.
Pax Christi-Meldung (1984)

Pax Christi zeigt auch in Meschede Flagge. Im Pfarrheim St. Walburga traf sich die Gruppe, um ein weiteres Programm festzulegen. Heute werden Magdalena Bock [Beck] und Andreas Evers zum Bistumstreffen nach Hagen fahren, um gemeinsam mit anderen Pax-Christi-Ortsgruppen Erfahrungen auszutauschen. – Außerdem ist ein Referat von Dieter Obluda über Reinhold Schneider geplant. Zu dem Treffen am Freitag, 10. Februar, um 17 Uhr in der alten Berufsschule sind auch Gäste willkommen. Im Bild die Sprechergruppe um Irmgard Rode.

Westfälische Rundschau 1984 = *Pax Christi* (Meldung). In: Westfalenpost – Mescheder Zeitung, 08.02.1984. [Ähnlich auch in: Westfälische Rundschau – Meschede, 07.02.1984.]

10.
Der Name Irmgard Rode steht für die gute Tat. (1986)
Sonntag vollendet sie das 75. Lebensjahr

Meschede. „Nicht nur beten, auch etwas tun", sagt Frau Irmgard Rode. Am Sonntag kann sie das 75. Lebensjahr vollenden. Dechant Kaspar Nübold charakterisiert sie so: „Diese Frau hat immer die Zeichen der Zeit zu deuten gewußt und getan, was getan werden mußte." Wenn in Meschede ihr Name fällt, dann steckt etwas Soziales dahinter, die sogenannte gute Tat – und das waren immer so viele, daß sie unaufzählbar sind.

Nach ihrem Abitur gab Frau Rode drei Gedichtbändchen mit Scherenschnitten heraus (Auflage 20.000). 1938 [richtig: 1937] heiratete sie den Juristen Dr. Alfons Rode. Aus der Ehe kamen vier Kinder hervor. Schon bald engagierte sie sich. Am Ende des Krieges pflegte sie verwundete Soldaten im Lazarett der Abtei Königsmünster. Sie machte Besuche (mit dem Fahrrad) in der Lungenheilstätte in Beringhausen. Sie verschloß die Augen nicht vor dem Flüchtlingslager auf den Ruhrwiesen. Nach dem Krieg richtete sie einen Kindergarten in der Schützenhalle ein.

Sie rief die Caritaskonferenz ins Leben, sie gab auch selbst am Gymnasium Englischunterricht. Mit Abt Harduin (†) von der Benediktinerabtei fuhr sie nach Münster, um bei der Militärregierung die Öffnung des Gymnasiums zu erwirken. Als CDU-Stadtvertreterin reiste sie nach Coventry. „Die Engländer haben uns, ihre alten Feinde, als Freunde behandelt", berichtet sie. Entlaufene Zöglinge aus dem Heim in Marsberg fanden bei ihr Aufnahme und eine Atmosphäre der Geborgenheit. Jahrelang arbeitete sie als 2. Vorsitzende bei den „Freunden der Völkerbegegnung" mit.

Seit 1970 gilt ihre Sorge den Kindern ausländischer Arbeitnehmer. Erst leitete sie die Hort- und Lerngruppen in der ehemaligen Berufsschule, dann in der Brückenstraße. Tag und Nacht war sie im Einsatz für die Asylanten. Sie stellte Anträge und bereitete Spendenaufrufe vor. 1984 ließ sie das Buch von Joseph Wittig „Meine Erlösten" in einer Auflage von 500 Exemplaren neu auflegen.

Der geduldige Ehemann, viele gleichgesinnte Freunde sowie öffentliche Stellen unterstützen sie bei ihrer Tätigkeit. Den Zeitpunkt für ein Ausruhen bestimmte im Oktober 1985 eine schwere Erkrankung. Sie hat sich aber inzwischen soweit erholt, daß sie sich freut, ihren Geburtstag im Kreis lieber Freunde aus den aktiven Tagen feiern zu können. Auch die WP gratuliert.

Westfalenpost 1986a = *Der Name Irmgard Rode steht für die gute Tat.* Sonntag vollendet sie das 75. Lebensjahr. In: Westfalenpost – Meschede, 28.06. 1986.

11.
IRMGARD RODE WIRD 75 JAHRE. (1986)
„Nicht nur beten, auch etwas tun!"

Meschede. „Nicht nur beten, auch etwas tun", sagt Irmgard Rode. Am morgigen Sonntag, 29. Juni wird sie 75 Jahre alt. Nach ihrem Abitur gab Irmgard Rode drei Gedichtbändchen mit einer Auflage von 20.000 Stück heraus. 1938 [*richtig: 1937*] heiratete sie den Juristen Dr. Alfons Rode, aus der Ehe gingen 4 Kinder hervor. Schon bald engagierte sich Irmgard Rode im sozialen Bereich. Am Ende des Krieges pflegte sie verwundete Soldaten im Lazarett der Abtei Königsmünster. Sie machte Besuche (mit dem Fahrrad) in der Lungenheilstätte in Beringhausen. Irmgard Rode konnte die Augen nicht vor dem Flüchtlingslager auf den Ruhrwiesen verschließen. Nach dem Krieg richtete sie einen Kindergarten in der Schützenhalle ein. Sie rief die Caritaskonferenz ins Leben, gab am Gymnasium Englischunterricht.

Mit Abt Harduin (†) von der Benediktinerabtei fuhr sie nach Münster, um bei der Militärregierung die Öffnung des Gymnasiums zu erwirken. Als CDU-Stadtvertreterin fuhr sie nach Coventry. „Die haben uns, ihre alten Feinde, als Freunde behandelt", berichtet sie. „Entlaufene Zöglinge" aus dem Heim in Marsberg fanden bei ihr Aufnahme und eine Atmosphäre der Geborgenheit. Jahrelang arbeitete sie als 2. Vorsitzende bei den Freunden der Völkerbegegnung" mit. Seit 1960 gilt ihre Sorge den Kindern ausländischer Arbeitnehmer.

Erst leitete sie die Hort- und Lerngruppen in der ehemaligen Berufsschule, dann in der Brückenstraße. Tag und Nacht war sie im Dienst für Asylanten. Sie stellte Anträge und bereitete Spendenaufrufe vor. 1984 ließ sie das Buch von Joseph Wittig „Meine Erlösten" in einer Auflage von 500 neu auflegen. Schon nach einigen Wochen war das Buch vergriffen. 1986 wurde das Buch von J. Wittig wieder mit einer Auflage von 440 Exemplaren neu aufgelegt. Nur noch 40 Bücher hat Pax-Christi von J. Wittig.

Ein Schlüsselerlebnis war für Irmgard Rode im April 1985 die Begegnung mit dem Autor und Fernsehjournalisten Dr. Franz Alt in Beckum. Dechant Kaspar Nübold charakterisiert Frau Rode so: „Diese Frau hat immer die Zeichen der Zeit zu deuten gewußt und getan, was getan werden mußte."

Der geduldige Ehemann, viele gleichgesinnte (insbesondere Jugendliche) Freunde, sowie öffentliche Stellen unterstützten sie bei ihrer Tätigkeit. Den Zeitpunkt für ein Ausruhen bestimmte im Oktober 1985 eine schwere Erkrankung, von der sie sich aber inzwischen soweit erholt hat, daß sie sich freut, ihren Geburtstag im Kreise lieber Freunde aus den aktiven Tagen feiern zu können. Die WESTFÄLISCHE RUNDSCHAU reiht sich mit herzlichen Glück- und Segenswünschen in den Kreis der Gratulanten ein.

Westfälische Rundschau 1986 = *Irmgard Rode wird 75 Jahre. „Nicht nur beten, auch etwas tun!"* In: Westfälische Rundschau – Meschede, 28.06.1986.

12. „KLEINER GIPFEL" AM RUDERCLUB (1986)

Meschede. „Es ist für uns Amerikaner viel gefährlicher, bei uns in Rhode Island über die Straße zu gehen, als hier in Europa einem Terroranschlag zum Opfer zu fallen." So urteilt Betty Jimmo über die Ängste der Amerikaner. Zumindest fünf Amerikaner ließen sich nicht davon abschrecken: Sie sind zur Zeit Gäste der „Freunde der Völkerbegegnung" und wohnen in Mescheder Familien. Die Amerikaner kommen aus Coventry (Rhode Island). Die Kontakte nach Meschede kamen über die englische Stadt Coventry zustande.

Samstag traf man sich zu einem Begegnungsfest am Ruderclub. Unter den Gästen war auch der sowjetische Professor Michail Firow aus Petrosawodsk (Karelien), der bereits zum dritten Mal in Meschede zu Besuch ist. Gefragt nach den Ähnlichkeiten der beiden Städte fiel dem Professor spontan das Wetter ein. Die Amerikaner, die heute eine Sauerlandundfahrt unternehmen, werden am Mittwoch im Rathaus empfangen.

Bildunterschrift: „Wie Völkerverständigung – die ihren Staatschefs so schwer fällt – zustande kommen kann, demonstrierten der russische Professor Michail Firow und die Amerikanerin Betty Jimmo beim Begegnungsfest."

Westfalenpost 1986b = *Kleiner Gipfel" am Ruderclub*. In: Westfalenpost – Meschede, 25.08. 1986.

13.
AM 29. JUNI FEIERTE „UNSERE" FRAU RODE
IHREN 75. GEBURTSTAG (1986)

Der Vorstand [der „Freunde der Völkerbegegnung"] gratulierte und dankte ihr für die langjährige, unermüdliche Arbeit im Namen der Völkerfreundschaft. – Wir freuen uns, daß sie nach langer, schwerer Krankheit nun auf dem Wege der Besserung ist und wünschen ihr weiterhin Kraft und Segen.

FdV 1986 = *Am 29. Juni feierte „unsere" Frau Rode ihren 75. Geburtstag*. In: FdV-Jahresheft (Freunde der Völkerbegegnung – Meschede) 1986, S. 23.

14.
VÖLKERVERSTÄNDIGUNG IHR HERZENSANLIEGEN (1987)

Meschede. Frau Irmgard Rode, Meschede, wurde von den Freunden der Völker-Begegnung zum Ehrenmitglied ernannt. Sie würdigten damit ihren Einsatz für Frieden und Völker-Verständigung, den Frau Rode seit 1949 geleistet hat.

Es begann mit dem Jugendaustausch nach Coventry / England; in den 60er Jahren kamen die Kontakte nach Le Puy und Vannes / Bretagne hinzu.

Vor allem kümmerte sich Frau Rode um die schulische Betreuung der ausländischen Kinder, die heute in den „Lern- und Spielstuben" in der Brückenstraße ihre zweite Heimat gefunden haben.

Als man ihr zum 70. Geburtstag das Bundesverdienstkreuz verleihen wollte, lehnte sie dankend ab: „Ich arbeite für den Frieden und nicht für einen Orden!"

Ihr großer Eifer wurde manchmal mißverstanden, ihr Grund-Anliegen aber blieb stets dasselbe: In jedem Menschen Bruder und Schwester sehen – auch über die Grenzen hinaus. Ihr Beispiel hat viele zur Nachfolge bewegt.

Westfalenpost 1987 = *Völkerverständigung ihr Herzensanliegen.* In: Westfalenpost – Meschede, 26.06.1987.

15.
DR. ALFONS RODE STARB IM ALTER VON 86 JAHREN. (1987)
Er war ein Zeitzeuge des Friedens und der Versöhnung

Meschede. Dr. Alfons Rode, Zeitzeuge des Friedens und der Versöhnung, ist tot. Der aus dem Münsterland gebürtige Jurist starb am ersten Weihnachtsfeiertag im Alter von 86 Jahren. Die Nachkriegsereignisse bestimmten Dr. Rodes Lebensweg. Als Student wurde er Mitglied im „Friedensbund deutscher Katholiken", der sich mutig zum Pazifismus bekannte, sich für Abrüstung und Völkerverständigung einsetzte. Bereits 1931, bevor die Nationalsozialisten ihm das zweite Staatsexamen verweigerten, promovierte Alfons Rode in Erlangen zum Doktor der Rechtswissenschaft. Die [von den Nazis so genannte] Reichskristallnacht erlebte er während seiner Tätigkeit am Amtsgericht in Meschede. Berufliche Stationen waren Arnsberg und Fredeburg sowie die Justizverwaltung in Litzmannstadt. 1944 erfolgte die Einberufung zur Wehrmacht. 1948 [1947] kehrte Rode aus französischer Kriegsgefangenschaft heim. Lebenslang bewegte ihn seine friedenspolitische Grundhaltung zur Friedensarbeit. Die 1944 von französischen Bischöfen als Gebetszug für Deutschland gegründete „Internationale katholische Friedensbewegung" bot sich als Arbeitsfeld für den überzeugten Friedensfreund an. Entscheidenden Anteil hatte der Verstorbene an der Dokumentation über das Mescheder Sühnekreuz, dessen Errichtung in einer Weihestunde, die Schändungen des Kreuzes, das Wiederaufrichten, die unwürdige Unterbringung in einer Garage und die letzte würdige Aufstellung in der Beichtkapelle der Pfarrkirche „Mariä Himmelfahrt". Seiner Frau bot Dr. Rode finanziellen und moralischen Rückhalt bei der Bewältigung ihrer vielfältigen sozialen Aufgaben. „Das Zeugnis dieses mutigen, tiefgläubigen und feingeistigen Menschen möge uns Vorbild bleiben", schreibt die Mescheder „Pax christi"-Gruppe in ihrer Würdigung für den Verstorbenen.

Westfälische Rundschau 1987 = *Dr. Alfons Rode starb im Alter von 86 Jahren. Er war ein Zeitzeuge des Friedens und der Versöhnung.* In: Westfälische Rundschau – Mescheder Rundschau Nr. 302 vom 29.12.1987.

16

TRAUERANZEIGE „DR. ALFONS HEINRICH RODE" (1987)

Nach einem Leben in christlicher Überzeugung für eine friedvolle Welt starb am ersten Weihnachtstag nach kurzer schwerer Krankheit mein guter Mann, unser liebevoller Vater, Opa, Bruder und Onkel

Dr. Alfons Heinrich Rode
geboren [8.2.1901]

Wir trauern um ihn:
Irmgard Rode geb. Beckmann
Horst und Roswitha Büttner geb. Rode mit Linda
Dr. Irmgard Rode
Ivo Rode und Theresia Schräder
Angelika und Wolfgang Rode-Loth
Maria Rode
Anton und Hedwig Gesterkamp geb. Rode mit Kindern
Anna Rode geb. Schnüppke mit Kindern
Johannes und Dorothee Hachmann geb. Steermann mit Daniel
Dr. Hubert Steermann
sowie Freundinnen und Freunde

5778 Meschede, Am Drehberg 19, den 25. Dezember 1987
Das Seelenamt ist am Mittwoch, den 30. Dezember 1987, um 14.30 Uhr in der Pfarrkirche St. Walburga, Meschede [...].

Traueranzeige 1987 = Traueranzeige *„Dr. Alfons Heinrich Rode"*. In: Westfalenpost [und Westfälische Rundschau] (Meschede), 28.12.1987.

17.

Schalom – Friede

Nachruf

In den Morgenstunden des ersten Weihnachtstages 1987
verstarb im Alter von 86 Jahren unser Freund und langjähriger
Mitstreiter in Pax-Christi

Dr. jur. Alfons Rode

In den langen Jahren seit 1948 hat sich der liebe Verstorbene
mit Mut und vorbildlichem Engagement für die traditionsreiche
Mescheder Pax-Christi-Gruppe eingesetzt. Unerschrocken
bemühte er sich um die Bewußtseinsbildung und die
Aufarbeitung der Geschichte des Mescheder Sühnekreuzes, die
in der Dokumentation und in den Gebetszetteln ihren
Niederschlag gefunden hat.
Dr. Rode hat sich um die Idee der Versöhnung und
der Pax-Christi-Bewegung verdient gemacht.

Für die Pax-Christi Bistumsstelle Paderborn
Heinrich Becker
Eva-Maria Cuypers
Pfarrer Günther Keine
Dr. Wolfgang Regeniter
Ulrich Saake

Basisgruppe Meschede
Andreas Evers
Elisabeth Sauter

pax christi Meschede 1987 = *Nachruf (Pax Christi): Dr. jur. Alfons
Rode.* In: Westfalenpost [und Westfälische Rundschau] (Meschede), 29.12.1987.

18. Traueranzeige „Irmgard Rode" (1989)

Von allem, was mir gehörte,
blieb mir nur das Verschwendete,
nur das Verschenkte.
Gertrud von Le fort

Ein Leben für die Verständigung zwischen Menschen und Völkern in besonderer Verbundenheit mit den von der Gesellschaft Benachteiligten ist zu Ende gegangen.

Irmgard Rode
geb. Beckmann
* 29.6.1911

In den Morgenstunden des 2. März 1989 starb sie friedlich nach langer, schwerer Krankheit.

Sie wird uns fehlen.
Horst und Roswitha Büttner geb. Rode mit Linda
Dr. Irmgard Rode
Ivo Rode und Theresia Schräder
Wolfgang und Angelika Rode-Loth
Alfons und Maria Beckmann mit Jutta
Hermann und Gerda Beckmann mit Ulrich und Peter
Johannes und Dorothee Hachmann mit Daniel
Dr. Hubert Steermann

5778 Meschede, Am Drehberg 19, den 2. März 1989
Das Seelenamt ist am Montag, dem 6. März 1989, um 14.30 Uhr in der Pfarrkirche St. Walburga, Meschede [...].

Traueranzeige 1989 = *Traueranzeige „Irmgard Rode"* [Familie]. In: Westfalenpost (Meschede) Nr. 54 vom 04.03.1989.

Wir gedenken

- der Menschen, die vor politischer Verfolgung
und wirtschaftlicher Not aus ihrer Heimat flüch-
ten und hier Schutz und Lebensmöglichkeiten
suchen. Damit wir in ihnen Schwestern und
Brüder erkennen und die Angst vor ihrem
Anders-Sein und die kleinlichen Sorgen um
unseren Wohlstand überwinden,

- der Opfer von Unrecht, Unterdrückung und
Gewalt, besonders der 80 nahe bei Meschede
in den letzten Kriegstagen ermordeten russischen und polnischen Fremdarbeiter, sie
sollen uns Mahnung sein, den Haß zu überwinden und Toleranz zu üben,

- der Kinder und Jugendlichen in unserer Ge-
sellschaft, daß wir Verantwortungsgefühl und
Phantasie finden, um sie alle mit den gleichen
Chancen für ihre unterschiedlichen Wege durchs
Leben auszustatten,

- aller Menschen, die sich für Gerechtigkeit,
Frieden und die Bewahrung der Natur ein-
setzen. Daß sie Rückgrat und Mut haben
gegen alle Anfeindungen und einen langen
Atem behalten gegen Ohnmachtsgefühle und
Resignation.

Gedenken an Menschen auf dem „Totenzettel" für Irmgard Rode
(März 1989)

19

TRAUERANZEIGE DES KINDERSCHUTZBUNDES
FÜR IRMGARD RODE (1989)

Wir gedenken
Frau Irmgard Rode

Sie war Gründerin unserer Einrichtungen.
Wir danken für ihr selbstloses Engagement und wollen das
fortführen, was sie in Meschede bewegt hat.

Deutscher Kinderschutzbund e.V.
Ortsverband Meschede

Förderverein Internationale Kinderhilfe e.V.
Kinderhort
Brückenstraße 6, 5778 Meschede

Kinderschutzbund 1989 = *Traueranzeige „Irmgard Rode"* (Deutscher
Kinderschutzbund e.V. Ortsverband Meschede; Förderverein
Internationale Kinderhilfe e.V. Kinderhort). In: Westfalenpost
(Meschede) Nr. 54 vom 04.03.1989.

20.
WO IMMER IHR LEID BEGEGNETE:
IHR LEBEN WAR DIE HELFENDE TAT. (1989)
Irmgard Rode starb im Alter von 77 Jahren

Meschede. (zi-) Als man vor sieben Jahren Frau Irmgard Rode
das Bundesverdienstkreuz antragen wollte, lehnte sie ab: „Ich
arbeite für den Frieden und nicht für einen Orden." Mit diesem
Satz hatte sie einen Charakterzug ihres Wesens offenbart, der
auch über ihren Tod hinaus das Gedächtnis an sie prägen wird.
Mittwoch starb Irmgard Rode im Alter von 77 Jahren.
Mehr als vier Jahrzehnte hat sie in der Stadt Meschede das
soziale Feld beackert und unermüdlich im Geschirr gestanden:
Wo sie Elend sah, wo sie Notwendiges entdeckte, Leid zu mildern, Unfrieden zu dämmen, Randgruppen einzugliedern, wo sie

es für unerläßlich hielt, öffentliches Leben humaner zu gestalten: Da war Frau Rode nicht weit.

Westfalenpost 1989 = *Wo immer ihr Leid begegnete: Ihr Leben war die helfende Tat. Irmgard Rode starb im Alter von 77 Jahren.* In: Westfalenpost (Meschede) Nr. 54 vom 04.03.1989.

21.
IRMGARD RODE †
Ihre Arbeit tat sie im Stillen

Meschede. Ein Leben für die Verständigung zwischen Menschen und Völkern ist zu Ende gegangen: Am Donnerstagmorgen starb im Alter von 77 Jahren Irmgard Rode. Sie war Gründerin des Ortsverbandes Meschede des Deutschen Kinderschutzbundes und des Kinderhorts Förderverein Internationale Kinderhilfe.

Irmgard Rode war für Meschede ein Begriff, wenn es galt, Menschen zu helfen. Es begann damit, als Landsleute aus den ehemaligen deutschen Ostgebieten nach Meschede kamen. Als erste Vorsitzende der Caritas-Konferenz Meschede nahm sich Irmgard Rode ihrer an. Frieden und Versöhnung waren für die praktizierende Christin Forderungen, die sie in mehr als vier Jahrzehnten in der Stadt Meschede verwirklichte. Sie knüpfte private Verbindungen mit Menschen in Coventry an, war engagiert bei den „Freunden der Völkerbegegnung" und arbeitete mit, als die Städtepartnerschaft Meschede – Le Puy anstand.

Irmgard Rodes Arbeit geschah im Stillen, machte keine Schlagzeilen. Das Bundesverdienstkreuz lehnte sie ab: Sie mochte nicht für etwas ausgezeichnet werden, was für sie eine Selbstverständlichkeit bedeutete.

Am heutigen Montag wird Irmgard Rode auf dem Mescheder Südfriedhof beerdigt.

Westfälische Rundschau 1989 = *Irmgard Rode †. Ihre Arbeit tat sie im Stillen.* In: Westfälische Rundschau – Mescheder Rundschau Nr. 55 vom 06.03.1989.

22.
NACHRUF DER STADT MESCHEDE
AUF IRMGARD RODE

Nachruf

Am 2. März 1989 verstarb im Alter von 77 Jahren
Frau Irmgard Rode
Meschede

Als Frau der ersten Stunde besaß sie bereits unmittelbar nach
dem 2. Weltkrieg das Vertrauen der damaligen britischen
Besatzung.
Noch bevor die Besatzer im Jahre 1948 erste freie
Kommunalwahlen zuließen beriefen sie die Verstorbene in die
damalige Stadt- und Amtsvertretung Meschede. Beiden
Vertretungen gehörte sie vom Zusammenbruch im Jahre 1945
bis zum Jahre 1948 an. In unermüdlichem Einsatz setzte sie sich
Zeit ihres Lebens für die sozial Schwachen und die
internationale Völkerverständigung ein.
Die Stadt Meschede als Rechtsnachfolgerin der früheren Stadt
und des Amtes Meschede wird ihr ein ehrendes Gedenken
bewahren.

Stadt Meschede
Stahlmecke, Bürgermeister
Dr. Uppenkamp, Stadtdirektor

Stadt Meschede 1989 = *Stadt Meschede: Nachruf „Irmgard Rode".*
In: Westfalenpost – Mescheder Zeitung Nr. 56 vom 07.03.1989.

23.
NACHRUF DER SPD AUF IRMGARD RODE

Am 2. März 1989 verstarb
Irmgard Rode

Seit vielen Jahren war sie Mitglied unseres Ortsvereins. Zu den Fragen der Sozial- und Jugendpolitik wußte sie immer ihr Wort zu machen. Ihr besonderes Engagement galt jedoch der Abrüstungs- und Friedenspolitik.
Wir trauern mit ihrer Familie und werden ihr immer ein ehrendes Andenken bewahren.

SPD-Ortsverein Meschede
Reinhard Schmidt
Vorsitzender

SPD Meschede 1989 = *SPD-Ortsverein Meschede: Nachruf „Irmgard Rode".* In: Westfalenpost – Mescheder Zeitung Nr. 56 vom 07.03.1989.

24.
DER NAME IRMGARD RODE STEHT FÜR DIE GUTE TAT (1989)

„Nicht nur beten, auch etwas tun", sagte Irmgard Rode. In den Morgenstunden des 2. März 1989 starb sie friedlich nach langer, schwerer Krankheit.

Dechant Kaspar Nübold charakterisiert sie so: „Diese Frau hat immer die Zeichen der Zeit zu deuten gewußt und getan, was getan werden mußte."

Nach ihrem Abitur gab Irmgard Rode drei Gedichtbände heraus. 1937 heiratete sie den Juristen Dr. Alfons Rode (†), aus der Ehe gingen vier Kinder hervor. Schon bald engagierte sich Irmgard Rode im sozialen Bereich. Am Ende des Krieges pflegte sie verwundete Soldaten im Lazarett der Abtei Königsmünster. Irmgard Rode konnte die Augen nicht vor dem Flüchtlingslager auf den Ruhrwiesen verschließen. Nach dem Krieg richtete sie einen Kindergarten in der Schützenhalle ein. Sie rief die Caritas-konferenz ins Leben, gab Englischunterricht am Gymnasium.

Mit Abt Harduin (†) von der Benediktinerabtei fuhr sie nach Münster, um bei der Militärregierung die Öffnung des Gymnasiums zu erwirken. Als CDU-Stadtvertreterin fuhr sie nach Coventry.

„Die haben uns, ihre alten Feinde, als Freunde behandelt", erzählte sie. „Entlaufene Zöglinge" aus dem Heim in Marsberg fanden bei ihr Aufnahme und ein Gefühl der Geborgenheit. Irmgard Rode trat bereits kurz nach der Gründung der katholischen Friedensbewegung „Pax Christi" bei. Jahrelang arbeitete sie auch als 2. Vorsitzende bei den „Freunden der Völkerbegegnung". Sie rief völkerverbindende Initiativen ins Leben. Seit 1970 galt ihre Sorge den Kindern ausländischer Arbeitnehmer. Sie leitete die Hort- und Lerngruppen in der ehemaligen Berufsschule, dann in der Brückenstraße. Tag und Nacht war sie im Dienst für Asylanten. Sie stellte Anträge und bereitete Spendenaufrufe vor. 1984 ließ sie das Buch von Joseph Wittig „Meine Erlösten" neu auflegen. Mittlerweile hat Pax-Christi über 2000 Bücher in die ganze Bundesrepublik versandt.

Ein Schlüsselerlebnis war für Frau Rode im April 1985 die Begegnung mit dem Autor und Fernsehjournalisten Dr. Franz Alt.

Den Zeitpunkt für ein Ausruhen bestimmte im Oktober 1985 eine schwere Erkrankung. Trotz ihrer Erkrankung bemühte sie sich unerschrocken mit ihrem Mann um die Bewußtseinsbildung und die Aufarbeitung der Geschichte des Mescheder Sühnekreuzes, die in der Dokumentation und in dem Gebetszettel ihren Niederschlag gefunden hat. Schon im Jahre 1964 schrieb sie den ehemaligen Paderborner Erzbischof, Lorenz Kardinal Jäger an, der ihr Mut machte sich weiterhin für die Errichtung des Sühnekreuzes einzusetzen.

„Natürlich müssen wir um den Frieden, um mehr Gerechtigkeit in der Welt beten", sagt sie, „aber wir müssen auch etwas tun". das war ihr Leitfaden, ihr Verständnis eines in der Welt gelebten Christentums. Nein, eine Aktivistin war Irmgard Rode nicht. Auf Schützenfesten und Kaffeekränzchen sah sie niemand. Zu finden ist sie, wo der Wind den Menschen ins Gesicht bläst.

A. Evers, Mannheim/Meschede

Evers 1989 = *Evers*, A[ndreas]. (Mannheim/Meschede): Der Name Irmgard Rode steht für die gute Tat. In: Mescheder Stadtanzeiger Nr. 229 vom 23.03.1989.

25.
TODESMELDUNG ZU I. RODE
IN DER KIRCHENZEITUNG (1989)

Personalien. Im Alter von 77 Jahren verstarb *Irmgard Rode* aus Meschede nach langer, schwerer Krankheit. Sie zählte zu den ersten Mitgliedern der internationalen katholischen Friedensbewegung „Pax Christi". Am Ende des Krieges hat sie verwundete Soldaten im Lazarett der Abtei Königsmünster gepflegt; später rief sie die Mescheder Caritaskonferenz ins Leben. Jahrelang arbeitete sie als 1. Vorsitzende bei „Pax Christi" und als 2. Vorsitzende bei den „Freunden der Völkerbegegnung". Ihre Sorge galt den Kindern ausländischer Arbeitnehmer und den Asylanten. Mit ihrem Ehemann, *Dr. Alfons Rode* (†), bemühte sich Irmgard Rode unerschrocken um die Aufarbeitung der Geschichte des Mescheder Sühnekreuzes.

Der Dom 1989 = *Personalien* (Irmgard Rode). In. Der Dom Nr. 13 vom 26.03.1989.

26.
SIGRID BLÖMEKE:
JOSEF RÜTHER UND IRMGARD RODE
(1992)

Dass Irmgard Rode nach dem Krieg direkt mit dem Briloner Linkskatholiken Josef Rüther in Verbindung stand, hat S. Blömeke nach Auswertung von dessen Nachlaß mitgeteilt: „Einen demokratischen Wiederaufbau hielt Josef Rüther nur für möglich, wenn die wichtigsten politischen und gesellschaftlichen Schaltstellen nicht mehr von Nazis besetzt sein würden. Mit der Meschederin Irmgard Rode, der späteren Initiatorin des Mescheder Sühnekreuzes, entwickelte er ein Konzept für die Militärregierung, wie sie sich – basierend auf einer Analyse der Ursachen des Nationalsozialismus – einen Neuanfang vorstellten. Dieser sollte getragen sein von ‚democratic, anti-militaristic and *international* thinking people who are carefully examined' (PAR, Irmgard Rode [= Nachlaß Rüther]). Rode und Rüther

zeigen mit ihrem Konzept, daß es 1945 Personenkreise innerhalb des Katholizismus gab, die an einer intensiven Aufarbeitung der NS-Vergangenheit Interesse hatten und alternative
Vorstellungen zum später erfolgten ‚restaurativen' Wiederaufbau entwickelten. – In bezug auf die Entnazifizierungspläne
Rodes und Rüthers sollen zwei Punkte hervorgehoben werden:
Zum einen legten sie Wert darauf, eine Kategorie für Personen
zu schaffen, die nicht Mitglied der NSDAP gewesen waren, aber
dennoch grundlegende NS-Ideen geteilt bzw. den Aufstieg der
NS-Bewegung begünstigt hatten (vgl. ebd.). Rode und Rüther
zielten hier offensichtlich auf den Kreis der Deutschnationalen,
der rechten Zentrumsanhänger, der Schwerindustrie und des
ostelbischen Großgrundbesitzes. Diese waren häufig nicht Mitglied der NSDAP geworden, weil ihnen die Partei eines ‚Anstreichers' mit ihren pöbelnden SA-Horden nicht standesgemäß
erschien, hatten den Nationalsozialismus aber finanziell oder
politisch gefördert und das Regime nach der Machtübergabe
mitgetragen. Rode und Rüther wiesen damit auf einen Punkt
hin, der für die Geschichte der Bundesrepublik zu einer
schweren Belastung werden sollte, da gerade dieser Personenkreis – ohne den Makel der Parteimitgliedschaft – schnell an die
entscheidenden Machthebel gelangte. – Zum anderen wollten
Rode und Rüther genau differenziert wissen zwischen Nazi-
Gegnern aus innerer Überzeugung und Nazi-Gegnern aus persönlichem Konkurrenzdenken (vgl. ebd.). Auch damit erwiesen
sie sich als vorausschauend." (Blömeke 1992, S. 114)

J. Rüther und I. Rode mussten erleben, mit welchen Ungerechtigkeiten und Widrigkeiten die sogenannte „Entnazifizierung"
einherging: „Vor allem für die NS-Gegner war es quälend, mitansehen zu müssen, wie ehemalige Nachbarn und Kollegen,
deren Parteikarriere man hatte verfolgen können, nun wieder in
sichere Positionen kamen, während man selber oder bekannte
Oppositionelle wiederum außen vor blieben. Für den Raum
Meschede stellte die ‚Pax Christi'-Anhängerin Irmgard Rode
gegenüber Josef Rüther fest: ‚Ich war in letzter Zeit hier sehr
angespannt. Ich würde mich ja aus der Politik zurückziehen,
aber hier kam es auf jeden an, – denn der Nazismus bemüht sich
immer wieder, die Oberhand zu bekommen. Man ist immer in

Angst und Mißtrauen und kommt nicht zur Ruhe, es geht hier bisweilen aufregend her.' " (Blömeke 1992, S. 117)

Blömeke 1992 = *Blömeke*, Sigrid: Nur Feiglinge weichen zurück. Josef Rüther (1881-1972). Eine biographische Studie zur Geschichte des Linkskatholizismus. Brilon 1992. [Erwähnung von Irmgard Rode auf S. 114, 117 und 170. (Hinweis auf Nachlaß J. Rüther)]

27.
DIE FRAUENGESCHICHTSWERKSTATT
ÜBER IRMGARD RODE (2000)

„Hervorgehoben werden muß [*bezogen auf die politisch aktiven Frauen in Meschede; Anm. P.B.*] allerdings die leider 1989 verstorbene Irmgard Rode. Sie setzte sich als erste Vorsitzende der Caritas Konferenz Meschede unermüdlich für die Vertriebenen ein, sie gründete den Ortsverein Meschede des Deutschen Kinderschutzbundes und den Kinderhort Förderverein Internationale Kinderhilfe, sie war auch eine der ersten Frauen im Mescheder Stadtrat. Ihr ungewöhnliches Engagement bewirkte auch, dass sie als einzige Frau im Frühjahr 1949 für eine Delegation des Landes Nordrhein-Westfalen ausgewählt wurde, die in der für ihre intensive Selbstverwaltung bekannten Stadt Coventry die dortigen Formen der kommunalen Selbstverwaltung kennenlernen sollte. Die übrigen vier Mitglieder der Delegation waren Männer aus den verschiedensten Landesteilen Nordrhein-Westfalens, die alle mit der Demokratie in England vertraut gemacht werden sollten. Frau Rode hat am 12. März 1949 einen Artikel über die Erfahrungen des Besuchs in England veröffentlicht und die herzliche Gastfreundschaft der Stadt, die von den deutschen Luftangriffen im 2. Weltkrieg stark betroffen war, hervorgehoben. Sie schloß Freundschaft mit einer Vertreterin der Stadt Coventry. Daraus entwickelte sich eine langjährig gepflegte Schülerpartnerschaft zwischen Coventry und Meschede, die schließlich auch zu der Namensgebung für die heutige Coventry-Brücke führte. Doch Frau Rode war ein seltenes Beispiel. Warum folgten ihr wenige der Frauen?
Als Begründung wird angegeben: die Dominanz der Männer, die keine Mitwirkung der Frauen in der Politik wollten und sie

zu verhindern wußten, aber auch eine gewisse Scheu vor der Öffentlichkeit sowie die häuslichen Verpflichtungen und die berufliche Anspannung bei den Berufstätigen. In den letzten Jahrzehnten hat sich die Einstellungsweise jedoch deutlich verändert. [...]"

Frauengeschichtswerkstatt 2000 = *Frauengeschichtswerkstatt Meschede* (Hg.): Gewandelte Lebenswelt. Stimmen sauerländischer Frauen aus dem 20. Jahrhundert. Redaktion: Dr. Erika Richter. Meschede 2000. [S. 133-134 zu Irmgard Rode]

28. KONRAD HENGSBACH:
LIED „ALLE MENSCHEN SEHNEN SICH NACH FRIEDEN" (2000)

Alle Menschen sehnen sich nach Frieden
(Text und Musik: Konrad Hengsbach,
komponiert am 27. Juli 2000)

Alle Menschen sehnen sich nach Frieden.
Wann wird uns endlich dieses Glück beschieden?
Alle Menschen haben gleiche Rechte,
alle sind Freie, aber keine Knechte.

Friede macht uns doch alle erst froh.
Menschlich wird jeder, der vorher wild und roh!
Friede, der schwebt doch nicht irgendwo,
hier macht er uns alle froh!

Ehre sei Gott und Friede auf Erden!
Kann dieses Wort nicht Wirklichkeit werden?
Sind wir nicht alle Schwestern oder Brüder!
Und in der Liebe erkennen wir uns wieder.

Friede macht uns doch alle erst froh.
Menschlich wird jeder, der vorher wild und roh!
Friede, der schwebt doch nicht irgendwo,
hier macht er uns alle froh!

(Chor-Archiv Thomas Fildhaut, Meschede)

29.

ZUM GEDENKEN AN FRAU RODE, DIE IM MÄRZ 1989 STARB:
Irmgard Rode – ein Engel aus Meschede

Von Conny Hardie

Der Besuch der Coventry-Gruppe 1961 in Meschede war nicht die erste Verbindung in der langen Kette der Freundschaft, welche zwischen dieser kleinen deutschen Stadt und unserer eigenen Stadt [Coventry, Anm. d.R.] geschmiedet worden war. Die Wurzeln reichen viel weiter zurück in die späten 1940er, als eine kleine nette Frau, ärmlich im Äußeren als Folge des Krieges, uns besuchen kam. Wir haben damals noch nicht begriffen, dass wir in Frau Irmgard Rode unerwartet einen Engel zu Gast hatten. Eine Frau mit unerschütterlichem Geist und dem brennenden Wunsch, die Vergangenheit auszulöschen und eine neue Zukunft zu bauen. Ihr Werk dauert fort trotz zunehmenden Alters und schwacher Gesundheit und wir danken Gott für das, was sie vollendet hat.

Wir hatten Frau Rode und ihre Jugendgruppe 1960 zu Gast, und von dieser Zeit an begannen wir, einen Gegenbesuch zu planen. Mary Barnes, Dorothy Higgs und ich trafen uns zu Beginn des Jahres 1961 um zu überlegen, ob eine Fahrt nach Meschede möglich wäre. Wir stellten fest, das sei machbar, und begannen mit ungefähr 27 Personen Sonntag nachmittags im Hause von Dr. und Frau Cabon mehrstimmige Lieder einzuüben. Mittwoch abends trafen sich junge Mädchen in einer Aula in Kenilworth, um Volkstänze einzustudieren.

Schließlich kam der Tag der Abreise. Wir fuhren mit dem Bus nach Dover, nahmen das Boot nach Calais und den Zug nach Meschede, wo wir um 8 Uhr am nächsten Morgen ankamen, müde, hungrig und etwas ängstlich. Unsere Angst verflog sofort, denn der Empfang war überwältigend. Es folgten zehn phantastische Tage, die wir niemals vergessen werden. Man könnte es sogar als Sensation bezeichnen, denn der Aufenthalt war der Beginn einer neuen Freundschaft, allerdings mit einer Spur Traurigkeit verbunden, weil zu dieser Zeit gerade die Mauer in Berlin gebaut wurde.

Die Mescheder öffneten uns ihre Häuser, organisierten einen Empfang beim Bürgermeister der Stadt Meschede und boten Bankett, Tanz und Diashow im lutherischen Jugendzentrum.

Wir unterhielten sie mit den vorbereiteten Gesang- und Tanzdarbietungen, wozu die Mädchen blaue Röcke, weiße Blusen und rot-weiß-blaue Schärpen trugen.

Der Besuch eines örtlichen Aluminiumwerks [Honsel, Anm. d.R.] war sehr interessant, denn wir erfuhren, dass der Eigentümer einen Teil seiner Ausbildung bei der Firma Dunlop in Coventry erhalten hatte. Drei Tage verbrachten wir in Münster, die nicht weniger interessant waren, und auch dort empfing uns der Bürgermeister.

Viele Freundschaften wurden mit den Gastgebern geschlossen, einige von ihnen dauern nun schon mehr als zwanzig Jahre an, z B mit Familie Brüggemann. Mit großer Trauer erfuhren wir von Carls frühem Tod, der so viel für uns getan hatte. Glücklicherweise können wir mit seiner Witwe Waltraud weiterhin in Verbindung bleiben.

Wenn wir die Fotos der Gruppe betrachten, die 1983 von Meschede kam, entdecken wir einige Unterschiede in der Zusammensetzung der Gruppe. Aber wir sind ermutigt durch den offensichtlichen Wunsch die Verbindung fortzuführen.

(Auszug aus: George Hodgkinson, Coventry's Friendships. The Search for International Understanding, S 85 f, um 1987.)

Hardie 2005 = *Hardie*, Conny: Zum Gedenken an Frau Rode, die im März 1989 starb: Irmgard Rode – ein Engel aus Meschede. In: FdV-Jahresheft (Freunde der Völkerbegegnung – Meschede) 2005, S. 21-22. [englischer Originaltext ca. 1987]

30.

„KONRAD, DU BIST UNSER MANN" (2005)

Von Maria Hüser

„Es ist traurig, dass Krieg und Leiden eher menschliche Opferbereitschaft mobilisieren als ein friedliches Leben." (Erich Fromm)

Am 19. November 2004 feierten wir Konrad Hengsbachs 90. Geburtstag. Gekommen waren neben vielen Familienangehörigen, Nachbarn und Freunden auch der Vorstand der Freunde der Völkerbegegnung, deren Ehrenvorsitzender Konrad ist, sowie der gemischte Chor der FdV, dessen Ehrendirigent er ist.

Das von Konrads Tochter Monika getextete „Konrad wird heut 90 Jahr' – fröhlich wie er immer war. Darauf stoßen alle an. Konrad, du bist unser Mann" passte auf sieben verschiedene Melodien bekannter Volkslieder und schlich sich als Ohrwurm bei den Gästen ein.

Was wissen wir von unserem Gründer und Ehrenvorsitzenden der FdV? Konrad Hengsbach wurde am 19. November 1914 in Velmede geboren. Das Zusammenleben mit zehn Geschwistern prägte seine Jugend. Nach dem Abitur studierte er Philosophie und Pädagogik und ging in den Lehrberuf. Den zweiten Weltkrieg erlebte er als Flieger. Eine Kriegsverwundung und die vierjährige Gefangenschaft in Russland beeinflussten seinen weiteren Lebensweg. Während der Gefangenschaft hatte er sich vorgenommen, etwas für Völkerverständigung und Frieden zu tun. Der Wunsch nach weltweitem Frieden war ihm stets ein Herzensanliegen. Denn er war überzeugt: wenn Menschen sich über Staatsgrenzen hinweg besser kennenlernen, dann schießen sie nicht mehr aufeinander.

Gemeinsam mit Frau Rode und anderen Gleichgesinnten gründete er 1968 das Friedenswerk. Für ihn galt die Maxime: „Die Politiker sind mit der Arbeit für den Frieden überfordert, dabei müssen wir ihnen helfen. Frieden muß in den Familien wachsen und gelebt werden." Die erste Freundschaft wurde mit Coventry geknüpft, denn Konrad hatten die Worte aus Coventry beeindruckt, die auf dem Kreuz in den Ruinen der zerbombten Kathedrale stehen: „Vater vergib". Er begriff, wir alle müssen vergeben können und Frieden stiften. Weitere Freundschaften entstanden durch private Kontakte und Zufallsbegegnungen: nach Coventry in England folgte die gleichnamige Stadt in Rhode Island/ USA, dann Vannes in der Bretagne, die polnische Hauptstadt Warschau und Petrosawodsk in Karelien/ Russland.

Die Kontakte begannen mit Familienaustausch auf beiden Seiten. Konrad war es ein Anliegen, in Familien zu leben, die Menschen in ihrem Umfeld kennen zu lernen, im gegenseitigen Respekt die Friedensarbeit zu vertiefen. Er wollte mit seiner Philosophie kein billiges Ausflugs- oder Reiseangebot machen, sondern auch hier in Meschede Gastgeber sein. Denn auch das ist eine Bereicherung. So wächst die Toleranz, das gegenseitige

Verständnis und der Wunsch nach weltweitem Frieden in den Herzen, Köpfen und Seelen der Beteiligten.

Durch die Vielfalt an geschichtsträchtigen, kulturellen und sozialen Besichtigungen, Gesprächen, Gesang, Tanz und der Freude untereinander sind durch seinen Impuls und den Gründungsgedanken viele Freundschaften entstanden und werden seit Jahrzehnten gepflegt.

Bei allem Erfolg mit dem Mescheder Friedenswerk ist Konrad Hengsbach bescheiden geblieben, weil er weiß, dass wir nur mit Gottes Hilfe den Frieden erringen und halten können.

Hüser 2005 = *Hüser*, Maria: „Konrad, du bist unser Mann". In: FdV-Jahresheft (Freunde der Völkerbegegnung – Meschede) 2005, S. 22-23.

31.
IRMGARD RODE – VÖLKERVERSTÄNDIGUNG MIT HERZ UND HAND (2006)

Von Doris Deitelhoff und Maria Hüser

In der fdv-zeitung 2005 wurde Irmgard Rode, der „Engel aus Meschede", aus englischer Sicht vorgestellt. Das veranlasste Doris Deitelhoff und Maria Hüser, sich in Meschede auf Spurensuche zu begeben.

Maria Hüser fand in dem Buch „Gewandelte Lebenswelt – Stimmen sauerländischer Frauen aus dem 20. Jahrhundert. Ein Erinnerungsmosaik von der Frauengeschichtswerkstatt, Meschede 2000, auf S. 133f folgendes Portrait über Frau Rode, das wir mit Genehmigung der Autorinnen zitieren:

„Hervorgehoben werden muß [...] die leider 1989 verstorbene Irmgard Rode. Sie setzte sich als erste Vorsitzende der Caritaskonferenz Meschede unermüdlich für die Vertriebenen ein, sie gründete den Ortsverein Meschede des Deutschen Kinderschutzbundes und den Kinderhort Förderverein Internationale Kinderhilfe, sie war auch eine der ersten Frauen im Mescheder Stadtrat.

Ihr ungewöhnliches Engagement bewirkte auch, dass sie als einzige Frau im Frühjahr 1949 für eine Delegation des Landes Nordrhein-Westfalen ausgewählt wurde, die in der für ihre intensive Selbstverwaltung bekannten Stadt Coventry die dortigen Formen der kommunalen Selbstverwaltung kennenlernen sollte. Die übrigen vier Mitglieder der Delegation waren Männer aus den verschiedensten Landesteilen Nordrhein-Westfalens, die alle mit der Demokratie in England vertraut gemacht werden sollten. Frau Rode hat am 12. März 1949 einen Artikel über die Erfahrungen des Besuchs in England veröffentlicht und die herzliche Gastfreundschaft der Stadt, die von den deutschen Luftangriffen im 2. Weltkrieg stark betroffen war, hervorgehoben. Sie schloß Freundschaft mit einer Vertreterin der Stadt Coventry. Daraus entwickelte sich eine langjährig gepflegte Schülerpartnerschaft zwischen Coventry und Meschede, die schließlich auch zu der Namensgebung für die heutige Coventrybrücke führte."

Doris Deitelhoff erinnert sich: Seit 1946/47 bestand in Meschede eine Volkstanzgruppe für Jugendliche, junge Frauen und Männer. Gründerin und Leiterin war Irmgard Rode, die über mehrere Jahre von Paula Wiesneth und Erich Mittag in der Leitung unterstützt wurde. Die meisten Tänzer und Tänzerinnen wohnten in Meschede und Umgebung, so wie ich, die ich 1950 als 11jährige Mitglied in Frau Rodes Mädchen-Volkstanzgruppe wurde. Bis auf die kleine Angelika (geb. 1950 [richtig: 1952]) machten auch Frau Rodes Kinder mit. Roswitha (geb. 1938) und Irmgard (geb. 1940) waren unsere Vortänzerinnen, Ivo (geb. 1944) war der einzige Junge in unserer Gruppe.

Viele Teilnehmer sind auf dem alten Foto zu sehen. Um die Wiedererkennung zu erleichtern, nachfolgend die Namen:

Hans Wiesneth, der Akkordeonspieler, mit Frau Irene (geb. Schmittmann) / Paula Wiesneth, die Schwester des Musikers / Erich und Dorle Mittag (geb. Meier) / Christa Beck (geb. Brosig) / Mechthild Bunk / Margret Gerlach (geb. Wiese) / Marianne Hansjürgen / Maria Isenberg / Edeltraud Kochsiek (geb. Müller) / Waltraud Kremer (geb. Surmann) / Liesel Polle (geb. Levermann) / Gerda Rüdiger / Erika Rüdiger / Margit Meyer (geb. Schmidt) / Hedwig Spieß / Resi Strudsewski (geb. Söllner)

/ Resi Wolf / Rudolph Bartmann / Alfred Beck / Hans Bleck-mann / Horst Esser / August Kupzick / Werner Reisig / Klaus Stantien / Günter Stephan/ Ernst Urban/ Georg Urban / Franz-Josef Vollmer.

Das reichte Frau Rode aber noch nicht in ihrem Engagement für die Jugend und für Frieden und Völkerverständigung. 1950 gründete sie mit Horst Esser eine Laienspielgruppe, der ca. 15 Mädchen und Jungen angehörten. Auch ich war zehn Jahre dabei.

1951 rief Frau Rode mit Hans Wiesneth einen gemischten Chor ins Leben.

1949 wurde sie mit einer nordrhein-westfälischen Gruppe nach Coventry / England gesandt, um etwas über die kommunale Selbstverwaltung zu erfahren. Das war der Beginn einer langjährigen Freundschaft. 1956 kam eine Jugendgruppe aus Coventry nach Meschede. Frau Rode brachte 27 englische Mädchen und Jungen in Gastfamilien unter und erstellte mit ihren Helferinnen und Helfern ein Programm für diese Besuchswoche. Nun gab es in unregelmäßigen Abständen Begegnungen zwischen Jugendlichen aus Meschede und Coventry, aber auch Fahrten nach Frankreich, Polen und Amerika z.B.

1968 gründete Frau Rode mit Konrad Hengsbach das Friedenswerk „Freunde der Völkerbegegnung", und die Verbindung nach Coventry / England besteht seit 50 Jahren!

Ab 1977 organisierte Frau Rode u.a. mit Inge und Jan Wefelnberg sowie Gisela und Theo Körner eine Hausaufgabenhilfe für Kinder, die von montags bis freitags geöffnet war. Frau Rode nahm auch mehrere Male elternlose Kinder für Monate oder Jahre in ihre Familie auf.

Bei all ihren Begegnungs-, Verständigungs- und Friedensarbeiten wurde sie von ihrem Mann Dr. Rode (tätig beim Liegenschaftsamt des Amtsgerichts Meschede) tatkräftig unterstützt. Irmgard Rode, am 29.06.1911 in Marl-Hüls geboren, starb am 02.03.1989 in Meschede. Wir alle wünschten uns mehr Menschen wie Frau Rode, die sich mit Herz und Hand aktiv für den Frieden eingesetzt hat.

Deitelhoff/Hüser 2006 = *Deitelhoff*, Doris / *Hüser*, Maria: Irmgard Rode – Völkerverständigung mit Herz und Hand. In: FdV-Jahresheft (Freunde der Völkerbegegnung – Meschede) 2006, S. 20-23.

32.
GRUßWORT ZUM 40-JÄHRIGEN BESTEHEN
DER FREUNDE DER VÖLKERBEGEGNUNG (2008)

Von Peter Liese

Sehr geehrte, liebe Freunde der Völkerbegegnung,

zum 40-jährigen Jubiläum möchte ich den Freunden der Völkerbegegnung meinen herzlichsten Glückwunsch aussprechen. Seit vielen Jahren beobachte ich die Arbeit des Vereins mit großem Interesse. 1981 hatte ich als sechzehnjähriger Jugendlicher die Möglichkeit an einem Schüleraustausch, der von den Freunden der Völkerbegegnung organisiert wurde, in London und Bournemouth / Großbritannien teilzunehmen. Diese Erfahrung hat mich für das Leben geprägt, und daher weiß ich, wie wichtig Ihre Arbeit ist. Die europäische Einigung kann nur dann Bestand haben, wenn wir die Herzen der Menschen erreichen. Ein persönlicher Kontakt ist dabei durch nichts zu ersetzen. Daher sind Initiativen wie „Freunde der Völkerbegegnung" unverzichtbar, wenn wir die Menschen in Europa wirklich mehr zusammenbringen wollen.

Sehr begrüßenswert ist meiner Ansicht nach auch, dass sich die Kontakte nach Mittel- und Osteuropa in den letzten Jahren verstärkt haben. Die Aussöhnung mit Frankreich ist in den über fünfzig Jahren Europäischer Gemeinschaft schon sehr weit gediehen. Dass wir mehr Kontakte, gerade zwischen jungen Menschen in Deutschland und Polen, brauchen, zeigen die Diskussionen der letzten Jahre. Ich wünsche dem Verein und allen Mitgliedern alles Gute für die nächsten mindestens vierzig Jahre und einen erfolgreichen Verlauf der Feierlichkeiten.

Mit freundlichen Grüßen

Ihr

Dr. Peter Liese, MdEP

Liese 2008 = *Liese*, Peter (MdEP): Grußwort zum 40-jährigen Bestehen der Freunde der Völkerbegegnung. In: FdV-Zeitung (Freunde der Völkerbegegnung – Meschede) Jubiläumsausgabe 2008, S. 5.

33.
GRÜNDUNGSIDEE DER FREUNDE
DER VÖLKERBEGEGNUNG (2008)

Von Konrad Hengsbach

Nach den unmenschlichen Kriegserlebnissen reifte in mir der Gedanke: WAS können wir Uberlebenden tun, damit sich so etwas nicht wiederholt?

Ich hatte im II. Weltkrieg erfahren, dass, wer sich kennt, nicht aufeinander schießen würde. Das schien mir das wirksamste Mittel gegen Krieg zu sein. Das Kennen- und Verstehen-Lernen zwischen Völkern kann aber nur gelingen, wenn man dem anderen mit Achtung und Respekt begegnet. Wo sollte ich anfangen?

Wer Ziele hat, muss sich gleichgesinnte Verbündete suchen, mit denen diese zu verwirklichen sind. Bald hörte ich von der Kinderbetreuung im Deutschen Kinderschutzbund sowie dem Förderverein Internationale Kinderhilfe, dem Kinderhort in der Brückenstraße in Meschede, und von Irmgard Rode (*29.06. 1911 - † 02.03.1989), bei der die Menschenliebe an erster Stelle stand. Zwei Begebenheiten können das vielleicht verdeutlichen: Als ihr 1982 das Bundesverdienstkreuz verliehen werden sollte, lehnte sie ab mit den Worten: „Ich arbeite für den Frieden und nicht für einen Orden". Und an ihrem 75. Geburtstag sagte sie: „Nicht nur beten, auch etwas tun!" Das hat sie zeitlebens beherzigt. Sie arbeitete intensiv und selbstlos im Ausländer- und Kinderhort, sie unterrichtete die Kinder und war auch in der Nachmittagsbetreuung aktiv.

Ihr stadtbekanntes soziales Engagement wurde von ihrem Mann und den vier Kindern mitgetragen. Manchmal wussten die Kinder nicht, ob sie abends im eigenen Bett schlafen konnten, oder ob Asylanten und Gäste schon darin lagen.

Ich nahm Kontakt mit ihr auf, und wir waren uns bald einig, dass eine Vereinsgründung unsere Friedensbemühungen schneller bekannt machen und Gleichgesinnte anziehen würde.

Aus Mitverantwortung für Frieden und Wohlergehen der Völker gründeten wir am 01.12.1968 die „Freunde der Völkerbegegnung e.V." als gemeinnütziges Friedenswerk in Meschede. Ich übernahm den Vorsitz und Frau Rode war 2. Vorsitzende. Nach unserem Presseaufruf und einer Reihe persönlicher Gespräche traten viele gleichgesinnte Bürger und Bürgerinnen unserem Verein bei.

In den ersten Jahren trafen sich die ehrenamtlichen Helfer öfter in Schmallenberg zu Seminaren, die zur Kinder- und Jugendarbeit vom Landesjugendamt gefordert wurden. Dabei waren aktiv: Rektor Josef Rath, Lehrer Reinhard Schmidt und Jugendamtsleiter Konrad Garske. – Die erste internationale Begegnung fand mit Coventry in England statt. Dort hatte Frau Rode schon 1949 Kontakte aufgebaut und leitete die verschiedenen Schüleraustausche mit England.

Weitere private Völkerbegegnungen führten dazu, dass bereits zehn Jahre nach der Gründung unseres Vereins Verbindungen außer zu England auch zu Frankreich, Spanien, Irland, Jugoslawien, Südholland, Schweden, Island und Israel bestanden. Allerdings wurden manche wegen zu wenig Interesse auf beiden Seiten später wieder eingestellt.

Heimatliebe und Völkerbegegnung gehören zusammen, wenn sie über Familie, Nachbarn, Gemeinde, Heimatland grenzüberschreitend wirksam wachsen sollen. In den Auslandsbesuchen lernten wir die Leistungen der Gastländer in Politik, Religion, Kultur und Wirtschaft kennen und schätzen. Deshalb sind unsere Begegnungen auch keine Tourismus-, sondern Familienbegegnungen in Anerkennung und Bescheidenheit. Nur so verlieren Grenzen ihre trennende Funktion und werden zu Brücken. Dies erklärt auch den Namen unserer Stadtbrücke in Meschede „Coventrybrücke", die auf unsere erste Städteverbindung hinweist und in Coventry den „Meschede Way" hervorgebracht hat.

Nach 10 Jahren gründeten wir den „Singekreis" als gemischten Chor nach dem Motto: „Ein Lied kann eine Brücke sein", der in diesem Jahr sein 30-jähriges Jubiläum begeht. Außerdem bieten wir immer noch Sprachkurse in Englisch, Französisch und Russisch an. Im Dezember 1984 gab ich nach 16 Jahren meinen Vorsitz an Wolfgang Kröger weiter. Ich bin heute dankbar, dass mein Friedensgedanke sich im Verein noch immer als tragfähige Brücke erweist und hoffe auf noch viele freundschaftliche Begegnungen!

Hengsbach 2008 = *Hengsbach*, Konrad: Gründungsidee der Freunde der Völkerbegegnung. In: FdV-Zeitung (Freunde der Völkerbegegnung – Meschede) Jubiläumsausgabe 2008, S. 7-9.

Prof. Dr. Irmgard Rode, 50935 Köln

Herrn
Peter Bürger
40233 Düsseldorf

Köln, den 4. Juni 2014

Lieber Herr Bürger,

[...] Nun zu Ihren Fragen:
Die Quelle des Artikels von 1974: „Kinderschicksale – Erlebnisse
einer Pflegefamilie", ist das Heft Mai 1975 der AGJ Mitteilungen.
Ich lege Ihnen eine Kopie des Deckblattes und des Inhalts-
verzeichnisses bei.

Über unseren Vater, geboren 1901 in einem Vorort von Münster, können Sie Einiges aus der Kopie seiner Aufzeichnungen
aus dem Jahr 1947 entnehmen. Er entstammt, genauso wie
unsere Mutter, einem katholischen und gleichzeitig pazifistischen Elternhaus. Unsere Eltern lernten sich früh kennen, da sie
in dem selben Vorort von Münster groß wurden und da ihre
Eltern an der gleichen Schule als Lehrer arbeiteten. Der Vater
unserer Mutter schrieb pazifistische Gedichte, die er in kleinem
Kreise vortrug. Die Themen Krieg und Frieden waren in den
Familien allgegenwärtig, auch wir Enkelkinder wurden früh
damit konfrontiert. Meines Erachtens war die antifaschistische
Einstellung in beiden Elternhäusern wesentlich darauf zurück
zu führen, dass Werte wie Menschenwürde und Nächstenliebe
hoch geschätzt wurden. Hinzu kam die Erziehung zur Kritik-
fähigkeit. Autoritäten durften nicht kritiklos akzeptiert werden.
Wir lernten früh, eigene Meinungen couragiert zu vertreten,
auch wenn dies mit gewissen Nachteilen verbunden war.

Die Frage, ob wir das starke soziale Engagement der Eltern
manchmal als Belastung erlebt haben, werden meine Geschwister voraussichtlich unterschiedlich beantworten. Aus meinem
individuellen Blickwinkel war das manchmal tatsächlich so, insbesondere im Hinblick auf meine Mutter. Einerseits bewunderte

ich ihre sozialen Leistungen und ihren nimmermüden Einsatz für benachteiligte Menschen (nicht umsonst bin ich klinische Psychologin geworden und habe Jahre lang in psychiatrischen Kliniken und im Strafvollzug gearbeitet), andererseits belasteten mich in meiner Kindheit und Jugend die Erwartungen, die ich von ihrer Seite her spürte. In manchen Situationen hätte ich mich lieber unbeschwert mit Gleichaltrigen vergnügt, anstatt mich um schwierige oder kranke Kinder zu kümmern.

Das Tragen von Mitverantwortung bereits im frühen Lebensalter erlebte ich einerseits als belastend, andererseits spürte ich aber auch, dass ich für mein späteres Leben viel daraus lernen konnte und dass mich die Erfolge stolz und glücklich machten. Für meine Berufstätigkeit habe ich von dem frühen sozialen Training enorm profitiert. Die soziale Praxis, vermittelt durch die Aktivitäten meiner Eltern, stellte eine ideale Ergänzung zu meinem späteren Studium der Psychologie dar.

Die autoritätskritische Einstellung meiner Eltern und ihre politischen Ziele schätze ich bis heute als sehr positiv ein. In zahlreichen Entscheidungen, die ich heute im Alter von 74 Jahren treffe, erkenne ich noch immer die Prägung meiner Eltern.

3 Anlagen:

- Quelle der SGJ Mitteilungen
- Aufzeichnungen meines Vaters nach seiner Rückkehr aus dem Krieg
- Foto der Familie aus dem Jahr 1962 aus Meschede am Hennesee (Angelika schickt Ihnen noch ein Foto).

Zum Schluss wünsche ich Ihnen gutes Gelingen beim Erstellen Ihres Berichtes.
Mit freundlichen Grüßen
Irmgard Rode

Rode 2014 = Brief von Prof. Dr. Irmgard Rode [Tochter von Irmgard Rode] an Peter Bürger, 04.06.2014.

MITTEILUNGEN VON ANGELIKA RODE
ZU DEN ELTERN (2014)

[Antworten auf Fragen Peter Bürgers, 04.06.2014]

Lebensdaten meines Vaters [Dr. Alfons Rode]: 8.2.1901 - 25.12.1987. [...] Er ist also kurz vor seinem 87. Geburtstag gestorben.

Meine Eltern kannten sich praktisch ‚schon immer', weil sie im selben Dorf (Kinderhaus, heute Stadtteil von Münster) aufgewachsen sind. [...] Ihre Väter waren Kollegen an der Dorfschule (Volksschule?) in Kinderhaus. Der Vater meiner Mutter, Josef Beckmann, war der Chef (Rektor) des Vaters meines Vaters (August Rode, Lehrer).

Die Eltern meines Vaters: Der Vater meines Vaters, August Rode, war also Lehrer und Imker. Die Mutter meines Vaters, Antonia Rode, geb. [Kreilos] [genannt:] Fenstermacher (‚Fenstermachers Toni') stammte von einem Bauernhof im Weserbergland. Mein Vater hat zeitlebens die Natur und die Einfachheit des Landlebens geliebt. Er hat (wohl hauptsächlich von seiner Mutter) eine schlichte, innige Frömmigkeit übernommen.

Die Eltern meiner Mutter waren erklärte Pazifisten. Mein Großvater (der Schulleiter Josef Beckmann) schrieb viele Gedichte, darunter viele pazifistische. Er war ein geachteter Mann im Dorf, weil er auch einiges für die Dorfgemeinschaft erreicht hat. Eine Straße ist in Kinderhaus nach ihm benannt. Aber damals bedeutete eine pazifistische Gesinnung und Engagement für die Gemeinschaft nicht automatisch, dass man sich innerhalb der Familie oder gegenüber den Schülern um einen sanften, liebevollen oder gar antiautoritären Umgang bemühte. Prügel galten durchaus als probates Erziehungsmittel. Josef Beckmann war bei vielen Schülern gefürchtet, und seine Frau (Theresia Knaden) und die 5 Kinder hatten es unter seinem strengen Regiment auch nicht leicht. Ich glaube, die 4 Söhne hatten stärker zu leiden als die Tochter, meine Mutter Irmgard Beckmann, die die älteste war. (Die Söhne bekamen auch einen Schlag hinter die Ohren, wenn ihr Vater das für nötig hielt.) Von den 4 Söhnen sind 2 im zweiten Weltkrieg gefallen, das waren die Brüder meiner Mutter, Ivo und Egon. (Darum heißt mein Bruder Ivo, und mein Sohn auch.) Mein Großvater hat viele Briefe geschrieben, an seinen Bruder in Polsum, den Schneidermeister Bernhard Beckmann, der beim Kolping aktiv war, und an meine Mutter, als sie mit ihrem Mann (u. oft allein im Krieg) in Meschede wohnte. Das ist die Zeit des 2. Weltkrieges, und diese Korrespondenz ist sehr aufschlussreich. Sie lagert in Kartons bei mir zuhause, und schon lange möchte ich das so ordnen, dass man die Briefe hintereinander weg lesen kann. Ihr Vorhaben ist mir jetzt Anlass, mich endlich wirklich darum zu kümmern. Das wird dauern, aber einige interessante Briefe u. Gedichte könnte ich sicher in nächster Zeit (nach den Sommerferien) raussuchen und für Sie einscannen oder kopieren.

Diese Herkunft erklärt sicher einen gut Teil des Engagements meiner Mutter. Hinzukommt, dass sie natürlich in die Erziehung und Beaufsichtigung der 4 kleinen Brüder eingespannt wurde und nach dem Abitur in einer Familie mit 8 Kindern als Kindermädchen arbeitete (bei dem Druckereibesitzer, der ihre Gedichte + Scherenschnitte – kennen Sie die auch? – verlegt hat.)

Rode-Angelika 2014a = Brief von Angelika Rode an Peter Bürger, 04.06.2014.

36.
MITTEILUNGEN VON ANGELIKA RODE
ZUM LEBEN IM ELTERNHAUS (2014)

[Antwort auf Anfragen von Peter Bürger]

Ja, wie war das für mich, so eine engagierte Mutter zu haben?

Vor allem war es eine große Bereicherung für mein Leben. Langweilig war es nie bei uns. Solange ich denken kann, gab es die verschiedensten Gäste in unserem Haushalt, vor allem Engländer, Franzosen, aber auch Griechen, Ägypter, Afrikaner und natürlich viele Deutsche aus den verschiedensten Schichten, und immer auch viele Kinder. Es wurde am großen Wohnzimmertisch oder am Esstisch gebastelt, Hausaufgaben gemacht, Brettspiele gespielt, im Garten gearbeitet und gespielt. Es gab Turnstange, Schaukel und Sandkasten; wir haben musiziert, Theater gespielt, Filme vorgeführt, getanzt, gesungen, sind gewandert – alles eben nicht nur in der Familie, sondern mit Besuchern und Nachbarskindern und vieles in diversen Gruppen, die von meiner Mutter entweder geleitet oder organisiert wurden.

Häufig mündete die kulturelle Tätigkeit in eine soziale: wir musizierten z.B. in Krankenhäusern u. Blindenheim ebenso wie beim Honselbetriebsfest vor deutschen und ausländischen Arbeitern. Meine Mutter nahm mich überall mit hin. Ich war ja ein Nachzügler, da war das für mich besonders wichtig, weil meine älteren Geschwister schon ziemlich bald aus dem Haus waren. Schon als Krabbelkind schlief ich mit der Wandergruppe im Heu, als Schulkind erlebte ich an der Hand meiner Mutter die Ostermarschkundgebungen in Dortmund. Seit ich 12 war, nahm sie mich auch auf die Auslandsreisen mit Jugendgruppen mit – welche Chance damals! Jedes Jahr mit einer Gruppe nach England und/oder nach Frankreich, und wenn der Gegenbesuch nach Meschede kam, logierten wieder viele Gäste bei uns zu Hause. Es hat mich überhaupt nicht gestört, wenn ich dann später nicht immer in meinem eigenen Bett schlafen konnte. Manchmal wurden wir, wenn in Meschede nicht genug Gastfamilien gefunden wurden, ausquartiert zu Nachbarn, mit deren Kindern wir befreundet waren; das fand ich eher interessant und gemütlich.

In diesem quirligen Umfeld, in dem mein Vater den ruhenden Pol bildete, habe ich mühelos nebenbei gelernt, auf die verschiedensten Menschen offen, ohne Scheu und mit ehrlichem Interesse zuzugehen (eine Fähigkeit, die mir im Leben schon oft – im Beruf wie privat – sehr nützlich war). So habe ich sehr viele bereichernde, schöne Begegnungen erlebt und die Überzeugung gewonnen, dass man mit den allermeisten Menschen gut auskommen kann, wenn man ihnen nur offen begegnet und sie in ihrer Eigenart respektiert (auch wenn das mit manchen etwas mühsamer ist als mit anderen). Wichtig ist mir auch die Erkenntnis, dass Charakter und Herzlichkeit vor Geld und Bildung rangieren, und dass ein hoher Bildungsabschluss häufig eher Glück als persönliches Verdienst ist. Ja, ganz nebenbei habe ich auch eine Reihe von Instrumenten gelernt; Singen und Tanzen macht mir bis heute Spaß, ebenso das Erlernen fremder Sprachen. – Aber es stimmt – manchmal war es mir lästig oder vor allem peinlich, wenn ich vor einer Gruppe zur Gitarre greifen und Lieder begleiten sollte. Ich wollte nicht als „Tochter von Frau Rode" etwas Besonderes sein und habe mich darum öfter von ihr distanziert. Trotzdem war natürlich auch diese Rolle lehrreich für mich.

Meine Eltern sprachen am Tisch oft über Politik, meine Mutter hatte da viel Aufregendes aus der Kommunalpolitik zu erzählen, das hat natürlich meine Grundeinstellung geprägt. Ich erinnere mich auch an interessante religiöse Gesprächszirkel mit Vikar Klusmann, zu denen sie meine Pflegeschwester und mich mitnahm u. die unseren Horizont erweiterten. In guter Erinnerung habe ich auch einen Russischkurs an der Volkshochschule Meschede, den sie mit uns beiden Mädchen besuchte. Ein solcher Kurs war damals eine Sensation, über die im Fernsehen (WDR) berichtet wurde.

Gab es denn keine Konflikte? Na, und ob!

Ich wuchs ja mit mehreren Pflegegeschwistern auf, viele lebten nur kurze Zeit bei uns, doch zu zweien entwickelte sich ein sehr enges geschwisterliches Verhältnis, weil sie in meinem Alter waren und sieben oder acht Jahre bei uns blieben. Auch zu einigen „Schularbeitskindern", die täglich ins Haus kamen, entwickelte sich ein enges Verhältnis. Im Laufe der Zeit taten sich verschiedene durchaus belastende Konfliktfelder auf, sowohl untereinander, als auch mit meiner Mutter in Erziehungsfragen, besonders, als wir in der Pubertät waren: Wie lange dürfen wir raus? Wo dürfen wir hin? (Cola-Ball) Wo müssen wir hin? (Sonntagsmesse) Darf ich meinen Freund treffen? Wo und wie lange? Müssen wir wirklich putzen helfen („Wird doch sowieso alles wieder dreckig")? Warum müssen wir im Garten helfen? Wann wird die Fete in der Garage beendet? Wieviel Uhr müssen wir aufstehen („Ist doch unsere Sache, wenn wir zu spät zur Schule kommen"), welche Kleidung ist angemessen? (Rock zu kurz! Bluse zu eng! Haare zu lang! Nietenhosen als Cowboy-symbol verboten.)

Meine Mutter agierte dabei keineswegs immer pädagogisch geschickt. Diskussionen mit ihr verliefen oft fruchtlos in gegenseitigem Unverständnis bei verhärteten Fronten und endeten häufig mit einem Machtwort von ihrer Seite, dessen Sinn wir nicht einsahen. Zeitweise war ich ausgesprochen wütend auf sie. Was sie für richtig hielt, setzte sie durch. Wenn ich heimlich z.B. meinen Freund besuchte oder auf eine nicht genehmigte Fete ging, musste ich immer damit rechnen, dass meine Mutter mit ihrem Fahrrad auftauchte, um mich nach

Hause zu holen – mit einer Szene, die man nicht zweimal erleben wollte. Meine ältere Pflegeschwester und ich wurden in dieser Zeit ganz schön frech (ich war als Kind vorwiegend ziemlich fromm und brav gewesen), meine Mutter wurde immer strenger, versuchte auch zeitweise, uns zu trennen, doch umso mehr hielten wir ihr gegenüber zusammen, obwohl wir beiden Mädchen es nicht leicht miteinander hatten. Wir waren alle reichlich überfordert mit der Situation. Großartige Beratungsangebote für Pflegeeltern gab's damals noch nicht (nur Kontrolle u. sehr wenig Geld), man wurschtelte sich so durch. Für meine Mutter muss das absolut hart gewesen sein, was wir damals nicht begriffen. Sie erschien uns unangreifbar stark, und gerade wir Mädchen verhielten uns oft entsprechend rücksichtslos (mein Pflegebruder regelte die Dinge eher mit Charme und Humor). – Irgendwie wurde es dann aber besser und wir sind bis zum Abitur dadurchgekommen.

Man darf sich das nun aber nicht so vorstellen, dass es durchgängig furchtbar gewesen wäre. In schulischen Dingen hat meine Mutter uns alle immer sehr unterstützt, das wussten wir auch zu schätzen, und wir haben ihr bei ihren sozialen Aktivitäten eigentlich auch immer gerne geholfen. Wir hatten viel Spaß miteinander, besonders wenn wir Kinder rumalberten, im ganzen Haus Verstecken und Gespenster spielen durften, wenn wir Ski und Schlitten fuhren, in der Volkstanzgruppe unsere ersten Verliebtheiten erlebten und später zum „Colaball" gingen oder bei der KJG abrockten, wenn da eine Band spielte. Es gibt viele schöne Erinnerungen aus dieser Zeit, und manchmal denke ich – so anstrengend das zeitweise war – ohne meine Pflegeschwester wäre ich wohl ein bisschen zu brav und etwas verschroben geworden, und ohne meinen Pflegebruder hätte ich heute einen verlässlichen Freund weniger. Beide haben übrigens später, als sie längst in akademischen Berufen erfolgreich waren, immer wieder meine Mutter unterstützt, wenn sie Hilfe benötigte.

Rode-Angelika 2014b = Brief von Angelika Rode an Peter Bürger, 12./13.08.2014, ergänzt und überarbeitet im Dezember 2014.

V. Literatur & Quellen
(mit Kurztiteln)

Beckmann 1964 = [*Beckmann*, Joseph]: Laot us singen. Volksleeder up Platt ümschriewen / van Joseph Beckmann. Münster/Westf.: Buschmann [1964]. [60 Seiten.]

Beckmann 2014 = *Joseph Beckmann*: „Laot us singen!" – Liederbuch eines ‚plattdeutschen Pazifisten‘ im Münsterland. = daunlots. internetbeiträge des christine-koch-mundartarchivs am museum eslohe. nr. 74. Eslohe 2014. www.sauerlandmundart.de [= digitale Neuausgabe des Buches von 1964]

Blömeke 1992 = *Blömeke*, Sigrid: Nur Feiglinge weichen zurück. Josef Rüther (1881-1972). Eine biographische Studie zur Geschichte des Linkskatholizismus. Brilon 1992. [Erwähnung von Irmgard Rode auf S. 114, 117 und 170 (Hinweis auf Nachlaß J. Rüther).]

Blömeke 1995 = *Blömeke*, Sigrid: Der FDK im Sauerland. Regionale katholische Friedensarbeit. In: Pax Christi Deutsches Sekretariat (Hg.): 75 Jahre katholische Friedensbewegung in Deutschland. Idstein 1995, S. 95-115.

Bürger 2013 = *Bürger*, Peter (Bearb.): Josef Rüther (1881-1972) aus Olsberg-Assinghausen. Linkskatholik, Heimatbund-Aktivist, Mundartautor und NS-Verfolgter. = daunlots. internetbeiträge des christine-koch-mundartarchivs am museum eslohe. nr. 61. Eslohe 2013. www.sauerlandmundart.de

Bürger 2014a = *Bürger*, Peter (Red.): Maria Kahle (1891-1975), Propagandistin im Dienst der Nationalsozialisten. – Beiträge von Hans-Günther Bracht, Peter Bürger, Karl Ditt, Walter Gödden, Wolf-Dieter Grün, Roswitha Kirsch-Stracke, Werner Neuhaus, Iris Nölle-Hornkamp und Friedrich Schroeder. = daunlots. internetbeiträge des christine-koch-mundartarchivs am museum eslohe. nr. 71. Eslohe 2014. www.sauerlandmundart.de

Bürger 2014b = *Bürger*, Peter: Das Leben zum Guten wenden. Vor 25 Jahren starb die Meschederin Irmgard Rode (1911-

1989). In: Landwirtschaftliches Wochenblatt Westfalen-Lippe (Regionalausgabe Südwestfalen) Nr. 36 vom 4.9.2014, S. 86IIIb-87IIIb.

Bürger 2014c = *Bürger*, Peter: Helfen durch Begegnung. Irmgard Rode (1911-1989) aus Meschede setzte sich nach dem Zweiten Weltkrieg für schlesische Flüchtlinge und Vertriebene ein und engagierte sich für die Verständigung mit England, Frankreich und Polen. In: Landwirtschaftliches Wochenblatt Westfalen-Lippe (Regionalausgabe Südwestfalen) Nr. 37 vom 11.9.2014, S. 90IIIb-91IIIb.

Bürger 2014d = *Bürger*, Peter: Den Kindern Heimat gewähren. Bis ins hohe Alter hinein wirkte Irmgard Rode (1911-1989) als Anwältin der Kinder. Mit ihrem Mann hat sie mehr als 40 Zöglinge aufgenommen. In: Landwirtschaftliches Wochenblatt Westfalen-Lippe (Regionalausgabe Südwestfalen) Nr. 38 vom 11.9.2014, S. 80IIIb-81IIIb.

Bürger 2016 = *Bürger*, Peter: Friedenslandschaft Sauerland. Antimilitar-ismus und Pazifismus in einer katholischen Region. Norderstedt: BoD 2016.

daunlots nr. 61* = *Bürger*, Peter (Bearb.): Josef Rüther (1881-1972) aus Olsberg-Assinghausen. Linkskatholik, Heimatbund-Aktivist, Mundartautor und NS-Verfolgter. (= daunlots. internetbeiträge des christine-koch-mundartarchivs am museum eslohe. nr. 61). Eslohe 2013. www.sauerlandmundart.de

daunlots nr. 75* = *Bürger*, Peter (Bearb.): „Das Leben zum Guten wenden." – Über die Meschederin Irmgard Rode (1911-1989), zugleich ein Beitrag zur Geschichte der katholischen Friedensbewegung im Sauerland. (= daunlots. internetbeiträge des christine-koch-mundartarchivs am museum eslohe. nr. 75). Eslohe 2015. www.sauerlandmundart.de

daunlots nr. 76* = *Bürger*, Peter / *Hahnwald*, Jens / *Heidingsfelder*, Georg D. (†): „Zwischen Jerusalem und Meschede". Die Massenmorde an sowjetischen und polnischen Zwangsarbeitern im Sauerland während der Endphase des 2. Weltkrieges und die Geschichte des „Mescheder Sühnekreuzes". (= daunlots. internetbeiträge des christine-koch-mundartarchivs am museum eslohe. nr. 76). Eslohe 2015. www.sauerlandmundart.de

daunlots nr. 77* = *Bürger*, Peter (Hg.): Friedenslandschaft Sauerland – Beiträge zur Geschichte von Pazifismus und Antimilitarismus in einer katholischen Region. (= daunlots. internetbeiträge des christine-koch-mundartarchivs am museum eslohe. nr. 77). Eslohe 2015. www.sauerlandmundart.de

daunlots nr. 78* = *Bürger*, Peter: Sauerländische Botschafter des Lebens und Märtyrer 1933-1945. (= daunlots. internetbeiträge des christine-koch-mundartarchivs am museum eslohe. nr. 78). Eslohe 2016. www.sauerlandmundart.de

Deitelhoff/Hüser 2006 = *Deitelhoff*, Doris / *Hüser*, Maria: Irmgard Rode – Völkerverständigung mit Herz und Hand. In: FdV-Jahresheft (Freunde der Völkerbegegnung – Meschede) 2006, S. 20-23.

Der Dom 1989 = *Personalien* (Irmgard Rode). In. Der Dom Nr. 13 vom 26.03.1989.

Der Westen 2013 = *Mit 45 Jahren ist man „auf dem Besten"* [FdV-Jubiläum Meschede]. In: Der Westen-Online, 09.12.2013. http://www.derwesten.de/staedte/nachrichten-aus-meschede-eslohe-bestwig-und-schmallenberg/mit-45-jahren-ist-man-auf-dem-besten-aimp-id8777901.html

Dudek 1988 = *Dudek*, Anne-Marie: Pax-Christi-Arbeit im Erzbistum Paderborn 1974-1986 [aus: Rundbrief 3/1988]. In: Rundbrief der pax christi-Bistumsstelle Paderborn Nr. 1/1998, S. 28-30.

Evers 1989 = *Evers*, A[ndreas]. (Mannheim/Meschede): Der Name Irmgard Rode steht für die gute Tat. In: Mescheder Stadtanzeiger Nr. 229 vom 23.03.1989.

FdV 1981 = *Irmgard Rode 70 Jahre!* In: FdV-Jahresheft (Freunde der Völkerbegegnung – Meschede) Oktober 1981, S. 29.

FdV 1986 = *Am 29. Juni feierte „unsere" Frau Rode ihren 75. Geburtstag.* In: FdV-Jahresheft (Freunde der Völkerbegegnung – Meschede) 1986, S. 23.

Fenner 2013 = *Fenner*, Marion: Heimatmuseum erhält Fotoalbum aus dem Besitz des früheren Dorfschullehrers Josef Beckmann. In: Westfälische Nachrichten (Münster-Kinderhaus), 18.07.2013. http://www.wn.de/Muenster/Stadtteile/

Kinderhaus/2013/07/Alte-Ansichten-neue-Einblicke-Heimat
museum-erhaelt-Fotoalbum-aus-dem-Besitz-des-frueheren-
Dorfschullehrers-Josef-Beckmann

Frauengeschichtswerkstatt 2000 = *Frauengeschichtswerkstatt Meschede* (Hg.): Gewandelte Lebenswelt. Stimmen sauerländischer Frauen aus dem 20. Jahrhundert. Redaktion: Dr. Erika Richter. Meschede 2000. [S. 133-134 zu Irmgard Rode.]

Hardie 2005 = *Hardie*, Conny: Zum Gedenken an Frau Rode, die im März 1989 starb: Irmgard Rode – ein Engel aus Meschede. In: FdV-Jahresheft (Freunde der Völkerbegegnung – Meschede) 2005, S. 21-22.

Hartz 2013 = *Hartz*, Kathrin: Nachlass von Joseph Beckmann. Heimatfreunde bekommen ein wertvolles Geschenk. In: Münstersche Zeitung (Kinderhaus), 17.07.2013. http://www. muensterschezeitung.de / staedte /muenster / Nachlass-von-Joseph-Beckmann-Heimatfreunde-bekommen-ein-wertvolles-Geschenk;art2597,2064921

Hengsbach 1983 = *H[engsbach]*, Konrad: Geburtsstunde der Freunde der Völkerbegegnung. In: FdV-aktuell (Freunde der Völkerbegegnung – Meschede) April 1983, S. 5.

Hengsbach 2008 = *Hengsbach*, Konrad: Gründungsidee der Freunde der Völkerbegegnung. In: FdV-Zeitung (Freunde der Völkerbegegnung – Meschede) Jubiläumsausgabe 2008, S. 7-9.

Holling 2007 = *Holling*, Margret / in Kooperation mit dem Stadtheimatbund Münster (Hg.): 25 Jahre Plattdeutscher Gesprächskreis – Bürgerhaus Kinderhaus. Münster 2007. [253S.]

Hüser 2005 = *Hüser*, Maria: „Konrad, du bist unser Mann". In: FdV-Jahresheft (Freunde der Völkerbegegnung – Meschede) 2005, S. 22-23.

Keine 1998 = *Keine*, Günther: Die friedenspolitische und kirchenpolitische Dimension des Wirkens von Franz Stock. In: Rundbrief der pax christi-Bistumsstelle Paderborn Nr. 1/1998, S. 6-9.

Kinderschutzbund 1989 = *Traueranzeige „Irmgard Rode"* (Deutscher Kinderschutzbund e.V. Ortsverband Meschede;

Förderverein Internationale Kinderhilfe e.V. Kinderhort). In: Westfalenpost (Meschede) Nr. 54 vom 04.03.1989.

Knepper-Babilon/Löffler 2003 = *Knepper-Babilon*, Ottilie / *Kaiser-Löffler*, Hanneli: Widerstand gegen die Nationalsozialisten im Sauerland. = Hochsauerland Schriftenreihe Bd. IV. Brilon: Podszun 2003.

Köhren 1998 = *Köhren*, Theo: Der Tag des Friedens. Der Weltkongress der katholischen Pax-Christi-Bewegung vom 1. bis 4. April 1948 in Kevelaer. – Gedanken und Erinnerungen [Erstveröffentlichung: Geldrischer Heimatkalender 1998]. In: Rundbrief der pax christi-Bistumsstelle Paderborn Nr. 1/1998, S. 21-22.

Kolb 2008 = *Kolb*, Dagmar: Platt ist vom Aussterben bedroht. In: Westfälische Nachrichten – Online (Warendorf), 15.08.2008. http://www.wn.de / Muensterland / Kreis-Warendorf / Waren dorf/2008/08/Warendorf-Platt-ist-vom-Aussterben-bedroht

Liese 2008 = *Liese*, Peter (MdEP): Grußwort zum 40-jährigen Bestehen der Freunde der Völkerbegegnung. In: FdV-Zeitung (Freunde der Völkerbegegnung – Meschede) Jubiläumsausgabe 2008, S. 5.

Meier 1997 = *Meier*, Dominicus (OSB): Quo vadis? Die höhere Jungenschule der Benediktiner zu Meschede am Ende des Nationalsozialismus. [Meschede 1997.] http://www.gymn-benedictinum.de/geschrb97.htm [Namensnennungen in den Anmerkungen]

Müller 1998 = *Müller*, Margot: Pax Christi Paderborn in den 60er Jahren [aus: Rundbrief 2/1988]. In: Rundbrief der pax christi-Bistumsstelle Paderborn Nr. 1/1998, S. 26-27.

pax christi Meschede 1987 = *Nachruf (Pax Christi): Dr. jur. Alfons Rode.* In: Westfalenpost [und Westfälische Rundschau] (Meschede), 29.12.1987.

Plöger 1983= *Plöger*, Michael: Mit 72 Jahren für den Frieden auf die Straße. Eine Frau sieht die Zeichen der Zeit. In: Der Dom Nr. 18 vom 18. September 1983.

Regeniter 1998 = *Regeniter*, Wolfgang: Pax-Christi-Arbeit im Erzbistum Paderborn 1986-1998. In: Rundbrief der pax christi-Bistumsstelle Paderborn Nr. 1/1998, S. 31-33.

Regeniter 2008 = *Regeniter*, Wolfgang: 60 Jahre pax christi Deutschland (1948-2008). In: Rundbrief der pax christi-Bistumsstelle Paderborn Nr. 1/2008, S. 11-20.

Richter 1988 = *Richter*, Erika (Tutorin) / *Klasse 11b des Gymnasiums der Stadt Meschede*: Die Integration der Vertriebenen in Meschede 1945-1955. = Einreichung zum Schülerwettbewerb Deutsche Geschichte 1984/85. Meschede: Selbstverlag der Stadt Meschede 1988, S. 66-73. [207 Seiten] [Handschriftlich darin: Interview mit Irmgard Rode] [BBW Druck Josefsheim Bigge 5787 Olsberg]

Rinsche 1955 = *Rinsche*, Franz: Peter Knaden. Ein sauerländer Dorflehrer. Hg. Gemeinde Scharfenberg. Bochum: Verlag F. Kamp 1955.

Rode 1934 = *Am Rosenstrauch*. Glückwunschgedichte für Kinder von 6 bis 14 Jahren. Gereimt und bebildert von Irmgard Beckmann. 1. und 2. Auflage. Telgte: Verlag Joseph Hansen 1934. [40 Seiten; „2. Auflage: 11. – 25. Tausend"] [Kopie: Archiv Peter Bürger]

Rode 1935 = *Für Dich*. Reime für frohe und glückliche Tage. Zusammengestellt von Irmgard Beckmann. Telgte: Verlag Joseph Hansen 1935. [71 Seiten] [Kopie: Archiv Peter Bürger]

Rode 1937 = *„Ich bin ein kleines Stümpchen ..."*. Glückwunschgedichte für Kinder von 3 bis 6 Jahren. Gereimt und bebildert von Irmgard Beckmann. 3. Auflage (12. – 21. Tausend). Telgte: Verlag Joseph Hansen 1937. [16 Seiten; Erstauflage ca. 1933/34] [Kopie: Archiv Peter Bürger]

Rode 1947 = *Rode*, Alfons: „Erinnerungen an das Aufkommen des Nationalsozialismus". Geschrieben 1947. [Maschinenskript; 5 Seiten: Archiv Prof. Irmgard Rode, Köln]

Rode 1950 = *Rode*, Irmgard: Gedicht „Der Mutter Ruf nach Frieden", 1950. (Archiv Angelika Köster-Rode, Soest).

Rode 1956 = *Rode*, Irmgard: Brief an eine katholische Publizistin [„Fräulein Vielhaber"]. Meschede, 20.09.1956. (Archiv Angelika Rode, Soest)

Rode 1975 = *Rode*, Irmgard: Kinderschicksale – Erlebnisberichte einer Pflegefamilie. [= Einreichung zum Hermine-Albers-

Preis zur Förderung der Jugendhilfe 1974]. In: Arbeitsgemeinschaft für Jugendhilfe, Mitglied der Internationalen Jugendhilfe Genf (Hg.): AGJ-Mitteilungen 74 (Mai 1975), S. 66-73.

Rode 1981 = *Rode*, Irmgard: Internationales Kinderhaus. Das Zusammenleben der Kinder verschiedener Nationen. In: FdV-Jahresheft (Freunde der Völkerbegegnung – Meschede) Oktober 1981, S. 5-13.

Rode 1982a = *Rode*, Irmgard: Freunde der Völkerbegegnung e.V. Meschede – Internationale Kinderhilfe. Meschede, 10. November 1982. [4 Seiten; Maschinenskript: Kopie im Archiv Peter Bürger]

Rode 1982b = *Rode*, Irmgard: Jugendliche in der Erwachsenenwelt. In: FdV-aktuell (Freunde der Völkerbegegnung – Meschede) April 1982, S. 9-11.

Rode 1982c = *Rode*, Irmgard: Eskalation der Gewalt. In: FdV-aktuell (Freunde der Völkerbegegnung – Meschede) April 1982, S. 12-13.

Rode 1982d = *Rode*, Irmgard: Jugendliche in Heimen. In: FdV-aktuell (Freunde der Völkerbegegnung – Meschede) April 1982, S. 14.

Rode 1982e = *Rode*, Irmgard: Die Mescheder Friedenswoche [November 1981]. In: FdV-aktuell (Freunde der Völkerbegegnung – Meschede) April 1982, S. 20.

Rode 1984 = *Rode*, Irmgard: Menschen jenseits der Grenze. In: FdV-aktuell (Freunde der Völkerbegegnung – Meschede) Oktober 1984, S. 10.

Rode 1985a = *Rode*, Irmgard: Die Tamilen. In: FdV-aktuell (Freunde der Völkerbegegnung – Meschede) Oktober 1985, S. 26-27.

Rode 1985b = *Rode*, Irmgard: So entstand unser Internationales Kinderhaus. In: FdV-aktuell (Freunde der Völkerbegegnung – Meschede) Oktober 1985, S. 29-31.

Rode 1985c = *Rode*, Irmgard: Es war vor 35 Jahren. In: Stadtbote – Beiträge zu Politik und Kultur in Meschede Nr. 12 / Februar 1985, S. 6. [Gedicht über die Geschichte der Völkerbegegnungsarbeit in Meschede]

Rode 2014 = Brief von Prof. Dr. Irmgard Rode, Köln [Tochter von Irmgard Rode] an Peter Bürger, 04.06.2014.

Rode/Bartmann 1988 = Interview von Claudia Bartmann mit Irmgard Rode [1984/85; handschriftlich aufgezeichnet]. In: *Richter*, Erika (Tutorin) / *Klasse 11b des Gymnasiums der Stadt Meschede*: Die Integration der Vertriebenen in Meschede 1945-1955. = Einreichung zum Schülerwettbewerb Deutsche Geschichte 1984/85. Meschede: Selbstverlag der Stadt Meschede 1988, S. 66-73. [207 Seiten] [BBW Druck Josefsheim Bigge 5787 Olsberg]

Rode-Angelika 2014a = Brief von Angelika Rode [Tochter von Irmgard Rode] an Peter Bürger, 25.06.2014.

Rode-Angelika 2014b = Brief von Angelika Rode [Tochter von Irmgard Rode] an Peter Bürger, 12./13.08.2014, ergänzt und überarbeitet im Dezember 2014.

Schaefer 2006 = *Schaefer*, Karl: Die Holzschale der Kahns. Erinnerungen aus meiner Kindheit im Dritten Reich, im Krieg und in der Nachkriegszeit. 1. Auflage. Münster: Monsenstein und Vannerdat 2006. [Kostenlose Digitalausgabe im „Archiv der Zeitzeugen": http://www.archiv-der-zeitzeugen.com/Files/files/PDFSchaefer_Holzschale_22.pdf]

Schröter/Rode/Cordt 1982 = *Schröter*, Christa / *Rode*, Irmgard / *Cordt*, Christian: „Ausländerfeindlichkeit". In: FdV-aktuell (Freunde der Völkerbegegnung – Meschede) April 1982, S. 26.

SPD Meschede 1989 = *SPD-Ortsverein Meschede: Nachruf „Irmgard Rode".* In: Westfalenpost – Mescheder Zeitung Nr. 56 vom 07.03.1989.

Stadt Meschede 1989 = *Stadt Meschede: Nachruf „Irmgard Rode".* In: Westfalenpost – Mescheder Zeitung Nr. 56 vom 07.03.1989.

Traueranzeige 1987 = *Traueranzeige „Dr. Alfons Heinrich Rode".* In: Westfalenpost [und Westfälische Rundschau] (Meschede), 28.12.1987.

Traueranzeige 1989 = *Traueranzeige „Irmgard Rode"* (Familie). In: Westfalenpost (Meschede) Nr. 54 vom 04.03.1989.

Westfalenpost 1986a = *Der Name Irmgard Rode steht für die gute Tat.* Sonntag vollendet sie das 75. Lebensjahr. In: Westfalenpost – Meschede, 28.06. 1986.

Westfalenpost 1986b = *Kleiner Gipfel" am Ruderclub.* In: Westfalenpost – Meschede, 25.08. 1986.

Westfalenpost 1987 = *Völkerverständigung ihr Herzensanliegen.* In: Westfalenpost – Meschede, 26.06. 1987.

Westfalenpost 1989 = *Wo immer ihr Leid begegnete: Ihr Leben war die helfende Tat. Irmgard Rode starb im Alter von 77 Jahren.* In: Westfalenpost (Meschede) Nr. 54 vom 04.03.1989.

Westfälische Rundschau 1981a = *Herzenswunsch: Wiedersehen mit der Heimatstadt.* – „Völkerfreunde" bitten um Hilfe. In: Westfälische Rundschau (Meschede), 14.05.1981.

Westfälische Rundschau 1981b = *I. Rode gründete das Friedenswerk. Feiert heute 70. Geburtstag.* In: Westfälische Rundschau Meschede, 29.6.1981.

Westfälische Rundschau 1982a = *Begegnung in der Bretagne.* In: Westfälische Rundschau, 06.01.1982.

Westfälische Rundschau 1982b = *Nachmittag machte auch den Eltern Spaß. „Alle Kinder dieser Welt, alle wollen Freunde sein!"* In: Westfälische Rundschau – Mescheder Rundschau, 26.7.1982.

Westfälische Rundschau 1983 = *Erwartungen des Werkkreises Kultur wurden am Samstag voll erfüllt: Stadthalle – international.* In: Westfälische Rundschau – Mescheder Rundschau, 10.10.1983. [Zitat hieraus: „Trotz einer gerade überstanden schweren Augenoperation war Irmgard Rode in der Stadthalle dabei. Wie immer, wenn es um die Belange der Kinder oder die Verständigung der Völker geht."]

Westfälische Rundschau 1984 = *Pax Christi* (Meldung). In: Westfalenpost – Mescheder Zeitung, 08.02.1984. [Ähnlich auch in: Westfälische Rundschau – Meschede, 07.02.1984.]

Westfälische Rundschau 1986 = *Irmgard Rode wird 75 Jahre.* „Nicht nur beten, auch etwas tun!" In: Westfälische Rundschau – Meschede, 28.06. 1986.

Westfälische Rundschau 1987 = *Dr. Alfons Rode starb im Alter von 86 Jahren.* Er war ein Zeitzeuge des Friedens und der Versöhnung. In: Westfälische Rundschau – Mescheder Rundschau Nr. 302 vom 29.12.1987.

Westfälische Rundschau 1989 = *Irmgard Rode †. Ihre Arbeit tat sie im Stillen.* In: Westfälische Rundschau – Mescheder Rundschau Nr. 55 vom 06.03.1989.

Wiki Münster 2014 = *Eintrag „Josef-Beckmann-Straße",* Münster-Kinderhaus. Abgerufen am 05.07.2014. http://wiki.muen ster.org/index.php/Josef-Beckmann-Stra%C3%9Fe

Peter Bürger

Friedenslandschaft Sauerland

Antimilitarismus und Pazifismus in einer
katholischen Region. Ein Überblick –
Geschichte und Geschichten.

ISBN 978-3-7392-3848-7
(204 Seiten; Paperback; BoD)
Zweite, veränderte Auflage 2016

Mit diesem Buch liegt die vielleicht erste Friedensgeschichte einer katholisch
geprägten, später „neupreußischen" Landschaft vor. Lange verlästerten
die Sauerländer den Krieg und votierten standhaft für den Frieden ...

Als der katholische Teil des Sauerlandes nach 1800 unter hessische und dann
preußische Landesherrschaft kam, behagte den Bewohnern die neue Pflicht
zum Soldatsein überhaupt nicht. Es kam zu massenhaften Desertionen.
Über Schule und Kriegervereine musste der Sinn fürs Militärische
durch die neuen Herren erst geweckt werden.

Das kölnische Sauerland war zur Zeit der Weimarer Republik jedoch eine
Hochburg des Friedensbundes deutscher Katholiken. Der Bund gehörte dann
mit zu den ersten katholischen Verbänden, die 1933 verboten wurden.
Einige Kriegsgegner mussten für ihre Standfestigkeit große Nachteile in Kauf
nehmen oder wurden sogar von den Nazis ermordet.

Das weltkirchliche Bekenntnis zur Einheit der ganzen menschlichen Familie auf
der Erde spielt in den friedensbewegten Linien der „anderen Heimatgeschichte"
eine wichtige Rolle. Hierin liegt auch eine Zukunftsperspektive der katholisch
geprägten, heute immer bunter werdenden Region.

Die Überschrift „Friedenslandschaft" markiert kein Gütesiegel, sondern
die Möglichkeit einer guten Wahl: Heimat für Menschen,
Ausgrenzung nur für Stammeswahn und braune Stammtischphrasen.

– Buchhinweis –

Peter Bürger

Fang dir ein Lied an!
Selbsterfinder, Lebenskünstler und Minderheiten im Sauerland.

ISBN 978-3-00-043398-6
(688 Seiten; fester Einband; 170 Abbildungen, 25,- Euro)
Selbstverlag: Dampf Land Leute-Museum Eslohe
www.museum-eslohe.de

Mit einer Untersuchung zu den sauerländischen „Kötten", zwei Studien zum Thema „Wilddiebe", zahlreichen dokumentarischen Zeugnissen sowie Originalbeiträgen von Hans-Dieter Hibbeln, Werner Neuhaus, Dr. Friedrich Opes und Albert Stahl.

Selbsterfinder sind beliebte Gestalten der heimatlichen Überlieferung des Sauerlandes. In diesem Buch treten sie auf die Bühne: gewitzte Tagelöhner, Kleinbauern und Handwerker, lustige Leutepriester, schlagfertige Sonderlinge, Nachfahren von Eulenspiegel, Flugpioniere, Wunderheiler, berühmte Hausierer, Bettelmusikanten, ein heiliger Landstreicher, eine legendäre Wanderhändlerin, der populäre „Wildschütz Klostermann" – flankiert von vielen sauerländischen Wilddieben – und sogar ein ganzes „Dorf der Unweisen", dessen Klugheit nur Eingeweihte zu schätzen wissen.

Fast alle diese Lebenskünstler gehörten zu den kleinen Leuten und „Behelpers". In ihnen spiegeln sich Bedürftigkeit, Sehnsucht und Reichtum jedes Menschen. Wir begegnen Gesichtern einer Landschaft, in der einstmals der „Geck", ein Hofnarr besonderer Art, heimlich die Schützenfeste regierte. Unangepasste Alltagshelden verführen uns zu neuen Wahrnehmungen und zu einem anderen Leben: „Fang dir selbst ein Lied an!"

Bei den literarischen Erfindungen, Legenden und Räuberpistolen können wir natürlich nicht stehenbleiben. Der folkloristische Kult um sogenannte „Originale" verschleiert oft die Lebenswirklichkeiten von Armen und Außenseitern. Geschichtenerzähler und Historiker sollten sich deshalb gemeinsam auf eine sozialgeschichtliche Spurensuche begeben. Tabus und Diskriminierungen müssen zur Sprache kommen. Wer von „Heimat" spricht, darf die Geschichte der „Kötten" und anderer Minderheiten nicht verschweigen.